قضايا معاصرة في التربية الخاصة

إعداد وتحرير

أ. د. جمال محمد الخطيب   أ. د. منى صبحي الحديدي

كلية العلوم التربوية
الجامعة الأردنية

دار وائل للنشر

الطبعة الأولى

2010

رقم الايداع لدى دائرة المكتبة الوطنية : (2009/5/1544)
الخطيب، جمال محمد
قضايا معاصرة في التربية الخاصة/ جمال محمد الخطيب، منى صبحي الحديدي.
– عمان: دار وائل، 2009.
(287) ص
ر.إ. : (2009/5/1544)
الواصفات: / التعليم الخاص// التربية//أساليب التدريس// المعوقون/
* تم إعداد بيانات الفهرسة والتصنيف الأولية من قبل دائرة المكتبة الوطنية

****

رقم التصنيف العشري / ديوي : 371.3
ISBN 978-9957-11-810-5 (ردمك)

* قضايا معاصرة في التربية الخاصة
* أ. د. جمال محمد الخطيب ، أ. د. منى صبحي الحديدي
* الطبعة الأولى 2010
* جميع الحقوق محفوظة للناشر

علم ينتفع به

دار وائـــل للنشر والتوزيع

* الأردن – عمان – شارع الجمعية العلمية الملكية – مبنى الجامعة الاردنية الاستثماري رقم (2) الطابق الثاني
هـاتف : 00962-6-5338410 – فاكس : 00962-6-5331661 - ص. ب (1615 – الجبيهة)
* الأردن – عمـان – وسـط البـلد – مجمـع الفحيص التجـاري- هـاتف: 00962-6-4627627
www.darwael.com
E-Mail: Wael@Darwael.Com

بسم الله الرحمن الرحيم

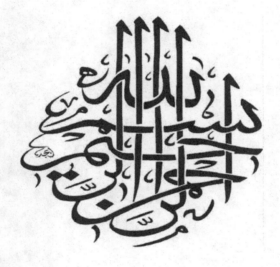

الفهرس

الموضوع	الصفحة

تقديم

يدرك المتأمل في سياسات التربية الخاصة الراهنة، وممارساتها، وبحوثها أن جدلا حاداً يدور منذ بضع سنوات حول فلسفة تعليم الطلبة ذوي الإعاقات، وطرائقه، وأهدافه، وإدارته، وتنظيمه. والأكثر من ذلك، أن ثمة تبايناً كبيراً في مواقف المفكّرين والباحثين حالياً فيما يتعلق بالتربية الخاصة كمهنة، وهوية، ونظام. فهناك من يدعو إلى الإصلاح، والتجديد، وإعادة البناء، وهناك من يرى أن ذلك لا يكفي لتقديم حلولٍ للمشكلات الجمّة فينادي بإلغاء التربية الخاصة التقليدية جملةً وتفصيلاً. وما يثير الاهتمام حقاً في هذا الشأن أن كل فريق يقدم ما يزعم أنه يدعم وجهة نظره ويتّهم الفريق الآخر بعدم التحلي بالموضوعية وبتقديم المقترحات بعيداً عن نتائج البحوث العلمية. وهذه الاختلافات صحية ومفيدة إذا جعلت التربية الخاصة اليوم أفضل حالا مما كانت عليه في الأمس. ولكن كيف لنا أن نميّز بين الغثّ والسمين؟ هل ستقود الدعوات المتتالية للتجديد إلى الإصلاح حقا أم أنها ستعيدنا إلى الوراء؟ وهل تستند وجهات النظر إلى ما توصلت إليه الدراسات العلمية أم إلى عوامل ومؤثرات اقتصادية، وسياسية، واجتماعية؟ وأين نحن في الوطن العربي من هذا كله؟ وهل تعكس ممارستنا وسياساتنا التربوية الخاصة التوجهات العالمية الراهنة أم أنها تستند إلى مفاهيم وتصورات لم تعد صالحة في الوقت الحالي؟ وهل نعي ما يفعله الآخرون وما يفكّرون به ونفهمه جيداً ولكننا غير قادرين على تغيير برامجنا، وأنظمتنا التربوية، وإجراءاتنا؟

لقد سعينا في هذا الكتاب إلى تقديم القضايا المهمة التي تشغل الباحثين، والممارسين، وصنّاع السياسات التربوية الخاصة في الغرب حاليا. واعتمدنا في إعداد فصول الكتاب إلى مقالات ودراسات نشرت في مجلات عالمية محكّمة. ولأن المقالات والمراجع الأجنبية كثيرا ما تتضمن معلومات أو تتحدث عن واقع لا يهمنّا في الدول

العربية أو لا يلائم واقعنا المحلي، فإن الهدف الذي توخينا تحقيقه هـو تقـديم معلومـات حديثـة، ولكنها في الوقت نفسه معلومات يمكن الإفادة منها في عمليات تطوير وتحديث برامجنـا وخـدماتنا التربوية الخاصة.

ويضم الكتاب اثنـى عشرـ فصلاً. يوضـح الفصـل الأول **(التربيـة الخاصـة المعـاصرة: رؤى دولية)** إن حاجات الأطفال بوجه عام وحاجات الأطفـال ذوي الإعاقـات بوجـه خـاص ليسـت ذات أولوية متقدمة في معظم دول العالم. ومع ذلك يؤكد الفصل أن ثمة تقدماً حاليـاً. فقرابـة 80% مـن أطفال العالم يحصلون على لقاحات للوقايـة مـن الأمـراض الخطـيرة. وهنـاك أيضـا تقـدم في بـرامج التدخل المبكر، وفي التأهيل المجتمعي، وفي العلاقة التشاركية مع الأسر والمجتمعات المحلية. وبـدأت وزارات التربيـة تتحمـل مسـؤولية تعلـيم الأطفـال في المـدارس العاديـة. وتبـادر الأمـم المتحـدة والمؤسسات الدولية إلى دعم المشاريع الابتكارية. وثمة اهتمام أكبر أيضا بتطوير الكوادر وتدريبها.

ويبين الفصل الثاني **(قضايا تاريخية وفلسفية في التربية الخاصة)** أنّ التربية الخاصة المعاصرة: (أ) تتجاهل تاريخها، (ب) تعتذر عن وجودها، (ج) تنهمك بشكل مفرط بصورتها، (د) فاقـدة لموقعهـا، (هـ) غير واقعية في توقعاتها، (و) لا تعي التغيرات السياسية والاجتماعية، (ح) لا تتحرك عـلى ضـوء توقع التحولات المنتظمة. وأما المضامين فهي: (1) تغييرات في حدود التربية الخاصة، (2) تحولات في أنماط تقديم خدمات التربية الخاصـة وفي أنمـاط كوادرهـا، (3) تغيـيرات في معـايير التربيـة الخاصـة وأنماط تمويلها وفي اعداد المعلمين، (4) تغييرات إضافية في التشريعات والأنظمة، (5) احتمال فقدان التربية الخاصة تركيزها على الفهم العلمي للتدريس. ويقدّم الفصل في الجزء الأخير إشـارات تبعـث على التفاؤل كون التربية الخاصة مهنـة حديثـة نسـبياً وذات تـاريخ يشـمل بحوثـاً علميـة موثوقـة وطاقة كبيرة لتصحيح الذات، ويقترح

أن ينصب اهتمامنا على البحوث التجريبية التي تنبثق عنها معرفة عامة يعتمد عليها حول التدريس الفعّال للطلبة ذوي الإعاقات المختلفة.

ويحلل الفصل الثالث **(قضايا مرتبطة بظروف العمل في التربية الخاصة)** أوضاع التربية الخاصة في كل من الولايات المتحدة الأمريكية وكندا، ويبين أن معلمي التربية الخاصة لا يعملون في ظروف تسمح بتقديم برامج تعليمية نوعية، وأن الطلبة ذوي الإعاقات لا يحصلون على التعليم الفعّال الذي يحتاجون إليه. ويستعرض الفصل أكثر القضايا الملحة في هذا الخصوص ويقدم توصيات للتصدي لها. ومن أهم هذه القضايا: غموض المسؤوليات الملقاة على عاتق المعلمين، والعمل الورقي المرهق، وعدم كفاية الدعم الإداري، وعزلة المعلمين، وعدم بذل الجهود الكافية لتحسين أداء المتعلمين، وعدم فاعلية نظم إجازات مزاولة المهنة.

ويبحث الفصل الرابع **(قضايا مرتبطة بالدمج الشامل وإصلاح التربية الخاصة)** في مدارس الجميع ويقارنها بمبادرة التربية العامة. وبعد مقارنة أهداف الحركتين، وأنصارهما، ووسائلهما، وعلاقتهما بالتربية العادية، يحاول الفصل تقديم الحجة على أن اللغة في ميدان التربية الخاصة أصبحت حادة بشكل متزايد وأن وجهة النظر التي يتم طرحها أصبحت ضيقة ومنفصلة عن هموم التربية العامة. ويقدم الفصل تنبؤا متشائما حول النجاح الراهن لحركة مدرسة الجميع في تكوين تحالف بنّاء مع التربية العادية.

ويناقش الفصل الخامس **(قضايا مرتبطة باستراتيجيات التعاون والتواصل في التربية الخاصة)** التعليم التعاوني وهو النموذج الذي أصبح يستخدم على نطاق واسع نسبيا في المدارس التي تنفذ سياسة الدمج الشامل. ويبين الفصل مراحل تطور العلاقة بين معلم التربية الخاصة والمعلم العادي في برامج الدمج. ويقدم الفصل أيضا

أداة لقياس فاعلية التعليم التعاوني ويوضح طريقة استخدامها من قبل المعلمين والمشرفين بغية تطوير البرامج وتحسينها.

ويناقش الفصل أيضا استراتيجيات التواصل بين المعلمين ويركز على مهارات التواصل بوصفها تشكل حجر الزاوية في العمل التشاركي. ويقترح الفصل آلية عملية لتحقيق التواصل بين معلمي التربية الخاصة ومعلمي الصفوف العادية بغية تقديم خدمات وبرامج أكثر فاعلية للطلبة ذوي الإعاقة في مدارس التعليم العام.

ويبين الفصل السادس **(قضايا مرتبطة بالسياسات والبحث العلمي في التربية الخاصة)** أن السياسات التربوية تستند إلى عوامل سياسية واجتماعية أكثر مما تستند إلى نتائج البحث العلمي. ويناقش الفصل بعض المخاطر التي قد تنطوي عليها مثل هذه الممارسة في ميدان التربية الخاصة ويبين مبررات عدم انتظار صانعي القرار الأدلة العلمية ومضامين ذلك ويدعو إلى ربط السياسات بالممارسات التربوية. ويناقش الفصل أيضا ديمومة الممارسات المستندة إلى البحث. فبالرغم من أن التطورات الحديثة في البحث المتصل بالممارسات الأفضل في تربية الطلبة المعوقين أدت إلى تحسن قاعدة المعرفة حول تلك الممارسات، إلا أنه ما يزال هناك فجوة كبيرة بين كبيرة بين المعرفة المتوفرة حول هذه الممارسات ومدى تنفيذها عمليا. ولا تكفي وجهتا النظر السائدتان والمتمثلتان في "توجيه اللوم إلى المعلم" و "توجيه اللوم إلى الباحث" لتفسير هذه الفجوة. ويبين الفصل أن الهدف من تمويل الجهود الهادفة إلى تدعيم الممارسة الميدانية المستندة على البحث العلمي هو المساعدة في فهم العلاقات والروابط بين البحث والممارسة، ليتسنى تمثيل وتنفيذ المعرفة حول الممارسات الفاعلة بشكل أفضل في الميدان. ومن العوامل التي تيسر تدعيم هذه الممارسات قدرة المعلمين على الإسهام في تقديم المعلومات والتغذية الراجعة بشكل متواصل، وتطور الإحساس

بالتعاون، والشفافية، والاستجابة المتبادلة بين الباحث والممارس. ويقدم الفصل عرضاً وافياً للقضايا المتعلقة بإمكانية تدعيم الممارسات المستندة على البحث العلمي.

ويتناول الفصل السابع **(قضايا مرتبطة بتطبيقات التكنولوجيا في التربية الخاصة)** كفايات التكنولوجيا المساندة الضرورية لمعلمي التربية الخاصة ويناقش الكفايات الفنية اللازمة للعمل مع الطلبة ذوي الإعاقات في الوقت الحاضر باستخدام الأدوات والخدمات التكنولوجية المناسبة. ويبيّن الفصل استراتيجيات كفايات معلمي التربية الخاصة والمهنيين الآخرين في برامج التدريب قبل الخدمة وأثناء الخدمة. ويخلص الفصل إلى أن التكنولوجيا المساندة تتيح للطلبة فرصا وخيارات أكثر وذلك من شأنه أن ينعكس إيجابيا على تعلمهم ونموهم. وفي الجزء الثاني يعرف هذا الفصل القارئ باستخدامات تكنولوجيا التعليم في برامج إعداد معلمي التربية الخاصة وتطويرهم مهنياً قبل الخدمة وفي أثنائها. وعلى وجه التحديد، يقدّم هذا الجزء التعريف المتداول لتكنولوجيا التعليم ويبين عناصرها التي تشمل: (أ) تصميم البرنامج التدريسي، (ب) توظيف الوسط التعليمي، (ج) إدارة وتنظيم عمليات التعلم ومصادره، (د) تقييم عمليات التعلم. وبعد ذلك، يقارن الفصل بين التعليم التقليدي الذي ينفذه المدرسون وجها لوجه مع الدارسين والتعليم عن بعد الذي ينفذ بوساطة شبكة المعلومات الدولية (الإنترنت). وفي الجزء الأخير، يتناول الفصل تطبيقات تكنولوجيا التعليم المعاصر في مجال التربية الخاصة، ويدعم النقاش بالأمثلة التوضيحية ويزوّد القارئ ببعض المواقع المهمة على الإنترنت.

ويتناول الفصل الثامن **(قضايا مرتبطة بتقرير المصير ونوعية الحياة للأشخاص ذوي الإعاقة)** القضايا المتصلة بانتقال الأفراد ذوي الإعاقة من المدرسة إلى العمل وجملة من القضايا المرتبطة بتحسين ظروف هؤلاء الأفراد في مرحلة ما بعد المدرسة. ويركز الجزء الأول من الفصل على: مسؤولية المدرسة في المرحلة الأولى من

الانتقال من المدرسة إلى العمل، والتربية المستمرة للطلبة ذوي الإعاقات المتسربين من المدارس، وتنسيق خدمات الانتقال. ويؤكد الفصل على الحاجة إلى بذل الجهود وتطوير الوسائل لتحسين الظروف الحياتية لهؤلاء لأشخاص في مرحلة بعد المدرسة. ويناقش الفصل تقرير المصير بوصفه القدرة على دراسة الخيارات واتخاذ القرارات المناسبة في البيت، والمدرسة، والعمل، وفي أوقات الفراغ. ويبين الفصل أن قاعدة فلسفية وقانونية متزايدة تدعم المشاركة التامة للأشخاص ذوي الإعاقة في الأوضاع الطبيعية في المجتمع، وتوثق دراسات علمية قدرة الأشخاص ذوي الإعاقات الشديدة والمتعددة على تعلم الاختيار. وتشير دراسات المتابعة إلى أن معظم خريجي برامج التربية الخاصة لم يحققوا نجاحا في الانتقال من المدرسة إلى الحياة كراشدين في المجتمع. وأن عددا كبيرا منهم يظل عاطلا عن العمل بسبب الافتقار إلى مهارات اتخاذ القرار. ويقدم هذا الفصل مبررات شمول تقرير المصير في مناهج التربية الخاصة ويصف إطاراً لتقديم الخيارات اعتماداً على تحليل المخاطر والفوائد. ويناقش الفصل في الجزء الأخير معنى نوعية الحياة في التأهيل ويؤكد أن تحسين نوعية الحياة غالبا ما يكون الهدف النهائي من تأهيل الأشخاص ذوي الإعاقات. ويبين الفصل أن تعريف مصطلح "نوعية الحياة" ما زال غير واضح رغم استخدامه بشكل متكرر. ويخلص الفصل إلى أن فهم الكيفية التي يتعامل من خلالها الأشخاص ذوو الإعاقة مع نوعية الحياة يقدم إطاراً مفيداً يساعد على توجيه الممارسات وتقييم نتائج برامج التأهيل.

ويناقش الفصل التاسع (قضايا مرتبطة بالبيئة التعليمية في التربية الخاصة) العبء التدريسي في التربية الخاصة والزيادة المضطردة في تكاليف التربية الخاصة وفي حاجات الطلبة. ويبين الفصل أن السياسات التي تحكم حجم الصف أو المجموعة التدريسية في التربية الخاصة ما تزال متباينة، وأن التنفيذ ما زال متنوعاً. ويبحث هذا

الفصل في الروابط بين: (1) حجم المجموعة التجريبية وانهماك الطالب وانشغاله في المهمة التعلمية: (2) حجم الصف والتحصيل، (3) حجم الصف وانسحاب معلمي التربية الخاصة من العمل في هذا الميدان.

ويبين الفصل أن نتائج البحوث العلمية تؤكد على ما يلي: (أ) أن للعبء التدريسي وحجم المجموعة التدريسية الأكبر أثراً سلبياً على تحصيل الطلبة في الحساب والقراءة، (ب) إن شدة الحاجات التعلمية للطالب تهدّد شعور المعلم بالكفاءة، (ج) إن التدريس الجماعي يطغى في الصفوف كلها بغض النظر عن حجمها ولكن التدريس الفردي يحدث أكثر عندما يكون حجم المجموعات أصغر، (د) ان انتباه الطلبة وانشغالهم بالمهمات التعلمية يزداد عندما يكون حجم المجموعة أصغر، (هـ) هناك علاقة ارتباطية بين حجم المجموعة التدريسية (او الصف) وبين استنفاد المعلمين.

ويناقش الفصل العاشر **(قضايا مرتبطة بتقييم الحاجات التربوية الخاصة)** القضايا المتعلقة بتقييم المعلمين للحاجات التربوية الخاصة عاى ضوء التغيرات الهائلة التي حدثت في العقد الأخير. ويناقش الفصل فهم المعلمين لطبيعة التقييم وأهدافه، ويبين آلية إصدار الأحكام على الحاجات التعليمية للأطفال.

ويدعو الفصل الحادي **عشر (قضايا مرتبطة بتدريب أولياء أمور الأطفال ذوي الإعاقة)** إلى تجديد الاهتمام ببرامج تدريب أولياء أمور الأطفال ذوي الإعاقة ليتمكنوا من تنفيذ استراتيجيات تدريبية وتعليمية محددة مع أطفالهم. ويؤكد الفصل على ضرورة تبني أشكال جديدة واستراتيجيات حديثة تستند على نتائج البحوث العلمية وتخلو من الأخطاء التي ارتكبت في الماضي. ويناقش الفصل جملة من القضايا المهمة المتعلقة بتدريب أولياء الأمور وتطوير مهاراتهم منها: الطرق البديلة للعمل مع أولياء الأمور، والحاجة إلى البرامج التدريبية، والصعوبات التي ينطوي عليها تنفيذ هذه البرامج وسبل التصدي لها، والأمور التي ينبغي على البحوث المستقبلية تناولها.

ويتبنّى الفصل الثاني عشر (قضايا مرتبطة ببرامج التدخل المبكر) رؤية جديدة في تأهيل كوادر التربية الخاصة في مرحلة الطفولة المبكرة. وتستند هذه الرؤية إلى افتراض مفاده أن برامج إعداد كوادر التدخل المبكر لـن يكتب لها النجاح مـا لم تشارك الأسـر في تحديد وجهتها وتقييم فاعليتها وما لم تتعاون التخصصات والمؤسسات المختلفة في المجتمع المحلي في تصميمها وتنفيذها. ويركز الفصل على تقديم مبررات هذه الرؤية المستقبلية، ويبيّن آلية وضعها موضع التنفيذ.

لقد اجتهدنا، وقدمنا أفضل ما لدينا في إعداد هـذا الكتاب. ونرجو الله سبحانه أن يجـد طلبة الجامعات وأولياء أمور الأفراد ذوي الإعاقات وغيرهم مـن المتخصصين والمهتمين بقضايا ومشكلات التربية الخاصة في دولنا العربية في هذا الكتاب علما ينتفع بـه. والحمـد لله رب للعالمين الذي أعاننا على إنجاز هذا العمل وعلى نعمه التي لا تحصى.

أ. د. جمال الخطيب   أ. د. منى الحديدي

الفصل الأول
التربية الخاصة المعاصرة: رؤى دولية

- ❖ مقدمة
- ❖ نسبة حدوث الإعاقة
- ❖ الوقاية من الإعاقة
- ❖ التدخل المبكر
- ❖ تمكين أولياء الأمور والأسر
- ❖ التربية للجميع
- ❖ الإعداد لحياة الرشد
- ❖ تمكين الكوادر
- ❖ استنتاجات
- ❖ المراجع

المرجع الذي اعتمدنا عليه في إعداد هذا الفصل

Mittler, P. (1992). International visions of excellence for children with disabilities. International Journal of Disability, Development and Education, 39, 115-126.

مقدمة

لقد أصبحنا نعيش في قرية عالمية. فالصور عبر شاشات التلفاز تصل فورياً إلى الأماكن النائية في العالم. وأصبح بإمكاننا بفضل الهاتف، والفاكس، والبريد الالكتروني أن نتواصل فورياً مع أشخاص يبعدون عنا عشرات آلاف الأميال. وإنه لأمر مثير للسخرية أننا نعيش في عالم قادر على مثل هذه الإنجازات التكنولوجية، عالم يستطيع إرسال الناس إلى الفضاء ويفكر بإنفاق بلايين الدولارات لتطوير وسائل الدمار، ولكنه يخفق في توفير التربية للأطفال وفي الوقاية من المرض والإعاقة. فهل نحلم إذا افترضنا إعطاء أولوية أكبر لتلبية حاجات الأطفال في كل دول العالم وان نهتم بالأطفال الأقل حظاً بسبب عدم تلقي التعليم المدرسي أو بسبب الفاقة، والمرض، وسوء التغذية أو الإعاقة؟ وهل نكون غير واقعيين إذا طالبنا بحركة عالمية لضمان مستقبل أفضل لأطفالنا في القرن الحادي والعشرين يكون أحسن حالاً من القرن العشرين؟

والرؤية الإبداعية لأطفال العالم المعوقين تشمل إيلاء اهتمام أكبر بالوقاية من حالات الإعاقة القابلة للوقاية، وبالتعرف والتدخل المبكرين لمساعدة الأطفال ودعم أسرهم، وبعلاقات تشاركية أقوى مع أولياء الأمور، وبدمج الأطفال في المدارس المحلية والمجتمع المحلي، وبإعداد الأشخاص المعوقين لحياة الرشد وإتاحة الفرص لهم للإفادة من كل الخدمات المتوفرة في المجتمع. ونحتاج أيضاً إلى أن نتعلم أن نصغي إلى الأشخاص المعوقين ونوفر لهم فرصاً أكثر لاتخاذ القرارات لتسنى لهم ممارسة درجات أكبر من تقرير المصير.

ولكن من أين نبدأ؟ فبالرغم من تكنولوجيا المعلومات المتوفرة لنا، إلا أننا في الواقع لا نعرف سوى القليل جداً عن الأطفال المعوقين في الدول الأخرى، وعن حياتهم اليومية واتجاهاتهم، وعن مواقف وقيم مجتمعاتهم المحلية نحو الإعاقة وأسر الأفراد المعوقين. فما هي إمكانات التحاقهم بالمدارس المحلية؟ وهل هم مقبولون من الأطفال الآخرين، ومن المعلمين، ومن أولياء الأمور الآخرين؟ وما مدى ملاءمة الخبرات التي توفرها المدارس لحاجاتهم الفردية؟

نسبة حدوث الإعاقة

في كل عام، يموت (35) مليون طفل، ويصبح (35) مليون آخرون معوقين، ولكن نصف حالات الوفاة والإعاقة هذه قابلة للوقاية لو أن المعرفة المتوفرة في أيدينا تستخدم فعلياً. وستزداد نسبة الأطفال المعوقين في العالم لأن التقدم في الرعاية الصحية والوقاية الأولية سوف يحافظان على حياة الأطفال الذين كانوا في الماضي يموتون مبكرا. وسيكون لدى عدد كبير من هؤلاء الأطفال إعاقات شديدة ومتعددة. وتشكل تلبية حاجات هؤلاء الأطفال تحديات جديدة للأسرة، والمجتمع المحلي، ومقدمي الرعاية.

وما يختلف ليس النسبة فقط وإنما أنماط الإعاقات الموجودة لدى الأطفال في الدول النامية والتي تختلف عن تلك المألوفة في المجتمعات الغربية. فالإعاقات الحسية أكثر شيوعاً حيث أن ثمة مناطق في افريقيا يعاني ثلث السكان فيها من كف البصر. وتصبح أعداد أخرى من الأطفال ذات إعاقة نتيجة الالتهابات مثل التهاب السحايا والدماغ، وبسبب سوء التغذية الشديد والمستمر، ونقص اليود، وإصابات الرأس، والصراعات المسلحة والحروب الأهلية.

ونتذكر جميعاً صور الأطفال المنبوذين في ملاجىء أوروبا الشرقية الذين توقف نموهم الجسمي والعقلي بسبب الإهمال والحرمان. وهناك أطفال في كل المجتمعات يصبحون معوقين كنتيجة مباشرة لإساءة استخدام العقاقير والكحول حتى الأطفال الذين يعانون من متلازمة نقص المناعة المكتسبة (الإيدز). وفي بعض الدول، فإن الأطفال في المؤسسات ما يزالون معزولين ومحرومين من التواصل مع أي إنسان معظم أيامهم، وبعضهم الآخر مقيد بالأثاث وأولياء أمورهم يعملون في الحقول.

والأرقام التي أشرت إليها أعلاه هي مجرد تقدير خام. فمعظم الناس الذين يشخصون كمعوقين في المسوحات لا ينظرون إلى أنفسهم كذلك بالضرورة. وكمثال، فإن الأطفال ذوي الإعاقات العقلية البسيطة أو الإعاقة الحسية أو الجسمية المتوسطة قد تخفق الاختبارات الكشفية في التعرف عليهم مع أنهم قد يستفيدون من خدمات التأهيل مثل السماعات، والعدسات الطبية، وأدوات الحركة والتنقل.

ولا ينبغي لأحد أن يفترض أن مثل هؤلاء الأطفال في الدول النامية لا تقدم لهم أي خدمات. فمعظم هؤلاء الأطفال ترعاهم أسرهم وتقدم لهم أفضل ما تستطيع، ولكن بدرجات متفاوتة من دعم المجتمع المحلي. وثمة دمج مدرسي يفوق ما يتخليه البعض. فقد بينت نتائج دراسة مسحية نفذت في المناطق الريفية في باكستان ان أعداداً كبيرة من الأطفال المعوقين ملتحقون بالمدارس العادية في تلك المناطق وأن آباءهم أخذوهم ببساطة إلى تلك المدارس.

الوقاية من الإعاقة

بناءً على ما سبق، يجب الاهتمام بالوقاية. وكل ما نحتاج إليه هو تطبيق المعرفة المتوفرة. والمصادر اللازمة محدودة جداً مقارنة ببلايين الدولارت التي تنفق

على التسلح ووسائل الدمار. وقدّر مؤتمر القمة العالمي الذي انعقد لمناقشة برنامج شامل لرعاية الأطفال في العالم أن التكلفة الاجمالية ل (22) برنامجاً شاملاً على مدار عقد من الزمن بالكاد يساوي ما ينفق على التسلح في عشرة أيام فقط. والقضية قضية أولويات. فهل نحلم أن يوظف المجتمع الدولي إرادته السياسية والأساليب الكفيلة بالوقاية من الإعاقة على نطاق واسع؟

إن شيئاً كثيراً يمكن تحقيقه من خلال تحسين الرعاية الصحية الأولية للمجتمعات، وتوفير المياه النظيفة، والغذاء غير الملوث، وتعزيز الصحة العامة. وطرق كبح أثر سوء التغذية في متناول أيدينا. والتطعيم ضد أمراض الطفولة الشائعة، وعلاج الجفاف الناجم عن الإسهال المستمر، والاستخدام الحكيم للمضادات الحيوية، وإضافة اليود إلى ملح الطعام عند الضرورة، كلها أمثلة على طرق متيسرة. وضمان صحة وتغذية الأمهات الحوامل، وتدريب القابلات القانونيات لمعالجة الاختناق أثناء الولادة، ودعم الأمهات لاعتماد الرضاعة الطبيعية هي أيضاً طرق تسهم في الوقاية من الأعاقة.

وتقدر الأمم المتحدة أن (70) مليون إنسان معوق في الدول النامية ممن يعانون من إعاقات سمعية أو بصرية أو حركية يمكن مساعدتهم على استعادة قدراتهم بتكلفة اجمالية تتراوح بين 25 - 40 دولاراً (UN Development program, 1991). ومن جهة أخرى، أفاد تقرير صادر عن منظمة الصحة العالمية أن نسبة التطعيم بين الرضع بلغت 85% لشلل الأطفال، و 80% للدفتيريا، والكزاز، والحصبة، والسل. وذلك يعني أن حوالي نصف ميلون حالة شلل أطفال و 84 مليون حالة حصبة يتم الوقاية منها سنوياً. وقد ساعدت عيادات طب العيون المتنقلة ملايين الأشخاص على استعادة أبصارهم بجراحة بسيطة في القرنية (WHO, 1991). ولكن تلك مجرد بداية، فقد بدأنا للتو نتلمس المشكلة. ورؤيتنا للمستقبل ستكون أكثر قابلية للتحقيق إذا توفرت الإرادة

لتغيير الأولويات. ونحتاج إلى استثمار الفرصة التي وفرتها التغيرات الجذرية في العلاقات الدولية. فثمة مؤشرات على ان قضايا البيئة تحتل مرتبة متقدمة في الأولويات. فهل نبالغ إذا حلمنا بأن يحظى الأطفال أيضاً بالاهتمام؟

التدخل المبكر

عندما تصبح الوقاية من الإعاقة أمراً متعذراً، ينبغي علينا أن نركز على الكشف والتدخل المبكرين وعلى دعم الأسرة منذ لحظة ولادة الطفل أو منذ اكتشاف إعاقته. ولحسن الحظ، فثمة أمثلة على تحقيق هذه الرؤية.   والمثال الأول الذي يقدمه هذا الفصل يأتي من بورتيج (بلدة صغيرة في ريف ولاية وسكاونسن) والتي أصبح اسمها يحتفى به من قبل عشرات آلاف الأسر في كل دول العالم التي استفادت من الفكرة التي انبثقت من هناك قبل ما يزيد عن ربع قرن. وقد أصبحت حركة بورتيج حركة دولية حقاً في الوقت الراهن وترجمت برامجها إلى ثلاثين لغة (Brouillette & Brouillette, 1992).

ومن وجهة نظر إنسانية، يشكل مشروع بورتيج أحد أهم الصادرات الأمريكية. وجوهر بورتيج انه مشروع يركز على الأسرة وأن الأسرة في قلب عمليتي التقييم والتدريس. والزائر الأسري هو شخص لديه خبرة في العمل مع الأطفال الصغار في السن ولكنه يدرب في غضون أسبوع أو اسبوعين للعمل مع الأسرة لتقيم ما يستطيع الطفل في مرحلة ما قبل المدرسة أن يفعله، ولتحديد الأهداف التعليمية التي يمكن تحقيقها في مدة أسبوع تقريباً ولدعم الوالدين في مساعدة الطفل على تحقيق تلك الأهداف.

والشيء الابتكاري في مشروع بورتيج هو أن الخدمة تنقل إلى الطفل وإلى الأسرة بـدلاً مـن ارغامهم على الحضور إلى مراكز وعيادات متخصصة بعيدة وأنـه يعتمـد عـلى الأسرة في تحديد الأهداف وفي مساعدة الطفل على تحقيق تلك الأهداف في فترة قصيرة.   وبالطبع، فإن مشروع بورتيج ليس بلا مشكلات وثمة انتقادات توجه اليه. فهـو لم يكـن قـد صمم للـدول الناميـة ولكنـه خضع لعمليات تعديل وتكييف متعددة ليصبح ملائماً للظروف الاجتماعية والثقافية المتنوعة. وعلى الرغم من أن معظم أولياء الأمور في الدول النامية يواجهون صعوبات اقتصادية كبيرة، فإن مشروع بورتيج يقوم على افتراض مفاده أن الأم يتوفر لها الوقت، وتمتلك الطاقة والدافعية للعمل عـلى طفلها بشكل دوري. وقد يكون التعليم الفردي (النموذج 1:1) مختلفاً عـن التـعلم الاستظهاري التقليـدي في مجموعـات كبـيرة وهـو النمـوذج التدريسـيـ المـألوف لأوليـاء الأمـور في مجتمعـات عديدة.وبالرغم من هذه الفروق الثقافية، فإن مشروع بورتيج قد حظي بقبول عدد كبير مـن دول العالم، وتبين التقارير والدراسات التي نشرت حوله أن نتائجه إيجابية بالنسبة لكل مـن الأطفـال والأسر.

ومشروع بورتيج هـو مثال مبكـر عـلى مـا يعـرف حاليـاً بالتأهيل المبني عـلى المجتمع. والتأهيل المجتمعي برنامج دولي تبنته منظمة الصحة العالميـة ووكـالات الأمـم المتحـدة الأخـرى. والخصائص الرئيسية للتأهيل المجتمعي هي:

1- التركيز على مشاركة المجتمع: وتشمل هذه مشاركة الشخص المعوق، وأسرتـه، ومجتمعـه المحلي في القرارات المتعلقة بالسياسات والممارسات.

2- استخدام طرائق بسيطة غير مكلفة في التأهيل: فالتأهيل يقدم تقليـدياً لأقليـة في مراكـز متخصصة في المدن الرئيسية مما ينتج عنه عدم إفادة غالبية الأشخاص المعوقين مـن المناطق الريفية. ويعكس التأهيل المجتمعي ذلك من خلال تـدريب أفراد الأسرة عـلى تقديم خدمات التأهيل لأقاربهم.

3- اعتماد آلية خاصة في تقديم الخدمات: وتشمل هذه الآلية استخدام الأشخاص في المجتمع المحلي وبخاصة المشرف المحلي على البرنامج والذي يحصل على تدريب مكثف في فترة وجيزة فيما يتعلق بطرق التأهيل الأساسية والتي يتم لاحقاً مساعدة الأسرة والشخص المعوق على استخدامها.

وقد نشرت منظمة الصحة العالمية دليلاً تدريبياً تفصيلياً بعنوان "تدريب الأشخاص المعوقين في المجتمع" (Helander et al., 1989). وتتوفر أدلة منفصلة للأشخاص ذوي الإعاقات المختلفة. وقد كتبت الأدلة بلغة بسيطة ومفهومة، وهي غنية بالرسومات التوضيحية، ليتسنى فهمها والإفادة منها من قبل الناس ذوي المستويات التعليمية المحدودة. وقد ترجمت هذه الأدلة إلى عدة لغات (بما فيها اللغة العربية).

وأكثر الأمثلة شيوعاً وفاعلية حول مشروع للتأهيل المجتمعي هو ما كتبه ديفيد ورنر عن مشروع التأهيل المجتمعي في المكسيك بعنوان "حيث لا يوجد طبيب في البلدة" (Werner, 1982) ومن ثم "أطفال القرية المعوقون" (Werner, 1987). وعلى الرغم من أن مشاريع عديدة أخرى تم تنفيذها، إلا أن القليل منها خضع لتقييم معمق. والاستثناء هو مشروع التأهيل المجتمعي في جوايانا في أفريقيا والذي استهل في العاصمة ومن ثم امتد إلى المناطق الريفية. كذلك تم تطوير برامج تأهيل مجتمعي ناجحة للأطفال في زمبابوي، وكينيا، وجامايكا، وفي المناطق الريفية في جنوب الهند، وقد نشرت اليونيسكو تقارير حول هذه البرامج (O'Toole, 1991).

والتأهيل المجتمعي هو الآخر ليس بلا نقاد، لأنه يعتقد أن الرعاية الصحية تطغى عليه ولأنه يفتقر إلى العمل متعدد التخصصات. وبعض برامج التأهيل المجتمعي تم تطويرها من الأعلى الى الأدنى، بدءاً بمنظمة الصحة العالمية، فوزارات الصحة في الدول المختلفة، مما نتج عنه مقاومة شديدة من المهنيين ومن صناع القرار. والبرامج

التي يتم تطويرها على هذا النحو لا تكتب لها الاستمرارية ما لم يكن لها بنية تحتية متينة وما لم تحصل على دعم قوي من المجتمع. وبالنسبة للتربويين، فالهدف الرئيسي- هو أن يتعاون العاملون في التأهيل المجتمعي مع المعلمين. فهم يحتاجون إلى أن يخططوا معاً لأفضل السبل الممكنة لتهيئة الطفل المعوق للالتحاق بالمدرسة، والتعديلات اللازمة، والعوائق التي ينبغي تجاوزها.

تمكين أولياء الأمور والأسر

ما تعلمناه من مشاريع التدخل المبكر في دول العالم المختلفة هو أن البرامج التي تتضمن مشاركة أولياء الأمور والأسر تحقق على الدوام نتائج أفضل بالنسبة للأطفال. والرؤية المستقبلية المنبثقة عن مشاريع التدخل المبكر ومشاريع التأهيل المجتمعي هي أن علينا جميعاً أن نعيد التفكير بطبيعة علاقتنا مع الأسر وأن نتعلم كيف نبني علاقات تشاركية جديدة. ومهما كان مستوى رضانا عن علاقاتنا مع الأسر، فثمة إمكانية للتطوير، وذلك ما يعتقده معظم أولياء الأمور.

في الماضي، كنا نتكلم عن التعاون مع أولياء الأمور، ومن ثم أدركنا أننا نحتاج الى بناء شراكة حقيقية يتساوى فيها الطرفان. ولعل الرؤية المستقبلية المطلوبة هي تمكين الأسر من الإصرار على توفر تربية مناسبة لأطفالهم، تربية يكون لأطفالهم الحق في الحصول عليها.

وثمة التزام عالمي بمبادىء العمل التعاوني مع أولياء الأمور ولكن الممارسة غالباً ما لا ترقى الى الالتزام المعلن. فقد أشارت دراسة نشرتها اليونيسكو حول العلاقات بين أولياء الأمور والمهنيين في (70) دولة إلى أن هناك ممارسات جيدة وأن هناك بالمقابل أمثلة على شعور أولياء الأمور بأنهم لا يتلقون معلومات أساسية

حول أطفالهم، وبأنهم لا يشتركون في المناقشات والقرارات أو في تعليم أطفالهم (Mittler, Mittler, & McConachie, 1986) .

إننا بحاجة الى إعادة تقييم الأسس التي تقوم عليها علاقاتنا مع الآباء، وإلى التعامل معهم كشركاء ولاستماع لهم والتشاور معهم ليس حول أطفالهم فقط ولكن حول برامجنا وخدماتنا. وينطبق هذا على جميع الدول وبخاصة منها الدول التي لا يتوفر فيها الا مصادر محدودة أو لا يتوفر فيها أي مصادر. وكما أشارت المقدمة لأحد مشاريع التدخل المبكر في دولة كينيا، فإن أعظم مصدر في الدول النامية لمساعدة الأشخاص المعوقين على عيش حياة منتجة وسعيدة إلى أقصى حد ممكن هي الأسرة الداعمة والمسلحة بالمعرفة (Arnold, 1986).

التربية للجميع

رؤيتنا المستقبلية التالية هي التربية للجميع، فثمة 100 مليون طفل في عالم اليوم دون تربية أساسية، وثلثا هؤلاء الأطفال من الإناث. ولا يستطيع واحد من كل أربعة راشدين في العالم أن يقرأ أو أن يكتب، وثلثا هؤلاء أيضاً من الإناث. ولا يكمل حوالي نصف الأطفال في العالم تدريسهم بعد الصف الرابع الابتدائي. ويبلغ معدل تعلم الأولاد ضعف المعدل بين البنات، بالرغم من أن "تعلم البنات قد يكون أفضل استثمار في الصحة والرفاه المستقبليين لأية أمة" (Grant, 1991).

وقد يعتقد البعض أن تقدما بطيئا يتم إحرازه في تعليم أطفال العالم. إلا أن المدير العام السابق لليونيسكو أفاد في تقرير له: " إننا نشهد توقفاً غير مسبوق في تطور الخدمات التربوية الأساسية وتدهوراً غير مسبوق أيضاً في نوعية التعليم. فهدف التربية للجميع أصبح يتراجع في نصف الدول النامية تقريباً " (Grant, 1991).

وفي معظم دول العالم، يلتحق 1 - 2% فقط مـن الأطفال المعوقين بالمـدارس (Thorburn & Marfo, 1990). وقد يصل عدد الأطفال في الصف الواحد (100) طفل يقوم على تعليـمهم معلمـون تخرجوا للتو.

وفي مثل هذه الظروف، تمتنع بعض المدارس عن قبـول الأطفـال المعوقين ويفضل أولياء الأمور بقاء أطفالهم في البيت، ليعملوا في الحقول أو ليعتنوا بمن هم أصغر سناً منهم. وذلك صحيح بوجه خاص في حالة البنات. وفي الدول التي لا تلتحق فيها أعداد كبيرة مـن الأطفـال بالمـدارس أو يتسربون بعد 3 إلى 4 سنوات من الدراسة، فإن قضية التربية المدمجة للأطفال المعوقين يجـب أن ينظر إليها من زاوية أوسع.

إن التقاريـر الرسـمية المختلفـة تشـير إلى أن واحـداً مـن كـل مائـة طفل معـوق يلتحـق بالمدارس من أي نوع في معظم دول أفريقيا وآسيا. وغالباً ما تتـوفر الخـدمات في هـذه الحـالات في المدن، وتكون من تنظيم مجموعات أولياء الأمور او الجمعيات التطوعية، ولا تخدم الا من يستطيع أن يدفع الأقسـاط المدرسية. وبناء على ذلك، فإن التحدي الرئيسي في القرن الحـادي والعشـرين هـو تقديم الخدمة لغير المخدومين. وبالرغم من التباين الهائل بين الدول المختلفة، ثمة أدلة على اجمـاع من مستوى معين على الأهداف طويلة المدى ومؤشرات مشجعة للمستقبل. وتعتمـد احتمـالات تحقيق هذه الفرص على اتجاهات المجتمع والدفاع القوي والمتواصل عن حقوق الأشخاص المعوقين وتعميم الممارسة الجيدة.

المؤشرات الإيجابية

بالرغم من الهوة السحيقة بين الأقوال والأفعال، نستطيع أن نلاحظ عدداً من المؤشرات الإيجابية التي قد تقربنا أكثر من الرؤى المستقبلية التي تستحق الدعم. فقد أفادت اليونيسكو (UNESCO, 1988) بأن مسؤولية تعليم الأطفال المعوقين في 48 من 58 دولة تقع حالياً على كاهل وزارات أو دوائر التربية وليس على كاهل وزارات أو دوائر الصحة والرعاية الاجتماعية التي تضم أقساماً للتربية الخاصة. ولكن بعض هذه الدول ما تزال غير قادرة على توفير الخدمات للأطفال ذوي الإعاقات الشديدة، مما يؤدي إلى مكوث هؤلاء الأطفال في منازلهم دون أن تتوفر لهم فرص التعلم أو التفاعل مع الأطفال الآخرين.

وفي دول أخرى، تفضل الحكومات تمويل مدارس خاصة ومستقلة لتقديم الخدمات من خلال توفير رواتب المعلمين أو دفع أقساط الطلبة بشكل مباشر. ومثل هذا الترتيب يبقى بعيداً جداً عن توفير الخدمات التربوية في مدارس التعليم العام. فذلك لا يتعارض مع مبادىء الدمج والتطبيع فحسب، ولكنه يجعل من الصعب إعادة هؤلاء الأطفال إلى مدارس التعليم العام.

وتعبّر معظم الدول حتى لو كانت خدماتها محدودة جداً، عن التزامها المبدئي بتعليم الأطفال المعوقين في المدارس العادية. ولكن وضع مثل هذه المبادىء موضع التنفيذ ينطوي على اشكالات. وفي الحقيقة، قليلة هي الدول، سواء كانت متقدمة أم نامية، التي يتوفر فيها تربية مدمجة ذات نوعية راقية ومخطط لها جيداً. إن لدينا الكثير من الشعارات، والبيانات، والمبادىء اللطيفة، ولكن ممارساتنا ما تزال قاصرة.

في أوروبا سنت إيطاليا تشريعاً راديكالياً بشأن الدمج يقضي بإغلاق مدارس التربية الخاصة ويؤكد على ضرورة تعليم جميع الأطفال، بمن فيهم الأطفال ذوي الإعاقات الشديدة جداً والمتعددة، في المدارس العادية. وبالرغم من الشكوك في نوعية

التعليم المقدم، ثمة دعم واسع النطاق للمنافع الاجتماعية للدمج المدرسي لجميع الأطفال. وفي اسبانيا، هناك مشروع وطني واسع النطاق يشمل خفض حجم الصفوف في مدارس التعليم العام بنسبة 25% عند دمج أطفال معوقين، وكذلك فريق داعم من المعلمين، واختصاصيي علم نفس، ومعالجين آخرين. وفي دول عديدة، مثل بريطانيا، تتوفر أعداد كبيرة من المعلمين المتنقلين لدعم الأطفال المدمجين في المدارس بعد أن كانوا معزولين في مدارس خاصة. ويعمل هؤلاء مع المعلمين ومع الأطفال، ويقدمون اقتراحات حول المناهج وسبل تعديلها لتصبح مفيدة لكل الأطفال. وينصب الاهتمام على إصلاح المناهج المدرسية وعلى الدعم التعليمي الفردي للطلبة.

وفي الدول النامية، تتوفر أمثلة مشجعة على دمج الأطفال المعوقين. وبالرغم من أن هؤلاء الأطفال كثيراً ما يتم تعليمهم في صفوف خاصة، الا أن هذه الصفوف تشكل نقاط انطلاق نحو دمج اجتماعي وتربوي أوسع. ويمكن دعم الأطفال المعوقين بطرق عدة في الصف العادي. ويتم ذلك من خلال الرفاق أو أولياء الأمور المتطوعين وغيرهم. وما يزال عدد الأطفال الذين يستفيدون من هذه البرامج قليلاً جداً.

وتشجع المنظمات الدولية الحكومات على تلبية احتياجات الأطفال والراشدين المعوقين وزيادة نشاطاتها في هذا المجال. وقد ساعدت السنة الدولية للأشخاص المعوقين في عام 1981 على زيادة وعي دول كثيرة وأسهمت كذلك في تطوير الخدمات للأشخاص المعوقين. وتبع ذلك البرنامج العالمي وعقد الأشخاص المعوقين من عام 1982 – 1992. وكانت الأمم المتحدة قد تبنت في عام 1988 ميثاق حقوق الأطفال. وهذا الميثاق ملزم للدول الموقعة عليه. ويشير البند رقم (23) من هذا الميثاق إلى حق الأطفال المعوقين في الدخول إلى مدارس التعليم العام وحقهم في الرعاية الصحية والاجتماعية في المجتمع.

وبذلت اليونيسكو واليونيسف جهوداً كبيرة، رغم الميزانيات المحدودة، لتشجيع المشاريع الوطنية والمحلية للأطفال المعوقين في الدول النامية. فقد وزعت اليونيسكو مؤلفات زهيدة الثمن حول تربية الأطفال المعوقين وهي كذلك تقدم تمويلاً بسيطاً بدعم المواد التعليمية، والكتب وغيرها للمدارس ومجموعات أولياء الأمور. ولسوء الحظ، فقد توقفت أمريكا وبريطانيا عن دعم اليونيسكو واستمرتا بمقاطعتها رغم التغير في القيادة والسياسات. وقد أدى ذلك إلى تقليص قدرات اليونيسكو بشكل ملحوظ في ما يتعلق بعملها الدولي في ميدان التربية الخاصة. ويتوفر الدعم وأشكال شتى من الأنشطة من المنظمات غير الحكومية مثل الرابطة الدولية لجمعيات الأشخاص المعوقين عقلياً، والتأهيل الدولي، ورابطة الشلل الدماغي الدولية، والاتحاد العالمي للصم. وهناك أيضاً عدد كبير من البرامج الإقليمية والوطنية.

لكن العلاقات والمساعدات الدولية تنطوي على مخاطر. فالدول النامية يتهددها وباء خبراء يعانون من نقص المناعة الثقافية مما يدفعهم إلى تقديم نصائح قد لا تكون مناسبة في السياقات الاجتماعية والتربوية التي تختلف عن ظروف بلادهم. ومثل هؤلاء الخبراء لا ينتمون للدول الصناعية فقط. فبعضهم يأتي من الدول النامية ولكنهم أصيبوا بالدهشة مما رأوا أو سمعوا عن التربية الخاصة في زيارات قصيرة أو خلال دراساتهم العليا في الدول المتقدمة بحيث أصبح كل أملهم أن يستوردوا صورة طبق الأصل لمجتماتهم المحلية عن النظام الدراسي في الدول المتقدمة.

إلى أي مدى تنطبق القضايا الساخنة في أمريكا وأوروبا على الدول النامية (الدمج، والتدريس في البيئة الأقل تقييداً، والخطط التربوية الفردية، والتمويل، ومرافعات المحاكم لضمان الحقوق، وبرامج تأهيل المعلمين ذات النوعية الراقية، وغير ذلك)؟ مثل هذه القضايا بالنسبة للبعض قد تبدو رفاهية غير ذات علاقة عندما تكون الهموم اليومية لأسر الأطفال المعوقين منصبة على الضرورات الأساسية مثل الطعام

والشراب، والقناعات والخرافات حول الإعاقة في المجتمع، وعدم القدرة على إيجاد مقعد للطفل في المدرسة.

إن التكاثر في برامج الدعم والمساعدة يرغمنا على مواجهة قضايا حول المشـورة التـي يـتم تقديمها للدول النامية. فهل هذه المشورة تعتمـد دائمـاً عـلى خـبرة العـيش هنـاك، وطبيعـة النظـام المدرسي؟ إن النظم المستوردة من ثقافات ومجتمعات أخرى قـد لا تـدوم بعـد آخـر شـيك أو بعـد مغادرة آخر متطوع. وهناك عدد من الأمثلة على بـرامج معونـة انبثـق عنهـا خـدمات نموذجيـة في الدول النامية، وافقت فيها المؤسسات المانحة على جدول زمني للانسحاب التدريجي بموازاة الزيادة التدريجية في المشاركة المحلية. إلا أن مثل هذه البرامج غالباً ما يتضح عدم ملاءمتها، مـما يقـود إلى خيبة الأمل والاحباط.

الدمج: هل هو للجميع؟

غالباً ما يبلغ الخبراء الغربيـون زملاءهـم في الـدول الناميـة أن فرصـة ذهبيـة تتـوفر لهـم لتجنب الأخطـاء التـي ارتكبـت في الـدول الصـناعية عـلى مسـتوى إنشـاء المـدارس الخاصـة وذلـك بالتخطيط لنظام التربيـة المدمجـة منـذ البدايـة. وفي الـدول التـي لا يلتحـق فيهـا معظـم الأطفـال بالمدارس، ليس مفاجئاً أن يميل الآباء لتبني المدارس الخاصـة التـي يـديرونها بأنفسـهم أو بتمويـل حكومي أو خاص. وهم قد يقولون إن مثل هذه المدارس ستكون تحت سيطرتهم التامة، وان حجم الصف سيكون أصغر، وأن أطفالهم سيحظون باهتمام أكبر من الاختصاصيين. وحتى الدول الملتزمـة بالدمج دافعت عن الحاجة إلى عـدد أقـل مـن المـدارس الخاصـة المجهـزة جيـداً، لتقـديم خـدمات متخصصة، وتوفير مكان يمكن تدريب المعلمين فيه وربما يعمل كقاعدة لدمج الأطفال

فردياً في المدارس العادية حيثما كان ذلك ممكناً. وقد تشكل مثل هذه المدارس محور الاهتمام للتمويل المحلي، والوطني، والدولي.

كذلك يجب طرح الأسئلة حول مدى ملاءمة منهج المدرسة العادية للأطفال المعوقين. فقد رسم بعض الكتاب صورة لعدد من المدارس الابتدائية في آسيا وافريقيا تركز أساساً على التعلم الاستظهاري لمواد عديمة المعنى. ومع ذلك، فثمة حاجة لدراسة مدى ملاءمة المنهج للأطفال المعوقين، سواء تم تنفيذه في المدرسة العادية أم في المدرسة الخاصة.

الإعداد لحياة الرشد

إحدى الطرق للتفكير بمدى ملاءمة المنهج هي أن تكون الحياة اليومية للراشد المعوق نقطة البداية وأن نسأل أنفسنا عن المدارس التي باستطاعتها أن تمكن خريجيها من أن يصبحوا مواطنين يحظون بالقبول في مجتمعاتهم المحلية. ولا تختلف هذه الرؤية بالنسبة للأشخاص المعوقين عن الأشخاص جمعياً، فالغاية هي مكان يعيش فيه الشخص وعمل يقود إلى الاستقلالية الاقتصادية. وإذا تعذر ذلك، ثمة حاجة إلى الإفادة من نظام رعاية اجتماعية عادل، والوصول إلى الخدمات والمصادر المجتمعية، وتطوير علاقات مفيدة مع الآخرين.

وفي الواقع، فإن الظروف الحياتية للراشدين المعوقين في معظم أنحاء العالم تبعث على الكآبة. ففي بعض الدول، لا نرى الأشخاص المعوقين في الحياة العامة الا كمتشردين ومتسولين. وفي دول أخرى، يعيش هؤلاء حياة هامشية في محيط القرية أو البلدة ويعاملون كمنبوذين. ويعيش معظم الراشدين المعوقين في الدول الغربية دون خط الفقر وقلة منهم تعمل عملاً بأجر كامل. وحتى في الدول القليلة التي تقدم اعانات

رعاية اجتماعية، ما زال معظم هؤلاء يفتقرون إلى القدرة على الوصول إلى أماكن وبرامج الترويح ولا يستطيعون استخدام وسائل النقل العام.

إلى أي مدى تستطيع المدارس إعداد الطفل المعوق لتقديم شيء ذي قيمة للمجتمع؟ ان هذا بالنسبة لمعظم الدول يعني رعاية الأطفال الصغار في السن، أو رعي الغنم، أو بيع البضائع في السوق. ويتعلم بعض الأطفال المعوقين هذه المهارات من أولياء أمورهم بالملاحظة والمشاركة. ولكن الأطفال الذين لديهم إعاقات عقلية من مستويات أشد يحتاجون إلى تعليم أكثر تنظيماً وفاعلية. وتعطي معظم مدارس وصفوف التربية الخاصة أولوية بضمان أن يصبح لدى الطلاب الكفاءة في مهارات العيش الأساسية. وتركز مدارس أخرى على الاستقلالية الاجتماعية واستخدام مهارات اللغة والتواصل. ولكن مدارس قليلة فقط تهتم بتعليم الطلاب ومساعدتهم على تدبر بعض أشكال المضايقات والتمييز التي يتعرضون لها. ويمكن للتدريب على توكيد الذات أن يعتمد على الخبرات الحقيقية في حياة هؤلاء الأشخاص أو أن ينفذ من خلال المحاكاة ولعب الدور. فعلى سبيل المثال، كيف يستجيب شخص في كرسي عجلات إذا طلب منه أن يغادر صالة ألعاب، أو سينما، أو مكان عام آخر إذا زعم أن الآخرين سيتضايقون من وجود شخص معوق؟ وبالمثل، كم هو عدد المدارس التي تحاول مساعدة الطلبة الكبار في السن على فهم الامتيازات التي توفرها لهم القوانين أو حتى معرفة الجهات التي يستطيعون مراجعتها أو التقدم بطلبات لها للحصول على الدعم الذي هو حق لهم؟

العمل هو مفتاح المشاركة والاندماج في المجتمع. وفي وقت يشهد فيه العالم ركوداً اقتصادياً، نحتاج إلى أن نعيد التفكير ببرامجنا المدرسية والمهنية بهدف توفير تدريب مهني فعال وملائم. وفي الحقيقة، فإن معظم الأنشطة التي تتضمنها البرامج التي يطلق عليها اسم "برامج التهيئة المهنية" هي في الأساس أنشطة فنية ومهارات

يديوية أكثر منها أنشطة مهنية. والتأهيل التقليدي يركز على تطوير الكفاءة خطوة فخطوة والتعرف تدريجاً على متطلبات الحياة الفعلية.

تمكين الكوادر

لقد تحققت رؤى الإبداع هذه، جزئياً على الأقل، في بعض الدول. وهذه الدول ليست الدول الأغنى أو الأكثر تقدماً دائماً. وإذا أردنا أن تصبح هذه الرؤى بمتناول معظم الدول، ثمة حاجة إلى منحى جديد في إعداد، وتدريب، وتمكين الكوادر التي تعمل مع الأشخاص المعوقين. وتحتاج كل الدول، بصرف النظر عن مستوى التقدم الذي حققته، إلى إعادة التفكير باستراتيجية التنمية البشرية. وبدون التدريب المهني الكافي والتحديث المتواصل للمعرفة، قد نبقى مرهونين بأفكار الأمس وطرقه. وبصرف النظر عن رؤيتنا إزاء ما نريد تحقيقه وكيف ينبغي للخدمات أن تتطور، فإن مستوى التقدم الذي يتم إحرازه يعتمد على الاتجاهات، والمعرفة، والمهارات الموجودة لدى كل الأشخاص الذين يتعاملون يومياً مع الأفراد المعوقين.

وتحتاج كل دولة إلى استراتيجية واضحة لتنمية القوى البشرية. ويبدأ هذا كله بالأشخاص الذين يعملون يومياً أو يتعاملون يومياً مع الأشخاص المعوقين. وذلك لا يقتصر على المعلمين والآباء فقط ولكنه يشمل أيضاً أفراد الأسرة والمتطوعين. ومثل هذا العمل ينبغي تقديمه في مكان العمل. وبرامج بورتيج والتأهيل المجتمعي هي أمثلة على برامج تدريبية قليلة التكلفة، تعتمد على تكنولوجيا بسيطة، وتنفذ في المجتمع المحلي وبدعمه.

ومثل هؤلاء الأشخاص كانوا في الماضي أشخاصاً يتعذر عليهم الإفادة من البرامج التدريبية. فبدلاً من ذلك، يقدم التدريب المتقدم للكوادر العليا والتي تكون بعيدة عن مواقع العمل الفعلية، وأحياناً يتم تدريبهم في دول أخرى ذات برامج وخدمات تربوية مختلفة كلياً. وبعض الكوادر يتم نقلها أو ترقيتها فلا ترجع لميدان

التربية الخاصة أبداً. والبعض الآخر يحبطه عجزه عن تطبيق المعرفة التي اكتسبها وتعلمها.

وعلينا أن نضمن أيضاً، وبقوة القانون إذا اقتضى ـ الأمر، وجود عنصر ـ تدريبي يتعلق بالإعاقة في برامج إعداد المعلمين جميعاً وغيرهم من المهنيين مثل الأطباء، والممرضات، واختصاصيي علم النفس والخدمة الاجتماعية، والإداريين. وقد يكون من المناسب الاكتفاء بتوعية المعلمين بالقضايا الأساسية وبسبل طلب الدعم اللازم للطفل المعوق. ولكن خبرتنا في هذا النوع من التدريب للمعلمين الجدد تجعلنا نعتقد أن الطلبة يريدون أن يتعلموا، وفي الواقع فإن عدداً لا بأس به من الطلاب قد عمل مع أطفال معوقين قبل أن يصبحوا معلمين. وبالمثل، يحتاج جميع المعلمين في الميدان إلى دورات تدريبية في أثناء الخدمة وذلك بهدف تعريفهم بالتطورات الحديثة، وتقديم أمثلة لهم على الممارسة الجيدة في مجالات معينة مثل الدمج، وتعديل المنهج، واستخدام الكمبيوتر لمساعدة الأطفال المعوقين في عمليات الاختيار واتخاذ القرار.

وقد أشارت دراسة مسحية قامت بها اليونيسكو أن دولاً قليلة فقط تقدم برامج توعوية حول التربية الخاصة للمعلمين سواء قبل الخدمة أو أثناءها. وهذا التدريب، عندما يتم توفيره، يستند إلى نموذج التربية الخاصة المعزولة في مدارس ومؤسسات خاصة. وعلى الرغم من أن تدريب معلمين متخصصين ما يزال أمراً مهماً، فقد حان الوقت لأن تعمل برامج التدريب على إعداد المعلمين في المدارس العادية. واستجابة لهذه الحاجة، بادرت اليونيسكو إلى تنفيذ مشروع للتدريب في اثناء الخدمة في ثماني دول (Ainscow, 1991).

ويستند المشروع إلى فلسفة واضحة تركز على أن المشكلات التعليمية لا تكمن في الطفل دائماً ولكنها قد تنتج عن الظروف المدرسية والتعليمية. وبناء على ذلك، فإن

تلبية الاحتياجات التربوية الخاصة لا تتحقق بالعمل مع الطفل فقط، ولكنها قد تتطلب إصلاح المنهج المدرسي أو إصلاح السياسات والنظم التربوية.

استنتاجات

إذا نظر الواحد منا إلى ما هو أبعد من دولته أو منطقته، فقد ترعبه صعوبة المهمات التي تواجه الأسر والمهنيين وهم يحاولون تلبية حاجات الأطفال المعوقين. وفي الوقت نفسه، هناك مؤشرات مشجعة تعكس التصميم على تحقيق تقدم رغم المعيقات. وبإمكاننا أن نتعلم الكثير من خبرات الأسر والمهنيين في الدول الأخرى. ويحدونا الأمل في مطلع القرن الحادي والعشرين أن تعمل الدول معاً لتحقيق مستقبل أفضل للأطفال المعوقين.

المراجع

Ainscow, M. (1991). Towards effective schools for all. In G. Upton (Ed.,) **Staff training and special educational needs** (pp. 177 – 188). London: Fulton.

Arnold, C. (1986). Family and parent support programmes. In D. Ross. (Ed.), **Educating handicapped young people in Eastern and Southern Africa** (pp. 115 – 122). Paris: UNESCO.

Brouillette, R., & Brouillette, J. (1992). The Portage system and CBR.**CBR News**, 10, 19 – 11.

Grant, J. (1991). **State of the world's children 1991**. Oxford: UNICEF and Oxford University Press.

Helander, E., Mendis, P., Nelson, G., & goerdt, A. (1989). **Training disabled persons in the community**. Geneva: WHO.

Mittler, P., Mittler H., & McConachie, H. (1986). **Working together: Guidelines on collaboration between professionals and parents of children and young people with disabilities**. Guides for Special Education No. 2. Paris: UNESCO.

O'Toole, B. (1991). **Guide to community based rehabilitation service**. Guides for Special Education No. 8. Paris: UNESCO.

Thorburn, M., & Marfo, K. (1990). **Practical approaches to childhood disability in developing countries: Insights from experience and research**. Project SEREDC. St. John's: Memorial University of Newfoundland, Canada.

UNESCO. (1988). **Review of the present situation in special education**. Paris: Author United National Development Program / IMPACT. (1991). Disability prevention: A priority for the 90s. Vienna: UN International Center.

Werner, D. (1982). **Where there is no doctor**. Palo Alto, CA: Hesperian Foundation.

Werner, D. (1987). **Disabled village children**. Palo Alto, Ca: Hesperian Foundation.

World Health Organization. (1991). **WHO's role in disability prevention**. Paper presented to UN Interagency Meeting, Vienna, Austria.

الفصل الثاني

قضايا تاريخية وفلسفية في التربية الخاصة

❖ مقدمة

❖ الخصائص

❖ خمس دلالات للتربية الخاصة المعاصرة

❖ ملاحظة متفائلة

❖ المراجع

المرجع الذي اعتمد عليه في إعداد هذا الفصل

Kauffman, J. M. (1999). Today's special education and its message for tomorrow. Journal of Special Education, 33, 17-33.

مقدمة

إن تقديم أوصاف للتربية الخاصة الراهنة أمر محفوف بالمخاطر لأن هناك تبايناً كبيراً في آراء اختصاصيي التربية الخاصة بشأن كل قضية من القضايا تقريباً ولأن التنبؤ بالمستقبل قد يجعل المتنبيء يبدو ساذجا. وعليه ينبغي تذكّر أن الملاحظات حول ما تعنيه التربية الخاصة الراهنة بالنسبة للمستقبل قد تكون غير صحيحة وأننا قد نشعر بالحرج في غضون عشر سنوات أو عشرين سنة بسبب محدودية القدرة على التنبؤ. والعبارة الأساسية التي تقدم أفضل وصف للتربية الخاصة الراهنة هي العبارة التالية: إن مهنتنا مهنة في منتصف العمر، تمر بأزمة هوية شديدة تشمل سلوك التدمير الذاتي. والمهنة هي التي في منتصف عمرها وليس العاملون فيها. وأياً كان الأمر، يقدّم الفصل ملاحظات محددة حول الخصائص الحالية وما قد تعنيه.

الخصائص العشر للتربية الخاصة الراهنة

(1) تجاهل التاريخ

كمتخصصين في مجال التربية الخاصة، نحن نجهل ماضينا بطريقة مفزعة وثمّة سببان لقول هذا. أولا، يلاحظ لدى عدد من طلبة البكالوريوس والدراسات العليا وجود نزعة نحو عدم الاكتراث بالتاريخ، بل حتى النظر إليه نظرة عداء. ويتجلى عدم الاهتمام والجهل في اعتقادهم بـأن التربيـة الخاصة بدأت فعليا في الستينات أو السبعينات من القرن العشرين. وبعض أولئك الطلبة لم يكن ولد بعد في عام 1970، ومن الصعوبة بمكان أن نفهم عالما وجد قبل ذاكرتنا أو أن نرى فقط بعيون طفولتنا المبكرة. ونتعامل أحياناً مع طلبة يقولون بصريح العبارة أنهم لا يجدون أي معنى في دراسة تاريخ مهنتنا. فكثيرا ما يقال: "أريد أن أعرف ما هو معاصر، وليس ما عفى عليه الـزمن. ولا تقـل لي شيئا عن الماضي، بل قل لي ماذا سيحدث في المستقبل".

ثانيا: إن ملاحظات بعض دعاة الإصلاح حول تاريخ التربية الخاصة ملاحظات سطحية ومشوهة جدا. وفي بعض الحالات، يتبنى البعض إعادة بناء راديكالية، وينادون بالتخلي عن التربية الخاصة كجزء مميز ومنفصل عن النظام التربوي العام، دون أن يتذكروا كيف كانت أوضاع الطلبة ذوي الإعاقات في المدارس عندما كانت التربية العامة والتربية الخاصة غير منفصلتين. وعلى ما يبدو فهم لا يدركون ما يقوله التاريخ لنا وهو: أنه دون نظام مستقل، ومميز، ومرئي، فإن حقوق الأطفال ذوي الإعاقات سوف تضيع. وهم يخلطون بين الحقوق المدنية للأقليات العرقية وللنساء وبين تاريخ الحقوق المدنية للأشخاص ذوي الإعاقة (Kauffman & LIlyed, 1995).

ولعل من غير الواقعي أن نتوقع أننا سنتعلم كثيراً من التاريخ. ومع ذلك، فأحد الدروس التي نستطيع أن نتعلمها من تاريخنا هو أن الدفاع دون قيود وحدود قد يشكل استراتيجية غير منتجة. وعلى وجه التحديد، نستطيع أن نلاحظ أن الحماس المفرط للدمج الشامل (Inclusion) سيكون مصيره نفس مصير الحماس المفرط للعزل. وفي الواقع، بمقدورنا أن نتوقع أن الدفاع الذي لا حدود أو سقف له عن الدمج الشامل قد بدأ منذ اليوم يمهد الأرضية لتوجهات مستقبلية متطرفة نحو الدفاع عن العزل الشامل للطلبة ذوي الإعاقات عن النظام التربوي العام، ولعل الشيء الوحيد الذي نتعمله من التاريخ في الوقت الحاضر هو أننا لا نتعلم منه شيئا حقا (Blatt, 1987). ولكننا لسنا بحاجة إلى الدخول في دورة من النسيان المستمر، وخيبة الأمل المتواصلة، وإعادة اكتشاف الأمور مرة تلو أخرى. ولعلنا نستطيع أن نفعل ما هو أفضل، أي أننا نستطيع أن نتجنب أخطاء الماضي، ولكن فقط إذا فهمنا ماضينا جيدا. ومثل هذا الفهم لماضينا سيجعلنا أقل اعتذارا عن وجودنا. فمن زاوية تاريخية، كما أشار جيربر (Gerber, 1996) كانت التربية الخاصة بمثابة البناء الإضافي الذي

مكّن التربية العامة من توفير التسهيلات للطلبة ذوي الإعاقات، وبذلك فإن التربية الخاصة هي تربية عامة وشاملة بكل معنى الكلمة.

(2) الاعتذار عن وجود التربية الخاصة

ينظر بعض العاملين في ميدان التربية الخاصة اليوم إلى وجود التربية الخاصة بوصفه شيئا مؤسفا ويمكن تجنبه (Lipsky & Gartner, 1996). ويبدو أن هؤلاء يحاولون أن يقولوا ما يلي: لو أننا قمنا بعملنا كما ينبغي، لكنا وضعنا نهاية سريعة لمهنتنا. ولعلنا نحتاج إلى العزوف عن التربية الخاصة حاليا. فالسبب الوحيد الذي يجعلنا موجودين هو ان التربية العامة متصدعة. فإذا أصلحنا التربية الخاصة بالطريقة الصحيحة، فلن تكون هناك حاجة إلى أوصاف تشخيصية أو إلى ما يسمى بخدمات التربية الخاصة لأن التربية ستكون شبكة مرنة من الدعم المتساوي لجميع الطلبة. ونحن لا ننتمي حقا للتربية العامة، بل نحن نتاج عملية تطعيم لهذه التربية عندما كانت ضعيفة واحتاجت إلينا للحفاظ على مجتمع متنوع بإعطاء امتيازات للأشخاص المنتجين وبإبقاء الأشخاص ذوي الإعاقة عديمي حيلة.

ويتجلى الأشمئزاز من التربية الخاصة في المراجعات السفيهة للتربية الخاصة وفي الدعوات للتحول الجوهري وليس للتحسين التدريجي الذي يقترحه آخرون (Kauffman, 1993; Zigmond, 1997). ونحن الآن على تقاطع غريب في مسيرة مهنتنا، يشمل نقطة تحول أصبحت عندها قيمة العلم في سياسات التربية الخاصة وممارساتها تتعرض للهجوم من قبل أشخاص يعتقدون أنها أصبحت إمبراطورية شريرة. فعلى سبيل المثال، تستخدم برانتلنجر (Brantlinger, 1997) مفاهيم مثل "ما بعد الحداثة"، و "فلسفة إزالة البناء" لتشجب القوة المفترضة التي يتمتع بها اختصاصيو التربية الخاصة "التقليديون" الذي تعتقد أنهم يرغمون الضعفاء أمثالها على العدول عن محاولات تطوير التربية إلى حدّ تصبح معه التربية

الخاصة غير ضرورية. وإذا حصلت برانتلنجر والآخرون الذين يشجبون التربية الخاصة على القوة أو "الصوت" الذي يشعرون أنهم محرومون منه حاليا، فمن المثير للاهتمام عندئذ أن نرى إذا كانوا سيشمئزون من سيطرتهم هم وإذا كان الطلبة المعوقون سيستفيدون وإذا كان هناك أي لغة ستستخدم لوصف الطلبة الذين نقول حاليا أن لديهم إعاقات. ولعل البعض يفضل دور الضحية والزعم بأن الاختلاف والإعاقة يمكن الاعتراف بوجودهما دون استخدام أوصاف تشخيصية.

والناس الذين يعتذرون عن وجودهم هم أناس يؤذون أو يدمرون أنفسهم غالبا، ويستطيعون تحقيق زوالهم بعدة طرق، بما في ذلك تخيل الانتقال إلى مستوى جديد من الوجود. وإذا كنا سنبقى كمجال مهني لديه القابلية للتطور، علينا أن ننظر إلى أنفسنا بطريقة مختلفة وأن نطور إحساساً بالقيمة الذاتية وأن نشعر بالفخار بما نفعل وأن نصبح غير خائفين من أن نقترح أن الطلبة يكونون في حال أفضل عندما نتعامل نحن معهم، وأنهم يستفيدون ولا يتعرضون للأذى من خدماتنا، بما في ذلك الخدمات خارج نطاق التربية العامة، عندما يكون ذلك مناسبا، ولكن عدداً كبيراً في مجالنا يهتمون حاليا بإعطاء صورة مناهضة للفصل والعزل إلى درجة نسيان جوهر عملنا.

(3) الانشغال بصورتنا أمام الآخرين

كما اقترح كوفمان في مقال له حول الإصلاح الجوهري (Kauffman, 1993)، نحن نعيش في مجتمع يعطي الشكل أولوية على الجوهر. وتعكس شعبية مصطلح "الدمج الشامل" رغبة في تلميع صورة "مناهضة العزل" أكثر مما تعكس أي فكرة. وفي الواقع، فإن مصطلح الدمج الشامل أصبح عديم المعنى حقا، ومظلة عامة تقدم غطاء الشرعية لأي برنامج يحاول الناس أن يسوّقوه أو أن يدافعوا عنه. وربما يكون أكثر الأمثلة وضوحاً على افتقار مصطلح الدمج الشامل للمعنى هو تقرير صحفي، وصف

فيه الإداريون في إحدى مدارس ولاية فيرمونت مدرسة خاصة ومعزولة بأنها جزء من خطتهم للدمج الشامل (Sack, 1997). وبالتأكيد، فقد كان لدينا دمج شامل من هذا الطراز منذ عدة عقود في ميدان التربية الخاصة. وفي الحقيقة، بدأت التربية الخاصة بمثل هذا النوع من الدمج، والذي هو نوع مشروع ولكنه يتعارض والمعنى المعاصر للمصطلح. فالدمج الشامل، بناء على طريقة استخدامه من قبل معظم الذين يتبنونه، يعني تعليم الطلبة المعوقين جنبا إلى جنب، أو بوجود، أو على الأقل في نفس المدرسة إن لم يكن في نفس الصف، الذي يتعلم فيه الطلبة العاديون من نفس المنطقة الجغرافية. ولكن المهتمين بإعطاء صورة للآخرين يستخدمون الكلمات بطرق متناقضة بحيث تصبح الكلمات بلا معنى. وذلك يسمح لهؤلاء بالادعاء بأن أي شيء يفعلونه هو "دمج شامل".

ونرجو أن يكون مستقبلنا مستقبلا يهتم أكثر بالأفكار وباللغة المفهومة أكثر مما يهتم بالانطباعات والصور المرسومة. ونودّ أن نرى العاملين في مجالنا يقولون بصريح العبارة ودون خجل بأن كلمة "عزل" لها معان متعددة وان العزل بحد ذاته ليس فعلا شيطانيا. ولكننا نشجب شرور الفصل العرقي بالإكراه. ومع ذلك، فلسنا بحاجة إلى شجب كل تجمع للناس، بما في ذلك تجميعهم لأغراض التدريس الخاص في المدرسة، من خلال استغلال صورة الفصل العنصري. إننا نحتاج إلى تجاوز الاهتمام بصورتنا إلى الاهتمام بالقضايا الجوهرية، لأن الانشغال بصورتنا يفقدنا الإحساس بموقعنا.

(4) فقدان الموقع

يقصد بفقدان الموقع أنه لم يعد لنا نقطة مرجعية واضحة في الجدل الدائر حول البيئة الأقل تقييدا. وتلك النقطة المرجعية هي تقدم الطلبة في التعلم، وتحصيلهم الأكاديمي، والكفاءة الاجتماعية. فقد أصبحت البيئة الأقل تقييدا القضية المركزية

لدعاة الإصلاح في التربية الخاصة، وكأن المكان الذي يشغله الطلبة هو المتغير الأهم في تعلمهم، وفي تقديرهم لذواتهم، وفي الحكم على نجاحهم. وقد لاحظ كروكيت (Crockett, 1997) كيف طغت معاني البيئة الأقل تقييدا مع مرور الأيام، وكيف أصبحت التربية المناسبة تحتل مكانة ثانية. ولعلنا في سعينا لتحقيق ما يسميه الناس "دمجا شاملا"، قد فقدنا عقولنا.

إن نقل الطلبة ذوي الإعاقات إلى الفصول العادية يشكل نصراً فارغا في معظم الحالات. وأغلب الظن أننا سنكشف أن الدمج الشامل في التربية العامة يوفر تسهيلات مكانية وليس تسهيلات تعليمية لمعظم الطلبة فيما يفترض أنه منهج التربية العامة المتنوع والثري في الفصل الدراسي العادي. ولكن الوصول الجسمي إلى المكان قد يفرض قيودا على الوصول إلى الإجراءات التدريسية الأكثر فاعلية للطلبة الذين يواجهون مشكلات تعلمية. ويبدو أن عدداً كبيراً من أنصار دمج جميع الطلبة في التربية العامة يعتقدون أننا إذا قمنا بنقل الطلبة فإن ذلك سيعقبه تدريس فعال بشكل تلقائي، أو هم على أقل تقدير يعتقدون بإمكانية تعليم الطلبة ذوي الحاجات التربوية المتباينة بشكل واسع جدا في مكان مشترك. ولا يبدو أن هؤلاء يدركون أن المكان العام يمثل في بعض الحالات عوائق يتعذر تجاوزها للتدريس اللازم. ورفض إدراك مضامين المكان التربوي بالنسبة للتدريس كجزء من صعوبة أكبر تواجهها مهنتنا، وهي التوقعات غير المرتبطة بالواقع.

(5) عدم واقعية التوقعات

ليس هناك رضا حاليا عن التربية الخاصة أوعن التربية العامة أيضا. ولا اختلاف على حاجتنا إلى تحسين النواتج. ولكن ماذا سيحدث إذا كانت التربية الخاصة فعالة، والتربية العامة فعالة أيضا؟ بكلمات أخرى، ماذا نتوقع أن يحدث لتوزيع النواتج وللموقع النسبي لطلبتنا في منحى التوزيع الاعتدالي إذا عملت التربية

الخاصة والتربية العامة على النحو الذي نرغب فيه؟ ما يقترحه بعض دعاة الإصلاح هـو أن نتوقع نجاح جميع الطلبة تبعا لمعيار عـام، وذلك يعني مـن وجهة نظرهم أن نحتكم لـنفس المعايير والتوقعات المرتفعة في تقييم جميع الطلبة وأن نشمل كـل الطلبة في المنهج نفسه وفي إجراءات التقييم نفسها وكأن المشاركة في هذا كله تعرّف النجاح بعمل سحري ما. فلن تنجح التربية الخاصة في جعل كل أو حتى معظم الطلبة المعوقين بـنفس مستوى زملائهـم غير المعوقين إلا إذا كانت التربية العامة في وضع مزر حقا. وفي الواقع، إذا شرعت التربية العامة في توفير تـدريس فعال حقا لجميع الطلبة، فمن المتوقع عندئـذ أن يـزداد التبايـن بيـن أفراد مجتمع المدرسة وأن يصبح أداء الطلبة المعوقين أكثر اختلافا عن المتوسط مـن أي وقت مضى ـ ولعل فهمنا لهذه المشكلات عـلى مستوى معين يدفعنا إلى الامتناع عن التركيز على التعليم والتعلم. فنحن في التحليل النهائي نميل إلى عمل الأشياء التي نتقنها، وإذا كنا غير قادرين على تحقيق هدف مساعدة الطلبة المعوقين في تعلم المهارات الأكاديمية ضـمن انحراف معياري عـن متوسط تعلم الطلبة الآخرين، فلماذا لا نوجه جهودنا نحو الأشياء التي يمكن تحقيقها بسهولة أكبر وهـي: وضع الأطفـال في المـدارس والصفوف العامة والطلب من معلميهم أن يتعاونوا؟

(6) عدم الجاهزية للتعليم والتعلم

لا يمكن للتربية الخاصة أن تكون أفضل من التدريس الذي يقدمه المعلمون. وفي الوقت الراهن، فإن معظم التعليم الذي يتلقاه الطلبة المعوقون هـو تعليم يقدمـه المعلمون العـاديون، الذين يفتقر معظمهم إلى التدريب الكـافي أو لم يحصـلوا عـلى تـدريب إطلاقاً لتعليم الطلبة غير العاديين. فالتدريب الذي يحصل عليه هؤلاء المعلمون غير كاف في معظم الحالات. ولسوء الحـظ، فإن عددا كبيرا من معلمي التربية الخاصة لم يعدّوا جيدا لتعليم الطلبة ذوي المشكلات الصعبة على وجه التحديد ولا يتوفر لهم

الدعم الكافي. وقد بلغ عدد ونسبة معلمي التربية الخاصة الذين يعيّنون بشهادات طارئة أو مؤقتـة مستوى الفضيحة. وتركز معظم برامج إعداد المعلمين على تقديم الاستشارات والتعاون مع المعلمين العاديين على الرغم من أنها تؤهل معلمين لا خـبرة لـديهم بالتربية العامـة ولا يتمتعـون بكفايات متطورة لتعليم الطلبة ذوي الصعوبات الشديدة. والطرق الأكثر شعبية في أوساط المعلمين العاديين حاليا فيما يتعلق بالتعليم والتعلم هـي طرق نعـرف أنها تخفـق في معظم الأحيـان مـع الطلبـة المعوقين. فهم يركزون على التدريس غير المباشر، والموجه نحو الاستكشاف. علاوة على ذلك، فالجزء الأكبر من بحوث التربية الخاصة الراهنة لا يتعلق بالتعليم والتعلم، ومعظم معلمي التربية الخاصة لا يقدمون تعليما مباشرا ومكثفا مستخدمين أفضل أساليب التدريس التي تتوفر أيضا.

وما يعنيه ذلك لمستقبل التربية الخاصة هـو أن علينا أن نغيّر مسـار عملنـا. فنحن لا نستطيع أن نستمر بتجنب التركيز على التدريس الملائم للطلبة المعوقين. ولا نستطيع أن نتجاهـل الفرق بين التدريس الخاص وتدريس الطلبة العاديين. كذلك فنحن لا نستطيع أن نتخيل أن تقـوم التربية العامة بعملنا. ولا نستطيع أن نفرض أن الاستشارة والتعاون ستعملان على تعويض الضعف في التدريس، أو أن نعتمد علـى بـدائل للتدريس المتخصص، والفرعـي، والمكثـف الـذي يفـترض أن تقدمه التربية الخاصة في معظم الحالات والذي أصبح حاليا يقدم في حالات قليلة فقط. وهذا النوع من التربية الخاصة مكلف جدا. وتبعا لذلك، فهو لا يتنـاغم مـع الإيقاعـات السياسية والاجتماعيـة الراهنة.

(7) عدم الوعي بالتحولات السياسية والاجتماعية

ينسى معظمنا أن التربية، بمـا فيهـا التربية الخاصـة، برنـامج رعايـة اجتماعيـة حكوميـة. وتتعرض البرامج من هذا النوع للهجوم خاصة إذا كانت تقدم امتيازات

خاصة. وفي الواقع، فإن التربية الخاصة تتعرض للهجوم مـن قبـل وسـائل الإعلام ومـن قبـل بعـض اختصاصيي التربية الخاصة باعتبارها برنامج امتيازات ونفقات حكومية غير مجد وغير فعال وبالتالي يجب تقليل حجمه أو حتى إلغائه كاملا. وتتزايد صعوبة الحصول عـلى الـدعم الحكـومي بكافـة أشكاله ربما باستثناء عالم الصناعة والأعمال. والرأي الشائع لـدى المواطنين كـما يعكسـه الأشخاص الذين ينتخبون للخدمة العامة هو أن الدعم الحكومي للأطفال ذوي الحاجات الخاصة وأسرهـم يجب خفضه. وفي الوقت الحاضر، تنشأ أعداد متزايدة مـن أطفالنـا في الفقر وفي ظـل ظـروف يتوقع أن تزيد مخاطر تعرضهم للإعاقة. ومع ذلك، فنحن نشهد توجهـا نحـو خفـض عـدد الأطفـال الـذين تخدمهم التربية الخاصة ونحو ارتفاع تكاليف هـذه الخدمات. ويقال لنـا، وبعضـنا تنطـلي عليـه اللعبة، أن البرامج الحكومية التي تخدم ذوي الإعاقات غير فعالة ويجب التخلي عن معظمها.

ويعتقد أننا سنشهد انخفاضا ملحوظا في تمويل التربية الخاصة وفي أعـداد الطلبـة الـذين نقدمها لهم. ولعل ذلك سيتحقق جزئيا مـن إعـادة توكيل التربيـة العامـة بخدمـة الأطفـال الـذين نتحمل نحن مسؤولية خدمتهم. وعلى كل حال، فإذا كنا لنخدم الأعداد المتبقية مـن الطلبـة بشكل كاف، فنحن نحتاج إلى زيادة وليس إلى خفض في تمويل برامجنا، ولم تكن توقعاتنا من تطبيـع حيـاة أطفالنا واقعية بل كانت مرتفعة بشكل ملحوظ، وكذلك لم تكمن تقديراتنا لتكاليف تقديم خدمات ذات نوعية راقية واقعية بل كانت متدنية بشكل ملحوظ. وتميل المجتمعات حاليا إلى تجاهل مشكلات الرعاية الاجتماعية إلى أقصى درجة ممكنة، وإلى التعاطي مـع مـا لا يمكـن تجاهلـه بشـراء الخدمات من القطاع الخاص بأسعار زهيدة، وإلى التخلي عن الالتزامات الحكومية نحو الجميع مـا عدا الفئات الأكثر حاجة. ويبدو أننا لا نعي أن مهنتنا في خطر شـديد وأن بعـض أعضـاء مهنتنـا يسكبون الكاز على النار. وهشاشة وضعنا

يضعفها رفض الأدلة العلمية. ولعلنا ننجذب إلى أي فخ إذا كان يصطاد انطباعات عامة الناس، كما تفعل ذلك حاليا فلسفة "ما بعد الحداثة"

(8) الافتتان بالتفاهات وبالتخيلات الهدامة

قد لا يحظى الموقف الذي تم التعبير عنه بالقبول، لكن بعض العاملين في مجال التربية الخاصة قد تشبعوا بفكر سيئ من حركة ما بعد الحداثة (Postmodernism). ونشير هنا على وجه التحديد إلى الأوصاف المنسجمة مع هذه الفلسفة للتربية عموما وللتربية الخاصة بوجه خاص إذ أن أفكارهم تحول دون تطور خدمات التربية الخاصة. فمن الصعب تحديد أية مضامين تطبيقية لأعمال هؤلاء المؤلفين في مجال التربية الخاصة، ويتعذر أن نستوعب كيف سيؤدي تطبيق أفكارهم إلى تحسين تعليم الطلبة المعوقين أو إلى البحث في مشكلات التربية الخاصة. وبالرغم من صعوبة تعريف مصطلح "ما بعد الحداثة" (Wilson, 1998) إلا أنه يقصد بها عموما أن العلم لا يوثق به وأن طرق المعرفة البديلة في البحث عن الحقيقة لها نفس الوزن. ومعظم الحقيقة التي يقترحها التربويون في هذا المضمار تنم عن إساءة فهم عميقة للعلم. فبناء على هذه الفلسفة، تشكل الإعاقة بنية اجتماعية يمكن إزالتها (Danforth & Rhodes, 1997) وتلك فلسفة تتناقض تماما وعلم التربية الخاصة (Kauffman, 1999). وقد اقترح إلكند (Elkind, 1997) أن تتحدى حركة ما بعد الحداثة أفكار التقدم، والعمومية، والنظام، التي تشكل جزءا من العلم الحديث.

أولا، من المهم أن نفهم أن العلماء المعاصرين لا يزعمون أنهم قادرون على التنبؤ بكل الظواهر. وفي الواقع، فعدم الانتظام في الظواهر هو الذي يقود إلى التحول لنماذج جديدة تستطيع التنبؤ بالظواهر الإضافية التي لا تكفي النماذج القديمة للتنبؤ بها مما يحقق مستوى جديداً من الانتظام والقابلية للتنبؤ بالظاهرة التي كان يعتقد سابقا أنها فوضوية. ثانيا، إن حقيقة أن بعض الظواهر ليست نظامية أو أنها تبدو لنا

غير نظامية لا تعني أبدا أن بعض الظواهر غير نظامية أو أن عدم القابلية للتنبؤ بالظاهرة لن تفهم أبدا كسلسلة أحداث متوقعة. ثالثا، إن بعض الظواهر غير النظامية تافهة ولا تستطيع أن تحقق هدفا محددا. فحقيقة أن الحليب ينتشر في القهوة بطريقة فوضوية لا تعيق أبدا قدرتنا على التنبؤ بمنتهى الدقة بلون ومذاق وقيمة السعرات الحرارية لقدر معين من القهوة التي أضيف إليها قدر معين من الحليب. وبالمثل، فحقيقة ان استجابة الطفل الفورية للثناء قد تكون غير قابلة للتنبؤ لا تنفي أبدا استخدام الثناء الاجتماعي كاستراتيجية لتعزيز السلوك المرغوب فيه.

ويستشهد معظم المؤلفين الذين يناشدون بتغير راديكالي في وجهات النظر بكتاب من تأليف توماس كون (Kuhn, 1996) الذي جعل مصطلح "تغيير النموذج" مصطلح شعبيا. ولكن كتابه القيّم تناول النماذج في العلم نفسه فقط. ولا يتوفر لدى الذين يقولون أن نماذج التربية آخذة بالتحول أي أدلة يعتمدون عليها لإضفاء المشروعية على التحول. وفي الواقع، فإن دعاة ما بعد الحداثة يرفضون الأدلة لأنها بالنسبة لهم غير ضرورية. فهم يعتقدون أن باستطاعتهم إيجاد نموذج جديد استنادا إلى افتراض مفاده أن العلم لم يعد يقدم تفسيرات صادقة لأعمالنا. لكن النماذج العلمية لا تتغير هكذا بل هي تتغير إذا تم الحصول على بيانات تدعمها وتكون موثوقة وقابلة للتحقق. فدون بيانات، تموت النماذج الجديدة ميتة مخزية. علاوة على ذلك، فإن النموذج الجديد لا يلغي النموذج القديم بالضرورة. فالنماذج العلمية تقدم حلولا للمشكلات، وهي ليست مجرد أفكار مثيرة للاهتمام ومبتكرة.

وليس في الأفق أية بادرة توحي بأن فلسفة ما بعد الحداثة تقدم حلولا أفضل للمشكلات في الحقل التربوي (وفي الواقع فمن الصعب فهم الحلول التي تقدمها هذه الفلسفة). وغياب الحلول الأفضل للمشكلات التربوية من قبل أصحاب هذه الفلسفة يعني وجهة نظر بديلة في تغيير النماذج في التربية. فقد قدم الباحثون في العقود

الماضية نظرية واضحة لحلّ المشكلات (مثلا: Engelmenn & Carnine, 1982). ويمكن اعتبار التربية مجالا لا إجماع فيه على أن التعليم والتعلم يمكن دراستها علميا أو أن صناعة القرار التربوي يجب أن تعتمد على بيانات موثوقة (Watkins, 1996).

ويمثل تطور التحليل السلوكي التطبيقي وانبثاقه نظرية تدريس واضحة وقابلة للتحقق تحولا نحو نموذج علمي في التربية يوجه أصحاب فلسفة ما بعد المعاصرة انتقاداتهم نحوه. فقد يتطور نموذج علمي مبدئي على مدى عدة عقود، ويوجد دائما عوامل مضادة تسعى إلى سحب البساط من تحت أقدام العلم أو من تحت أقدام النموذج العلمي السائد. فالتفسير المنطقي لهذا التحول في النماذج التربوية هو أن فلسفة ما بعد المعاصرة واللابنائية تمثل كفاحا لسحب المشروعية من نموذج سيتم تبنيه في نهاية المطاف لأن الحلول التي يقدمها للمشكلات أفضل من تلك التي تقدمها البدائل غير العلمية.

وفي العلم، فإن النموذج الذي يكسب المعركة في نهاية المطاف هو النموذج الذي يقدم أكثر الأدوات عملية وموثوقية لحل المشكلات. وعلى وكما يبين تاريخ العلم، فإن نماذج قد تتعرض للهجوم من قبل الفلسفة السياسية. ولم يكن العلم ليفوز على مدى مئات السنين لو أن السلطات السياسية لم تسمح له بالتطور والانعتاق من العصور المظلمة. ولكن الناس الذين لا يؤمنون بالأدلة العلمية أو لا يحبونها يستطيعون الاستمرار بمحاولة إلقاء ظلال من الشك على البيانات العلمية لصالح السياسة أو غيرها (Wilson, 1998),

وينبغي علينا عدم التقليل من شعبية القناعات غير العلمية بل والمضادة للعلم في الوقت الحاضر. وينبغي علينا أيضا عدم الاستهانة بخطر مثل هذه الآراء والقناعات الفكرية على مجال التربية. فمجلة نيويوركر (New Yorker) في عددها الصادر بتاريخ 1997/4/14 خصصت كل صفحاتها بعنوان "حديث المدينة" عن

الانتحار الجماعي لمارشال أبلوايت (Marshall Applewhite) وأتباعه. فقد رفض هـؤلاء الأدلـة وقبلـوا بما وراء الطبيعة. وقد اختتم التعليق في المجلة كما يلي: "بالرغم من أن العلم أقـوى الآن مـما كـان عليه أيام جاليليو الذي انحنى أمام البحث والدراسة، فما زال العلـم عـادة عقليـة لـدى أقليـة مـن الناس، ومستقبلة يبقى موضع تساؤل وشك. فالقناعات العمياء تحكم الكون بظلامها الـذي يشبه ظلام الفضاء الواسع" (ص، 31). وكمحاولة منها لتقديم الأدلة الداعمة، خصصت مجلة التـايمز في أحد أعدادها مقالا للحديث عن انبعاث القناعة مجددا بالتنجيم مؤخرا. وكان بعنوان "لماذا يعتقد كثيرون منا الآن أن النجوم تعكس الـروح". فقد شهدت القناعة بـالتنجيم في السـنوات العشرـين الماضية انتشارا واسعا. في غياب أي دليل علمي يدعم ادعاءاته وفي وجه المعلومات العلمية الموثوقة (Miller, 1997).

(9) فلسفة ما بعد الحداثة

تقترح فلسفة ما بعد الحداثة طرائق تدريسية وعلاجيـة لا تتـوفر أدلـة علميـة تـدعمها. وهذه تشمل مسميات غير مألوفة مثل التـدريب عـلى الإحسـاس بالحركة (Kinesiology)، وأسـلوب التنظيم العصبي (Neurological Organization Technique)، والتـدريب العينـي (Occular Training)، والتواصل الميسر (Facilitated Communication)، وهـي جميعـا أسـاليب يقال أنهـا تعـالج صعوبـات التعلم. وفي بعض الحالات فإن هذه الأساليب وغيرها من الأساليب العجيبة يروّج لها وتباع دون أي إحساس بالخجل من قبل اختصاصيي التربية الخاصة. وقد أشار جاكبسون وزملاؤه (.,Jocobson et al 1995) ودانفورث (Danforth, 1997) إلى أن "أنصار فلسفة ما بعد الحداثة يقترحون أن مصادر الأمـل في مجال الإعاقة العقلية تنطلق تماما من تلك الأفواه التي لا تتكلم لغة العلم" (ص، 104).

لقد كان علينا دائما أن نتعامل مع المشعوذين، وسوف نضطر للتعامل معهـم إلى آن يـرث الله الأرض ومن عليها. ولكن أفكار أصحاب فلسـفة مـا بعـد الحداثـة حـول عـدم مصـداقية العلـم ونزعتهم نحو تشكيل الحقائق مزاجيا واعتباطيا قد تسهم وبشكل كبير في منعنا من التقـدم. فعـلى سبيل المثال، لقد رأينا في عقد التسعينات تطورا علمياً مدهشاً في التكنولوجيا الالكترونيـة لمسـاعدة الناس الذين يعـانون مـن صـعوبات هائلـة في التواصـل في التعبـير عـن أنفسـهم بوضـوح وبشـكل مستقل. ومع ذلك، فقد رأينا أن قدرة بعض الأطفال على التواصل قد اعيقـت بـالتخيلات والأوهـام التي مثلتها العوامل "الميسرة" للتواصل (Jacobson et al., 1995). ويا له من عمل شرير، أن يقوم بعض الاختصاصـيين في مجالنـا بالتواصـل نيابـة عـن الأشـخاص المعـوقين ولكـنهم يزعمـون أن الأشـخاص المعوقين أنفسهم هم الذين يتواصلون. وبالطبع، فالـدفاع المتوقـع عـن مثـل هـذه الخدمـة هـو أن ظاهرة التواصل الميسر عصية عـلى التحقـق العلمـي التقليـدي (أنظـر: Danforth, 1997). وهـذا هـو الأسلوب التقليدي الذي يستخدمه الساحر، أو المشعوذ، أو العرّاف، أو المنجّم (أنظر: Miller, 1997).

(10) عدم الحراك بسبب توقع التحول المنتظم

مثل المقامر الذي ينتظر الكنـز، ينتظـر كثـيرون في مهنتنـا تغـيراً كـاملاً في النظـام التربـوي برمته. إنهم لا يريدون تغيراً تدريجياً، بل تحولاً كاملاً في النظام كلـه. وثمـة مـدافعون عـن الأطفـال المعوقين يتذمرون من أن التغيير في المدارس بطيء ومحدود، لأنهم يركزون على طفـل واحـد ولـيس على النظام التربوي الذي يـديم السـلبيات وأحيانـا ينتجهـا. ومثـل هـذه العبـارة في الأدب المعـاصر تعكس الضجر من التركيز على الأفراد ومن الخدمات الفرعية كالتربية الخاصة. وينتظر البعض بقلق حدوث تغيير جوهري في النظام كله لا يعمل على تحسـين التربيـة الخاصـة فحسـب بـل يغـير كليـاً قدرتنا على

خدمة الأطفال. فنحن نرى النجاح بوصفه يعتمد على الأداء الكلي، وليس بوصفه نتائج جهود مجزأة. إننا ننسى حكاية الإظفر الذي ضاع فأدى إلى ضياع مملكة.

إن لبرامج الرعاية الاجتماعية، بما فيها التربية العامة والتربية الخاصة، تاريخا خاصا من الإخفاق في تحقيق توقعاتنا. ويشعر عدد كبير من اختصاصيي التربية الخاصة بالملل من فحص الأجزاء المكونة لهذا النظام ومن عدم القدرة على تحديد وتصويب العقبات التي تمنعهم من العمل وفق ما يرغبون. وبتركيزنا على النظم الأكثر تعقيدا نتجاهل حقيقة أن كل جزء يجب أن يعمل بشكل مناسب وإلاّ توقف النظام عن العمل. فلا يستطيع تركيزنا على الجزئيات لا يؤدي إلى تحسن النظام كله. وفي خضم توقنا إلى تغير كلي في النظام، سنكتشف في غضون عقد أو عقدين أن بنية النظام قد تغيرت ولكن النتائج لم تتغير. فلن تكون النتائج أفضل لهذا السبب، حتى لو تغير النظام. فقد أخفقنا في تنفيذ العمل اللازم لضمان تكامل ونقاوة العنصر الذي يهمنا في نظام الخدمات (التربية الخاصة).

خمس دلالات للتربية الخاصة المعاصرة

لخصائص التربية الخاصة الراهنة العشر التي ذكرت خمس دلالات رئيسية للمستقبل. وفيما يلي ملاحظات موجزة حول كل من هذه الدلالات:

أولا: يعتقد أنه سيحدث تغيير رئيسي في حدود التربية الخاصة وأحد أسباب ذلك هو تدني مستوى تقديرنا لذواتنا. وسوف نخدم أعداداً أقل من الطلبة الذين لديهم إعاقات أشد. وأحد العوامل التي تسهم في هذا هو تغير العوامل الديمغرافية لطلبة المدارس. فالقلق بشأن التمثيل المفرط للأطفال الملوّنين، والفقراء، قد يقود إلى فقدان بعض الأطفال الأهلية للتربية الخاصة. وبذلك فلعلنا نهيئ الأرضية لحدوث اختزال كبير في الاعتماد على التربية الخاصة لتلبية حاجات الطلبة.

وعلى أي حال، فنحن قد نكون في الوقت نفسه نضع حجر الأساس لانحدار شديد في إمكانية حصول الطلبة على التربية الخاصة التي يحتاجون إليها وفي قدرة التربية الخاصة على تنفيذ برامج التدخل المبكر والوقاية. ونحتاج إلى ان نتوخى الحذر التام فلا نعيق جهود التدخل المبكر والوقاية ونضمن حصول الطلبة على التربية الخاصة التي يحتاجونها، ونحتاج في الوقت نفسه إلى عدم ارتكاب أخطاء في التشخيص والتصنيف فلا نقترح تقديم التربية الخاصة للطلبة الذين يختلفون عن الطلبة الاخرين ولكنهم لا يعانون من إعاقات.

ثانيا: يعتقد أننا سنشهد تغييرا جوهريا في أنماط تقديم خدمات التربية الخاصة وفي أنماط كوادر التربية الخاصة وفي علاقتنا مع التربية العامة. وسيعتمد المسار الذي نسلكه على النواتج التي نعتقد أنها افضل ما تستطيع التربية الخاصة تقديمه. فإذا ركزنا على وجود الطلبة في المدارس العادية، دون الاهتمام بما يكتسبونه من مهارات في المجال الأكاديمي، وفي مجال العناية بالذات، وفي المجال المهني، فعندئذ قد نشهد تغيراً شبه كامل في دور التربية الخاصة فيما يتعلق بالتعاون مع التربية العامة. ومهما يكن الأمر، فإذا انصب اهتمامنا فعلا على ضمان حق الطلبة في تعلم المنهج الدراسي العام، أو في تعلم منهج بديل أكثر ملاءمة لحاجاتهم، فقد نشهد اهتماما متجددا بمعلمي التربية الخاصة الذين يمتلكون مهارات تعليمية خاصة ويعلمون الطلبة في مجموعات صغيرة وفي أوضاع تعليمية خاصة. وقد تدعم البيانات المتوفرة في الوقت الراهن الادعاء بأن بعض الطلبة المعوقين يمكن تعليمهم بشكل مناسب في مدارس العليم العام إذا تم توفير الخدمات الداعمة. وعلى أي حال، لا تدعم الأدلة المتوفرة حاليا الإدعاء بأن كل الطلبة المعوقين لديهم القابلية للتعليم الفعال في المدارس المجاورة أو في مدارس التعليم العام. وبناء على ذلك، ينبغي أن نتوخى الحذر

فنعمل على إعداد معلمي تربية خاصة يستطيعون حقا تقديم تدريس متخصص في أوضاع خاصة تماما كما نحتاج إلى إعداد معلمي تربية خاصة يستطيعون التعاون والعمل في الأوضاع التربوية العامة.

ثالثا: يعتقد أننا سنشهد تحولاً رئيسياً في معايير وأنماط تمويل التربية الخاصة وفي برامج إعداد المعلمين وتأهيلهم. وسيكون للنمط اللامركزي في إدارة الخدمات تأثير مهم. وسيقودنا أولئك الذين يزعمون أنهم يلغون الخطوط الفاصلة بين التربية العامة والخاصة على مستوى إعداد المعلمين وتقديم الخدمات، إلى حقبة جديدة من التجاهل للحاجات التربوية للطلبة المعوقين. وبالتأكيد، سيكون من واجبنا أن نتابع عن كثب تأثيرات اللامركزية على التربية الخاصة.

رابعا: يبدو أن ثمة احتمال لحدوث تعديلات جوهرية في التشريعات والأنظمة. ويعتقد أن المعطيات الحالية تقود إلى توقع تغيرات كتلك التي تحدث في برامج الرعاية الاجتماعية. ويتوقع أن يتم اختزال خدمات التربية الخاصة، فالمجتمع أصبح أقل لطفاً وأقل دعماً لبرامج الخدمة الاجتماعية. وأنه لأمر مؤسف حقا أن بعض العاملين في المهنة يسهمون في ممارسة ضغوط لتغيير التشريعات والقوانين التي ستجعل الأشخاص المعوقين في موقف صعب، وإن كانوا يفعلون ذلك حالياً بلغة غامضة ولكنها تروق لصنّاع القرارات السياسية والاجتماعية. فعلى سبيل المثال، يندّد لبسكي وجارتنر (Lipsky & Gartner, 1996) بالتربية الخاصة، ويحرضون الآخرين ضدها، ويقترحون ما يلي:-

1- إمكانية الوصول غير المقيدة إلى التربية العامة الممولة بشكل كاف.

2- خدمات تربوية تقدم في مدارس تنفذ الدمج الشامل، أي في نفس المدارس التي يتعلم فيها الطلبة غير المعوقين وفي الفصول الدراسية الملائمة للعمر الزمني للطالب المعوق.

3- برامج تربوية توفر فرصا فعالة للنجاح في كل من المدرسة والحياة.
4- تحميل الأشخاص الذين يديرون المدارس ويشرفون عليها مسؤولية تحقيق ذلك النجاح (ص، 153).

إن مفردات "غير المقيدة"، و "الدمج الشامل"، و "الفرص"، و"النجاح"، و "المساءلة" هي مفردات جذابة جدا، لكن معانيها في القائمة أعلاه يجب تفحصها جيدا فثمة أسئلة عديدة تطرح حول الانسجام المنطقي في توصيات هذين المؤلفين بشأن إصلاح نظام التربية الخاصة. فما الذي يقيد إمكانية حق الوصول؟ وهل يعقل أن ينطوي تعليم الطلبة المعوقين في نفس المدرسة ونفس الفصل الدراسي على تقييد حق بعض الطلبة في الوصول؟ وما هي الفرص الفعالة للنجاح، وكيف تختلف عن الفرص غير الفعالة؟ وهل يمكن أن تخفق الفرصة الفعالة؟ وكيف ينبغي علينا أن نعرّف النجاح في المدرسة وفي الحياة؟ وكيف نحمل الإداريين والمشرفين على المدارس مسؤولية نجاح الطالب في المدرسة؟ ولماذا نحمل المدرسة مسؤولية النجاح في الحياة؟ إن مثل هذه التوصيات يمكن الترحيب بها من قبل أولئك الذين يهتمون أساساً بالطلبة غير المعوقين ويمكن استخدامها للادعاء بأن ما هو جيد لطالب ما جيد لجميع الطلبة. وتوصياتنا يجب ان تخضع لمستوى أعلى من التفكير الناقد ويكون أرقى من تلك التي تحث طلبة المدارس الأساسية والثانوية على استخدامها عند فحص الإعلانات الدعائية، وفن الخطابة، وما إلى ذلك.

خامسا: إن إغراء فلسفة ما بعد الحداثة إغراء قوي ويتنامى يوما بعد يوم، فالتوجهات غير العلمية قوية ومعظم المواطنين، بمن فيهم المعلمين والقائمين على برامج إعدادهم، لا يتمتعون بمهارات علمية متطورة. ولذلك فقد نشهد رفضا متزايدا للطريقة العلمية من قبل أولئك الذين يسيئون فهم معاني واستخدامات الأدلة العلمية. وقد يقل تركيز التربية الخاصة على الفهم

العلمي للتدريس مما يقود إلى طريق معرفي غير نافذ (Kauffman, 1999). ونحتاج إلى أن نزن بدقة اقتراحات وآراء من يريدون إعادة بناء التربية الخاصة. وعلينا أن نتذكر أن "الانفصال عن الممارسة ينتج هلوسة نظرية". فالعقول التي يطلق لها العنان والتي لا تخضع لقيود الحقائق الخارجية تراوغ بشأن المسؤوليات مما يترك الأشخاص المعوقين عالقين في نسيج اجتماعي يصبح أكثر عدائية بسبب تجنب القضايا الحقيقية.

ملاحظة متفائلة:

يبدو مستقبل التربية الخاصة قاتما لعدة أسباب، ناقش الفصل بعضا منها. فالتربية الخاصة مهنة في متوسط العمر أصبح، يبدو عليها بعض علامات "جنون متوسط العمر" كما يقال باللغة العامية. ويبدو أننا كمجموعة متخصصة بدأنا نفقد الثقة بالذات والإحساس بالهدف وبالرسالة. ويبدو كذلك أننا نسينا معظم تاريخنا، مما أدى إلى نتيجتين محددتين: الأولى: أننا ننزع إلى التعامل مع مرحلة الشباب في حياة مهنتنا بطريقة رومانسية حيث كانت متحررة نسبيا من الأنظمة، والتعريف، والمسؤولية، وحيث كانت قادرة على توجيه حياتنا المهنية بغض النظر عن النتائج طويلة المدى لأعمالنا. والثانية: أننا على ما يبدو لم نتعلم كثيرا من ماضينا حيث يبدو أننا مستعدون لنبذ الأخطاء الأولى باعتبارها اعتلالات اجتماعية ونقبل على الأفكار الجديدة أو ما يسمى بالنماذج دون أي تحليل عملي للمبادئ التي تقوم عليها. وتلك ليست صورة جميلة. وإذا كنا لنسيطر على الوضع ونتجنب عقودا من الانحدار الكارثي، ينبغي علينا بذل جهود مضنية ومخلصة.

ومشكلتنا فيما يتعلق بالأسس الفلسفية ليست فريدة. وتعليقات بعض الكتّاب مفيدة للغاية وتساعد في إعطائنا أملاً بأن مهنتنا لن تتخلى عن علم السلوك الإنساني لصالح بدائل أخرى. وما تشترك به تلك التعليقات هو وجود معرفة عامة بالرغم من أن

الأفراد والجماعات قد يتوصلون إلى قناعات مختلفة بناء على وجهات نظرهم المتبادلة. ومثل هـذه المعرفة العامة تتعرض لهجوم عنيف. ولكن لا شيء يرغمنا على الاشتراك في الهجـوم. فالمعرفـة التـي تراكمت على مدى بضع مئات السنين تطلق أيدينا وعقولنا كـأفراد وكاختصاصـيين لمواصـلة البحـث عن المعرفة العامة والمشتركة التي توفر أكبر قدر من التحرر والتأهيل لجميع النـاس. ولا ينبغـي أن يقودنا انبثاق الأفكار المضادة إلى الاعتقاد بأن الفوضى الفلسـفية أمـر حتمـي. وكـما يقـول ولسـون (Wilson, 1998)، "فقد كان هناك دائما نوعان مـن المفكـرين الأصـليين، نـوع يحـاول تحقيـق النظـام عندما يرى الفوضى، ونوع آخر عندما يواجه النظام يحتج عليه ويحـاول أن يحقـق فـوضى. والتـوتر القائم بين النوعين هو الذي يطور التعلم. فهو يرفعنـا إلى طريـق متعـرج ولكنـه يقـود إلى التقـدم. وتبعا لمفاهيم دارون فالنظام هو الذي يفوز دائما، وسبب ذلك، ببساطة، هو أن العـالم يعمـل عـلى هذا النحو" (ص، 59).

من الخطأ الفاحش أن ننظر إلى الجانب المظلم فقط ، فالتربية الخاصة مهنـة فتيـة نسـبيا لها تاريخ يزخر بالبحث العلمي التجريبي حول الطرق الملائمة لتعليم الطلبة ذوي الإعاقات. ونحـن نتمتع بقدرة كبيرة على تصويب أنفسنا وعلى الحفاظ عـلى النظـام رغـم محـاولات الآخـرين خلـق البلبلة والفوضى. وبإمكاننا أن نوجه جهودنا نحو رسالتنا التاريخية المتمثلة في البحـث عـن المعرفـة العامة الموثوقة في أفضل الطرق لتعليم الطلبة المعـوقين والتـي تشـمل بإيجـاز: التـدريس المكثـف، والملحّ، والذي لا يلين، والموجّه نحو تحقيق أهداف معروفة تبعـاً للحاجـة الفرديـة، والـذي ينفـذ في الوضع الذي يكون فيه أكثر فاعلية (Zigmond & Baker, 1995).

المراجع

Blatt, B. (1987). **The conquest of mental retardation**. Austin, TX: PRO-ED.

Brantlinger, E. (1997). Using ideology: Cases of nonrecognition of the politics of research and practice in special education. **Review of Educational Research, 67**, 425-459.

Crockett, J.B. (1997). Instructional settings for exceptional learners: A conceptual, historical, and empirical examination of the least restrictive environment. **Unpublished doctoral dissertation**, University of Virginia.

Danforth, S. (1997). On what basis hope? Modern progress and postmodern possibilities. **Mental Retardation, 35**, 93-106.

Danforth, S., Rhodes, W. C. (1997). Deconstructing disability: A philosophy for inclusion. **Remedial and Special Education, 18**, 357-366.

Klhind, D. (1997). The death of child nature: Education in the postmodern world. **Phi Delta Kappan, 79**, 241-245.

Gerber, M.M. (1996). Reforming special education: Beyond "inclusion". In C. Christensen & E Rizvi (Eds.), **Disability and the dilemmas of education and justice** (pp. 156-174). Philadelphia: Open University Press.

Gkazerm N. (1997). **We are all multiculturalists now**. Cambridge, MA: Harvard University Press.

Gould, S.J. (1997). **Questioning the millennium. A rationalist's guide to a precisely arbitrary countdown**. New York: Harmony Books.

Gross, P.R. (1998). The lcarian impulse. The Wilson Quarterly, 22, 39-49.

Jacobson, J. W., Mulick, J. A., & Schwartz, A.A. (1995). A history of facilitated communication. Science, pseudoscience, and antiscience silence working group on facilitated communication. **American Psychologist, 50**, 750-765.

Kauffman, J. M. (1997a). Conclusion: A little of everything, a lot of nothing is an agenda for failure. **Journal of Emotional and Behavioral Disorders, 5**, 76-81.

Kauffman, J. M. (1997b). Guest editorial: Caricature, science, and exceptionality. **Remedial and Special Education**, 18, 130-132.

Kauffman, J.M., & Lloyd, J.W, (1995). A sense of place: The importance of placement issues in contemporary special education. In J. M. Kauffmen, J.W., Lloyd, D.P. Hallahan, & T.A. Astuto (Eds.), **Issues in educational placement: Emotional and behavioral disorders** (pp. 3-19). Hillsdale, NJ: Erlbaum.

Kuhn, T.S. (1996). **The structure of scientific revolutions** (3rd ed.) Chicago: University of Chicago Press.

Lipsky, D. K., & Gartner, A. (1996). Equity requires inclusion: The future for all students with disabilities. In C. Christensen & E Rizvi (Eds.), **Disability and the dilemmas of education and justice** (pp. 144-155). Philadelphia: Open University Press.

Miller, K. (1997, July). **Star struck: A Journey to the new frontiers of the zodiac.** Life, pp. 39-53.

Sack, J.L. (1997, April 16). Disruptive spec. ed. Students get own school. **Education Week 16** (29), 1, 24-25.

Watkins, C. L. (1996) Follow through: Why didn't we? Effective School Practices, 15, 57-66.

Wilson, E.O. (1998, March). Back from chaos. **The Atlantic Monthly**, pp. 41-62.

Zigmond, N. (1997). Educating students with disabilities: The future of special education. In J. Lloyd, E. Kameenui, & D. Chard (Eds.), **Issues in educating students with disabilities** (pp. 377-390). Mahwah, NJ: Erlbaum.

الفصل الثالث
قضايا مرتبطة بظروف العمل في التربية الخاصة

❖ مقدمة

❖ التحدي

❖ النتائج

❖ أجندة العمل

المرجع الذي اعتمدنا عليه في إعداد هذا الفصل

Commission on the Conditions for Special Education Teaching and Learning (2000). Teaching Exceptional Children, 32, 56-69.

مقدمة:

في عام 1998، شكل مجلس الأطفال ذوي الحاجات الخاصة (Council for Exceptional Children) لجنة لدراسة ظروف التعليم والتعلم في التربية الخاصة. وكانت الأهداف الرئيسية للجنة: (1) تحديد العوامل التي تعيق التربية الخاصة ذات النوعية الراقية، (2) تطوير خطة عمل لحث المجتمع التربوي على ضمان حق كل طفل ذي حاجات خاصة في الحصول على الخدمات على يدي معلم مؤهل يستطيع ممارسة التعليم في ظروف مهنية ممتازة وفي أوضاع مناسبة.

وسواء في التربية العامة أم في التربية الخاصة، فثمة أدلة متزايدة على أن أهم متغير مدرسي يؤثر في تربية الطلبة هو المعلم المؤهل جيداً. والعلاقات قوية ولا يستطيع أحد إنكارها ما بين معلومات المعلم ومهاراته وأخلاقياته، ونوعية الخبرات التربوية للطلبة، والإنجازات التربوية. ومع ذلك، فإن عدداً كبيراً من معلمي التربية الخاصة يعملون في ظل ظروف سيئة بحيث أنهم فقدوا الأمل في تحقيق النجاح للطلبة الذين يعلمونهم. وتستند خطة العمل التي يتضمنها هذا التقرير إلى حقيقتين أساسيتين: (أ) إن عدداً كبيراً من معلمي التربية الخاصة يعملون في ظروف تمنعهم من تقديم تعليم ذي نوعية راقية، (ب) إن عدداً كبيراً من معلمي التربية الخاصة يطلب منهم القيام بأدوار غامضة، وغير متكاملة، وتشمل مسؤوليات متناقضة.

وترتبط إسهامات الأفراد في المجتمع ونوعية الحياة التي يستمتعون بها بشكل مباشر بخبراتهم التربوية. وإذا لم يكتسب الطلبة ذوو الحاجات الخاصة المعرفة، والمهارات، والاستراتيجيات اللازمة في سنوات المدرسة، فإن حياة مليئة بالاعتمادية، وتدني التحصيل ستكون بانتظارهم. والفقدان طويل المدى الذي يعاني منه هؤلاء الأفراد، وأسرهم، ومجتمعهم هو فقدان هائل.

التحدي:

في أحسن الأحوال، إن تعليم الأفراد المعوقين بنجاح عمل تزداد صعوبته. فالأفراد المعوقون غالباً ما يخفقون في التحصيل ما لم يتعلموا على أيدي معلمين متميزين يستخدمون أفضل الطرق في أفضل الظروف. وتصبح هذه الوقائع أكثر وضوحاً في ضوء حقيقة أنه مع بداية الألفية الجديدة، يوجد أكثر من ثلاثين ألف شاغر في ميدان التربية الخاصة في الولايات المتحدة الأمريكية لوحدها يشغلها أفراد يفتقرون إلى المؤهلات العلمية الضرورية. ومع عام 2005، ستحتاج أمريكا إلى ما يزيد عن مائتي ألف من معلمي التربية الخاصة الجدد. ويستقيل أربعة من كل عشرة من معلمي التربية الخاصة قبل السنة الخامسة من توظيفهم.

ولا يفتقر مجال التربية الخاصة إلى الطاقة المهنية لتوفير الكم اللازم من الخدمات لملايين الأطفال الذين تم تشخيص حالات الإعاقة لديهم، ولكن نوع الخدمات المقدمة في الظروف العديد السائدة، غالباً ما يكون دون المستوى المطلوب لإعداد الطلبة ذوي الحاجات الخاصة لمواجهة متطلبات الحياة المعقدة في القرن الحادي والعشرين. ونظراً لحجم التحدي الذي تتم مواجهته على صعيد تقديم أفضل تربية للأشخاص المعوقين، فمن الواضح انه لا تستطيع أي مؤسسة، أو وكالة، أو مجموعة أن تتصدى بمفردها للمهمة.

وتبعاً لذلك، فقد ناشد مجلس الأطفال ذوي الحاجات الخاصة مجموعة كبيرة من الشركاء للإسهام في تنفيذ خطة العمل. ويشمل الشركاء في العمل جمعيات مهنية، ووكالات وطنية ومحلية، ومديريات تعليمية، وبرامج لإعداد المعلمين، وإداريين، ومعلمين، وأولياء أمور، ورواد في عالم العمل والصناعة. وبالجهد التعاوني، يستطيع الشركاء في العمل تحقيق أشياء بالغة الأهمية.

وقد اعتمد أعضاء اللجنة التي تم تشكيلها من قبل مجلس الأطفال ذوي الحاجات الخاصة في إعداد هذا التقرير على عامين من البحث والعمل الميداني. وتستند النتائج إلى بيانات جمعت من مئات معلمي التربية الخاصة، والتربية العامة، والمديرين، وأولياء الأمور وقواعد المعلومات الوطنية، ومجموعة كبيرة من البحوث والدراسات التي تم نشرها في السنوات الخمس الماضية. علاوة على ذلك، فقد قدم آلاف المتخصصين معلومات قيمة للجنة من خلال ندوات عديدة عقدت لهذا الغرض وكذلك من خلال الاستجابة لاستبانة عرضت عبر شبكة المعلومات العالمية (الانترنت).

وتجدر الإشارة إلى أن البيانات وخطة العمل الواردة في هذا التقرير تتعلق بالتربية الخاصة في كل من أمريكا وكندا. كذلك يستخدم التقرير مصطلحين للإشارة إلى الطلبة ذوي الحاجات الخاصة. فإذا كانت البيانات تتعلق بكل من الموهوبين والمعوقين، فإن مصطلح "ذوي الحاجات الخاصة" هو الذي يستخدم. وإذا كانت المعلومات تقتصر على الطلبة الذين لديهم حالات إعاقة فقط، فإن مصطلح "الطلبة المعوقين". هو الذي يستخدم.

والتحدي الذي تواجهه وأنت تقرأ وتتأمل النتائج والتوصيات التالية هو أن تحدد كيف تستطيع أن تصبح "شريكاً في العمل" من موقعك أينما كنت. ونوعية الحياة للأشخاص المعوقين التي نسعى لتوفيرها تعتمد على قيام كل واحد منا بتقديم أفضل ما لديه لتحقيق الرؤى التي تم تقديمها في الصفحات القادمة.

إنني على وشك الانتهاء من العام الأصعب بين الأعوام الأربعة عشر، فلأول مرة، أفكر جدياً في التوقف عن العمل في ميدان التربية الخاصة.

النتائج

ثمة نقص مروع في معلمي التربية الخاصة في وقت يطلب فيه من هؤلاء المعلمين القيام بأدوارهم في ظل ظروف صعبة وظروف بيروقراطية متزايدة. وقد نجم جزء من النقص عن تزايد الطلب على معلمي تربية خاصة مؤهلين جداً في تخصصات متنوعة من جهة، وزيادة أعداد الطلبة الذين تتخذ قرارات بشأن أهليتهم للتربية الخاصة من جهة أخرى. ولذلك، فإن بعض الطلبة الذين يصعب جداً تعليمهم في مدارسنا يقوم على تعليمهم في الغالب معلمون يفتقرون إلى الخبرة وإلى التأهيل العلمي المناسب ويفتقرون إلى المهارات والكفايات التي يتمتع بها المعلمون الأكثر خبرة.

علاوة على ذلك، فالبيانات تشير إلى أن المعلمين الأقل تأهيلاً وخبرة أكثر قابلية للتوقف عن العمل من غيرهم. وهكذا، فالتربية الخاصة تواجه أزمة طاقة استيعابية حيث أن أعداد الطلبة في ازدياد والطلب على معلمي التربية الخاصة في ازدياد أيضاً. ولإيقاف فقدان أفضل المعلمين وأكثرهم خبرة، ينبغي على الميدان أن يفهم الأسباب الكامنة وراء معدلات التسرب العالية وأن يضع خطة عمل فاعلة. ويحدد هذا الجزء من التقرير أكثر القضايا إلحاحاً:

- المسؤوليات الغامضة والمتناقضة.

- العمل الورقي المرهق.

- الدعم الإداري غير الكافي.

- عزلة المعلمين.

- عدم التركيز على تحسين أداء الطلبة.

- زيادة الطلب على معلمي التربية الخاصة المؤهلين جداً.
- عدم كفاية تأهيل معلمي التربية الخاصة والتربية العامة الجدد.
- تعثر نظم إجازات ممارسة المهنة.

وهذه القضايا تتقاطع وتتداخل بعضها ببعض. وعموماً، فإن العبء الذي تشكله هذه القضايا مجتمعة بالنسبة لعمل معلمي التربية الخاصة هو عبء مرهق جداً ويسهم في النقص الحاد في الكوادر.

1. المسؤوليات الغامضة والمتناقضة:

يواجه معلمو التربية الخاصة توقعات غير واضحة، ومتناقضة من المعلمين الآخرين، ومن الأسر، والإداريين، والجمهور. وهم يعملون في ظل ظروف صعبة لأن الميدان دائم التغير.

> **إننا نرتدي عدة قبعات كمعلمي تربية خاصة. فنحن مطالبون بأن نكون استشاريين، ومعلمي صف، ومعدلي سلوك، ومنسقي حالة، وحتى القيام بأعمال السكرتاريا.**

الماضي تغيرت جذرياً. فمع التوقعات المتعددة والمسؤوليات المتضاربة، تصبح أسباب الإحباط الذي يعبر عنه معلموا التربية الخاصة واضحة. وتفيد أعداد متزايدة من المعلمين بأنهم يشعرون بالتوتر بسبب: الكم الهائل من الورق العملي، عبء العمل الذي لا يطاق، الدعم الإداري غير الكافي، محدودية الإمكانيات المنهجية والتقنية، محدودية الفرص للتخطيط المشترك مع الزملاء، ومحدودية فرص التطور المهني. وعند وجود واحد أو أكثر من هذه العوامل، فإن قدرة المعلم على تقديم خدمات

ذات نوعية راقية تتأثر بشكل بالغ. والأهم هو أن هذه العوامل تؤثر سلباً على مستويات تحصيل الطلبة وتكيفهم.

إن معلمي التربية الخاصة يعتقدون أن عبء عملهم (عدد الطلبة الذين يدرسهم المعلم الواحد) مثير للقلق حقاً. وقد زادت المطالب من المعلمين للتواصل مع أولياء الأمور، والتعاون مع المعلمين العاديين، وتعديل المناهج، وما إلى ذلك.

تخيل

- أن طبيب الأسنان يمارس المهنة دون رخصة لمزاولة هذه المهنة.
- أن جراحاً يجري لك عملية دون أن تكون لديه المهارات اللازمة.
- أن محاميك شخص يخالف الأخلاقيات المهنية باستمرار.

على الرغم من أن هذه المواقف لا تحتمل، فإن مواقف مشابهة لها تحدث روتينياً في ميدان التربية الخاصة.

ويتوقع من المعلمين ان يقدموا أكثر لطلبة يزداد عدم تجانسهم وتتنوع حاجاتهم أكثر فأكثر وذلك كله في وقت أقل، وبمواد أقل، وبدعم اقل من أي وقت مضى.

ما يحبطني هو أنه يتوقع مني أن أكون كل شيء لجميع الناس. فهم يتوقعون مني أن أقوم بعمل ورقي مثالي، وأن اتعاون مع المعلمين العاديين، وأن أدرب الرفاق، وأن أتواصل مع أولياء الأمور باستمرار، وبعد ذلك كله ان يكون لدي الوقت الكافي لتعليم طلبتي!

ويعكس التحول في كيفية قضاء المعلمين أوقاتهم تغيرات مهمة في أدوار معلمي التربية الخاصة. فقد التحق عدد كبير من المعلمين في ميدان التربية الخاصة ليعلموا مع مجموعات صغيرة من الطلبة ذوي الحاجات الخاصة. أما اليوم، فإن عليهم أن يتشاوروا مع معلمي الفصول العادية وأن يتعاونوا مع راشدين آخرين. والتعليم الفردي المكثف كان حجر الزاوية في التربية الخاصة. ولكن 68% من معلمي التربية الخاصة أفادوا أنهم أقل من ساعتين أسبوعياً في التدريس الفردي لكل طالب من طلبتهم.

والعمل مع الآخرين لضمان تحقيق الطلبة ذوي الحاجات الخاصة مستوى مقبولاً في ضوء معايير متشددة، يتطلب معلمي تربية خاصة من نوع خاص، يستطيعون التعاون مع الاخرين بأشكال شتى. وفي الوقت الراهن، لا يوجد معيار موحد لتحديد العبء التدريسي المعقول.

ومن الواضح أن من الأهمية بمكان أن يكون عدد الطلبة العبء التدريسي للمعلم أقل، وأن يكون عدد المعلمين العاديين الذين ينبغي عليه التعامل معهم أقل. وينبغي على أي معيار حول العبء التدريسي أن يأخذ بالحسبان الحاجات التعلمية للطلبة، والمسؤوليات الملقاة على عاتق معلم التربية الخاصة، ومصادر الدعم المتوفرة.

ويشير معلمو التربية الخاصة إلى عدم توفر الوقت الكافي للتخطيط كعامل آخر مهم جداً بالنسبة لهم. إنهم لا يتذمرون من الحاجة إلى التعاون، ولكنهم يشكون من قلة الوقت المتوفر لهم للتخطيط والتعاون. والطلبة ذوو الحاجات الخاصة يستطيعون تحقيق أهداف مهمة جداً ضمن معايير متشددة عندما تقوم فرق عمل من المعلمين المحترفين بالتخطيط، والتواصل، والتعاون لتحقيق الأهداف. ومع ذلك، يفيد معظم معلمي التربية الخاصة بأنهم يخصصون أقل من ساعة في الأسبوع للتعاون

الفعلي مع الزملاء. فهل توجد مهنة أخرى غير مهنة التربية الخاصة تتطلب التعاون ومع ذلك فهي لا تخصص أي وقت له.

وبما أن حاجات الطلبة ذوي الإعاقات تتنوع بشكل مضطرد، فإن على المعلمين أن يحرصوا على تطابق استراتيجيات التدريس والتقييم مع حاجات طلبتهم. والتخطيط الواعي يمهد الأرضية لتصميم التدريس الناجح وتنفيذه. ولكي ينجح المعلمون فهم يحتاجون إلى وقت كاف للتخطيط وإلى معرفة طرق التخطيط الفعال. ولا تتوفر سوى أدلة محدودة على أن معلمي اليوم يتوفر لهم الوقت الكافي لينفذوا أنواع التخطيط التي تقود إلى نواتج قوية وفعالة.

2. العمل الورقي الهائل:

كثيراً ما تعطي الأولوية للالتزام بالإجراءات الإدارية وليس لآلية اتخاذ القرارات الحكيمة للأفراد وأسرهم. ولا يزعج المعلمين عامل أكثر من العمل الورقي الذي يعيق قدرتهم على التعلم. وفي حين يدرك معلمو التربية الخاصة أهمية البرامج التربوية الفردية، إلا أنهم يكافحون بسبب الحكم الهائل من العمل المكتبي الذي تتطلبه هذه البرامج.

كم وددت في السنوات العشرين الماضية أن يسألني أحد المشرفين عن مدى نجاح برنامجي بدلاً من النظر إلى عملي الورقي.

ويبدو أن القضية المهمة في تطوير البرامج التربوية الفردية هي الامتثال للتعليمات بغية منع الشكاوي القانونية والإجرائية. وبالطبع، فالبرامج التربوية الفردية لا تمثل سوى البداية بالنسبة للعمل الورقي الذي يقوم به معلمو التربية الخاصة.

ويعتقد معظم المعلمين أن العمل الورقي يهدف إلى تجنيب المدرسة قضايا المحاكم وليس لتحسين

إضافة إلى البرامج التربوية ، كثيراً ما يقوم معلمو التربية الخاصة بإعداد:
(1) نماذج للمكتب المركزي.
(2) رسائل وملاحظات أخرى.
(3) ملاحظات حول اجتماعات الفريق.
(4) تقارير حول الطلبة الذين تم تحويلهم ولم تقدم لهم خدمات.
(5) سجلات للمساعدة في الفواتير الطبية.
(6) تقارير حول إساءة معاملة الأطفال.
(7) ملاحظات تتعلق بالاتصالات الهاتفية.
(8) تقارير كل 3 شهور عن تقدم الطلبة.
(9) ملاحظات يومية / أسبوعية لأولياء الأمور.
(10) تقارير حول المنهج.
(11) تقارير ونماذج الدرجات الصفية.
(12) أوراق ونماذج أخرى.

ويدرك المعلمون أن العمل الورقي الذي يهدف إلى توثيق القرارات

الفردية أمر مهم. ولكنهم يؤكدون أيضاً أن ثمة حاجة ماسة لإدارة هذا العمل وأنهم لا يحصلون على الدعم التقني اللازم. ويفيد المعلمون أيضاً بانهم آخر من يزود بالحاسوب، وإذا توفرت لهم حواسيب فهي غير صالحة. إضافة إلى ذلك، يتوقع من معلمي التربية

الخاصة أن ينجزوا أعمالهم الورقية دون دعم سكرتاري أو تقنين في حين يحصل المهنيون خارج المجال التربوي على مثل هذا الدعم.

> متى يتوفر لي وقت كاف للبرنامج التربوي الفردي وللعمل الورقي؟ إنني أظل مستيقظة حتى العاشرة أو الحادية عشر مساءً لأكمل هذا العمل في الوقت المناسب.

3. عدم كفاية الدعم الإداري:

لا يمكن توفير الظروف النوعية للتعلم دوم دعم مديريات التربية والمدارس. وذلك يعني أن الدعم الإداري، والتطور المهني، والمصادر المناسبة يجب أن تتوفر على كافة مستويات النظام التربوي. وقد اتفقت المعلومات التي جمعتها اللجنة مع البيانات التي قدمتها الدراسات في السنوات الخمس الماضية والتي أشارت إلى أن الإداريين يفتقرون إلى المعرفة، والمهارات، والوقت بدعم خدمات الطلبة ذوي الحاجات الخاصة. وأثر ذلك كبير حقاً. وما يؤسف له، إن منح إجازة ممارسة المهنة للإداريين نادراً ما يشمل المعرفة، والمهارات، والقدرة على التطوير، والإشراف، والتقييم المتعلق بالتربية الخاصة، أو التعاون مع إدارة التربية الخاصة. وهذا الحذف يؤثر في الإداريين المسؤولين عن أعداد متزايدة من الطلبة ذوي الحاجات الخاصة. وهو أحد الأسباب المهمة لانخفاض معدل استمرار معلمي التربية الخاصة في العمل في هذا الميدان.

> يرفض المدير شراء مواد منهجية لتعليم القراءة لطلابي. وعندما أطلب منه شراء كتب لتقديم تدريبات إضافية لهم، فإجابته دائماً: لا!

والاستجابة المعقولة للمطالب المتغيرة من المعلمين هي توفير فرص للنمو المهني المكثف والمستمر لمساعدتهم على مواكبة المعارف والمهارات الجديدة اللازمة للقيام بأدوارهم الجديدة. فمعلموا التربية الخاصة وزملاؤهم المعلمون العاديون يعبرون عن عدم الرضا عن فرض النمو المهني المتعلقة بتعليم الطلبة ذوي الحاجات الخاصة. ويعتقد معلمو التربية الخاصة أن الانضمام إلى عضوية الجمعيات المهنية مهم، ولكن فرص مشاركتهم في فاعلياتهم محدودة. علاوة على ذلك، فإن الإدارات التربوية لا تولي اهتماماً يذكر عند التخطيط لبرامج النمو المهني للمعلمين.

إنني أعمل في صف صغير وضيق، يوجد فيه لوح أسود تقليدي وخمسة عشر مقعداً. ولا أستطيع أن أحصل على جهاز عرض الشفافيات عندما أحتاج إليه. وقد استنفدت التزويدات في المدرسة قبل أن أحصل على أي شيء لصفي.

ولا يستطيع معلمو التربية الخاصة القيام بأدوارهم بشكل فعال إلا إذا توفرت لهم الموارد، والمواد، والأعباء التدريسية المناسبة. وعلى أي حال، فهم يفيدون بعدم حصولهم على المواد التي يحتاجون إليها. وفي عدة مدارس، ما يزال برنامج التربية الخاصة الأخير في قائمة الكتب، والمواد التعليمية، والحيز المكاني، والمعدات.. وللتغلب على بعض جوانب النقص هذه، ينفق المعلمون من جيوبهم على الأدوات والمواد الصفية. وقد أشارت نتائج الدراسة المسحية التي نفذتها اللجنة إلى أن المبلغ الذي ينفقه معلم التربية الخاصة سنوياً من جيبه الخاص هو (500) دولار بالمتوسط.

4. عزلة المعلم:

يحتاج معلمو التربية الخاصة لأن يكونوا جزءاً من مجتمعين تربويين على الأقل، أحدهما مجتمع زملائهم معلمي الصفوف العادية وثانيهما مجتمع زملائهم معلمي

التربية الخاصة. وبدلاً من ذلك، فهم يشعرون أنهم منعزلون عن كلا المجتمعين. ونظراً لعدم توفر فرص كافية للتعاون، فإن هذا الإحساس بالعزلة غالباً ما يرافقه شعور بعدم الحيلة إزاء التأثير في القرارات الرئيسية التي توجه عملهم   وذلك خليط صعب لأي معلم. وعندما يضاف إليه صعوبة الحاجات والمشكلات الموجودة لدى الطلبة المعوقين، فالأمر قد يتعذر احتماله.

> إن معظم أعضاء كادر المدرسة التي أعمل فيها يمتعض ويستاء من التعديلات التي يطلب منهم القيام بها للطلبة ذوي الحاجات الخاصة.

علاوة على ذلك، فقد يشعر معلمو التربية الخاصة بأنهم غير فعالين بسبب الصعوبات المتواصلة التي يواجهها طلبتهم في التعلم، وفي الدافعية، وفي السلوك. وبدلاً من تيسير الدعم البيني مع الزملاء، فإن شدة الحاجات الخاصة قد تقود إلى تفاقم العزلة التي يعيشها معلمو التربية الخاصة.

> إذا كان التشاور مع معلم الصف ليستخدم بشكل فعال، فلا بد من تخصيص وقت أثناء اليوم الدراسي لعقد الندوات للتشاور.

5. عدم كفاية التركيز على تحسين أداء الطلبة:

إن معظم وقت معلمي التربية الخاصة يخصص لأنشطة لا تقود إلى تحسن النواتج التعلمية لدى الطلبة. وقد كان كان التعليم على الدوام مهنة شاقة. وعلى أي

حال، يواجه معلمو التربية الخاصة والمعلمون العاديون في مدارس اليوم ضغوطات فريدة جعل إمكانية تقديم تدريس نوعي لكل الطلبة أمراً صعباً بصورة استثنائية.

لقد انخرط معظمنا في التربية الخاصة بسبب الرغبة في التعليم، وللعمل مع الأطفال. ويبدو أن هذا البعد من أبعاد العمل يحتل مقعداً خلفياً مقارنة بالواجبات الإدارية.

وفي الآونة الأخيرة، أصبح يتوقع من المعلمين العاديين أن يدرسوا موضوعات أكثر تعقيداً وأن يحققوا مستويات عالية من الإتقان. وأصبحت معايير الأداء المتقن توظف في صفوف يتزايد باضطراد فيها التباين اللغوي، والديني، والثقافي، والاجتماعي، الاقتصادي، والأدائي. ولكي يتسنى للمعلمين مساعدة كل طالب على تحقيق نتائج جيدة، ينبغي عليهم أن يختاروا الطرائق التدريسية المطابقة للحاجات التعلمية لكل طالب.

وللأسف فإن معظم طرائق التدريس المستخدمة على نطاق واسع في مجلات دراسية محددة لا تتوفر أدلة كافية تدعم فاعليتها في تحسين نواتج التعلم. إضافة إلى ذلك، فإن عدداً كبيراً من طرائق التدريس، والمواد التعليمية غير ملائمة للطلبة ذوي الحاجات الخاصة. فعلى الرغم من توفر البحوث العلمية التي تحدد طرائق التدريس الفعالة، إلا أن الوقت التدريسي يخصص لتنفيذ استراتيجيات ضعيفة.

6. زيادة الطلب على معلمي التربية الخاصة المؤهلين جيداً:

إن أعداء الأشخاص غير المؤهلين الذين يعملون في ميدان التربية الخاصة يزداد باستمرار في كل من كندا والولايات المتحدة الأمريكية. فقد بينت أحدث

المعلومات أن (30) ألف معلم ومعلمة في أمريكا يدرسون الطلبة المعوقين دون أن يكون لديهم إجازات ممارسة المهنة الضرورية. وفي الواقع، فإن نصف المعلمين تقريباً غير مؤهلين في بعض المدارس. ويبقى هناك آلاف الشواغر في التربية الخاصة لا يشغلها أحد، ويبقى هناك عشرات الآلاف من الطلبة ذوي الحاجات الخاصة ممن تقدم لهم الخدمات على أيدي معلمين يتحملون عبئاً تدريسياً كبيراً.

ويواجه معلمو التربية الخاصة يومياً ظروفاً تعليمية وتعلمية تمنعهم من استخدام طرائق التدريس النوعية التي حظيت بدعم البحوث العلمية. وبدلاً من مواصلة مواجهة هذه الحواجز والعوائق، فإن أعداداً كبيرة من المعلمين ينسحبون من العمل في هذه المهنة سنوياً. ومعدل انسحابهم من العمل يبلغ ضعف معدل انسحاب معلمي الصفوف العادية. وفي الواقع، فإن أربعة من كل عشرة معلمين ينخرطون في مهنة التربية الخاصة يتوقفون عن عملهم قبل مرور السنة الخامسة من التعيين.

وفي كل عام، تدرب الجامعات والكليات في أمريكا قرابة (17.000) معلم تربية خاصة وذلك يبلغ نصف العدد المطلوب لملء شواغر التربية الخاصة. وتقدر وزارة العمل الأمريكية أن المدارس تحتاج إلى ما يزيد عن مائتي ألف من معلمي التربية الخاصة الجدد في غضون السنوات الخمس القادمة. والأرقام في كندا لا تختلف. علاوة على ذلك، ففي الوقت الذي تتزايد فيه المجتمعات المحلية تبايناً وتنوعاً، فإن التربية الخاصة مثله مثل ميدان التربية العامة ما يزال مهمة يشغلها البيض والنساء أساساً.

7. عدم كفاية تأهيل المعلمين الجدد في كل من التربية الخاصة والتربية العامة:

يقول عدد كبير من معلمي التربية الخاصة ومعلمي الصفوف العادية أنهم اكتشفوا أنه تم إعدادهم للقيام بوظائف لم تعد موجودة وأنهم غير معدين جيداً

للأعمال التي يواجهونها. وفي الواقع، يشعر معلمو المدارس العادية بعدم الرضا عن برامج التدريب قبل الخدمة التي التحقوا بها فيما يتعلق بالمشاركة في تعليم الطلبة ذوي الحاجات الخاصة. وفي حالات كثيرة، لا تعمل برامج إعداد التربية الخاصة وفق معايير الاعتماد الوطنية ومع ذلك فهي لا تخضع لمساءلة تذكر. وعندما يعمل البرنامج دون اعتماد مهني، فلا يوجد ما يضمن أن الطلبة يحصلون على المعرفة والمهارات اللازمة في مهنتهم.

8. تعثر نظم إجازات ممارسة المهنة:

إن متطلبات الحصول على إجازة أو رخصة لممارسة المهنة كمعلم تربية خاصة تختلف من منطقة إلى أخرى ومن دولة إلى أخرى. فبعض السلطات المحلية تشترط الحصول على شهادة البكالوريوس من برامج إعداد معلمين معترف بها. وبعض السلطات المحلية الأخرى تشترط تعليماً إضافياً بعد الحصول على شهادة البكالوريوس. والمعلم الذي تتوفر فيه كل شروط مزاولة المهنة والذي يتمتع بسنوات خبرة عديدة في منطقة ما قد لا يستطيع مزاولة المهنة في منطقة أخرى. وتبعاً لذلك، فإن معلمي التربية الخاصة الذين ينتقلون من مكان إلى آخر قد لا يستطيعون الحصول على عمل.

وما يزيد الأمور تعقيداً هو أن قضية إجازات مزاولات المهنة هو تنوع شروط منح الرخص والتي تشمل تعليم فئة إعاقة محددة (ترخيص تصنيفي) مقابل تعليم فئات متعددة (ترخيص غير تصنيفي)، وتعليم طلبة من فئات عمرية محددة (تربية خاصة مبكرة) مقابل تربية خاصة للمرحلة الابتدائية أو الثانوية، وهكذا. وبناء على ذلك، فقد يكون لدى المعلم شهادة ماجستير في التربية الخاصة وعدد من سنوات الخبرة ومع ذلك فهو لا يستطيع أن يعلم في منطقة أخرى.

أجندة العمل

ينبغي أن تركز الجهود لتحسين ظروف التعليم وسد النقص في كوادر التربية الخاصة على الأهداف الثلاثة التالية:

1. أن يحصل كل طالب ذي حاجات خاصة على خدمات فردية ودعم فردي من معلمين مؤهلين.

2. أن تتوفر لكل معلم تربية خاصة وتربية عامة ظروف التعليم والتعلم اللازمة للممارسة الفعالة.

3. أن يتبنى كل إداري تربوي توقعات طموحة لاستخدام طرائق التدريس الفعالة والموثوقة.

ويتطلب تحقيق هذه الأهداف عملاً جماعياً تشارك فيه كل الجهات ذات التأثير والعلاقة. فبالجهد المشترك تستطيع هذه الجهات ضمان توفر التعليم والتعلم الفعالة التي تنعكس إيجابياً على كل طالب ذي حاجات خاصة. ولترجمة هذه الرؤية إلى واقع، تناشد اللجنة المجتمع التربوي والمجتمع عموماً أن يدعموا هذه الأهداف وأن يصبحوا شركاء في تنفيذ التوصيات التالية في أجندة العمل:

1. تعريف أدوار كل من معلمي التربية الخاصة ومعلمي الصفوف العادية في ما يتعلق بالطلبة ذوي الحاجات الخاصة:

يجب أن يتعاون معلمو التربية الخاصة والتربية العامة لضمان تعلم أكبر عدد ممكن من الطلبة ذوي الحاجات الخاصة المفاهيم والمهارات المهمة في المنهج العادي. فالمعلمون العاديون يتمتعون بمعرفة واسعة وتتوفر لهم مصادر منهجية غنية، في حين يتمتع معلمو التربية الخاصة بمهارات متطورة في تكييف المناهج وأساليب التدريس للطلبة ذوي الحاجات الخاصة. كذلك فإن معلمي التربية الخاصة مؤهلون جيداً لتنفيذ

التدريس الفردي والمكثف. وهذه الخبرة أهم ما يميز معلمي التربية الخاصة وهي لم تكن ذات يوم أكثر أهمية مما هي عليه حالياً. فعملوا التربية الخاصة المحترفون يفهمون مبادىء التعليم الفعال وأساليبه ويفهمون أيضاً مدى وتسلسل المنهج الأساسي على مستوى الأعمار والصفوف المختلفة، ويعملون بالتعاون مع الآخرين لتكييف المنهج بهدف تلبية الحاجات الفردية للطلبة ذوي الحاجات الخاصة. ويجب أن تكون مسؤوليات معلمي التربية الخاصة واضحة وأن تكون أعباؤهم التدريسية معقولة ليتمكنوا من توظيف خبرتهم بشكل مباشر مع طلبتهم ومع الزملاء في العمل الذين يتعاونون ويتشاورون معهم. وستتحقق النتائج المرجوة للطلبة عندما يعمل المربون بروح جماعية لدمج الخبرة التربوية الخاصة والخبرة التربوية العامة في الممارسات التدريسية.

2. تهيئة الظروف للممارسة الميدانية ذات النوعية الراقية:

يقتضي التعليم تطوراً مهنياً مستمراً. ويجب أن تستند جهود تحسين ظروف التعليم إلى مبادىء الممارسة الفعالة والأخلاقية، ويجب أن توظف نتائج البحث العلمي المتصلة بالتعليم والتعلم. وفي غضون السنوات الخمس والعشرين الماضية، تم التحقق تجريبياً من عدد غير قليل من طرائق التدريس. وقد تبين أن هذه الطرائق تحدث فرقاً هاماً وذا معنى في أداء الطلبة ذوي الحاجات الخاصة. ومثل هذه الأساليب الفعالة يجب أن تصبح بمتناول أيدي جميع معلمي التربية الخاصة. ويتطلب تحسين ظروف التعليم والتعلم في التربية الخاصة بذل جهود صادقة من قبل المعلمين والممارسين الآخرين، والإداريين، وأولياء الأمور، وصانعي القرار على المستوى المحلي والوطني. فبالجهد المشترك فقد يمكن تنظيم ظروف التعليم وفقاً لما نعرفه عن الممارسات التربوية عالية الجودة التي تؤدي إلى تعلم جميع الطلبة. علاوة على ذلك، يجب أن تعمل برامج تأهيل المعوقين على ضوء المعايير الثلاثة التالية:

1. يجب أن يعكس المحتوى قاعدة المعرفة المتجذرة في البحث والخبرة للمهنة، ويعني ذلك الممارسات التي تقود إلى تغيرات مهمة وذات معنى في تعلم الطلبة ذوي الحاجات الخاصة.

2. يجب تنظيم المنهج على نحو يزود المعلمين بالتفصيلات، والأمثلة، والإيضاحات اللازمة لاستخدام الممارسة التعليمية الجديدة. فمعظم الجهود المبذولة للتطور المهني حالياً غير منسقة جيداً، وجزئية، وغير وثيقة الصلة بحقائق غرفة الصف التي يتعامل معها المعلمون. ولذلك فإن القليل منها فقط ينتج عنه تطور حقيقي في كفايات المعلمين الجديدة.

3. يجب أن يعتمد المنهج على مبادىء التعلم في سنوات الرشد التي من شأنها تيسير التطور المهني بشكل فعال. وتشمل تلك المبادىء إشراك المعلمين في تصميم خبرات التطور المهني، والنمذجة، ودعم الزملاء، والفرص المتنوعة للممارسة الإجرائية. وبالإضافة إلى ذلك، يجب أن يشمل التعليم خبرات أوسع في غرفة الصف بشكل مستمر ومنذ وقت مبكر.

3. إدارة الوقت بمساعدة الأدوات التكنولوجية للحد من عبء العمل الورقي:

يتطلب التقييم من خلال فريق، وتحديد الأهداف بطريقة تعاونية، والتخطيط للتدريس توفر الوقت الكافي لمناقشة وتحليل أداء الطلبة وإصدار الأحكام حول طرق تدريس الطلبة. وتتطلب هذه العملة التوثيق. وعلى أي حال، فإن العمل الورقي يحد من التخطيط الواعي اللازم للتدريس الفردي للطلبة. وينبغي على المدارس أن تفعل الوقت الذي يتم تخصيصه لهذه الأنشطة المهمة بتزويد المعلمين بالتكنولوجيا اللازمة لإدارة الحالات، والتواصل، وحفظ السجلات، وتحليل المعلومات، وتعديل التدريس بطرق الكترونية. ففي زمن يستطيع فيه عالم الأعمال الاتصال دولياً بيسر، لا يقبل أن يحرم

المعلمون من المعدات اللازمة للاتصال من صف إلى آخر. إضافة إلى ذلك فإن معظم العمل الورقي في التربية الخاصة هو عمل روتيني يمكن إنجازه من قبل أشخاص مدربين على العمل المكتبي. وإذا حدث ذلك، فإن بإمكان معلمي التربية الخاصة أن يخصصوا وقتاً أكثر للأنشطة المتعلقة بالتعليم والتعلم.

4. تقنين عمليات اتخاذ القرار:

يجب تمكين الإدارات التربوية، والمدارس، والمعلمين من استخدام جملة موحدة ومعروفة من العمليات فيما يتعلق بتوثيق نتائج التقييم، والتخطيط للبرامج، ومتابعة تقدم الطلبة. ويجب أن تتوفر لمعلمي التربية الخاصة أدوات مقننة لإنجاز هذه الأعمال. فاستثمار الوقت بشكل فاعل يقتضي تطوير واستخدام تصاميم معينة للتوثيق. ويجب التركيز على الوثائق المهمة. وعندئذ يمكن توفير الوقت للكادر لاتمام التوثيق اللازم.

5. توفير فرص التطور المهني المتنوعة:

إن العوامل التي تؤثر مباشرة في قدرة المعلم على القيام بعمله وفي إحساسه بالرضا عن العمل، تؤثر أيضاً في الظروف اللازمة للتعليم الفعال للطلبة ذوي الحاجات الخاصة. ومن تلك العوامل: التعاون بين المعلمين، وتوفر الدعم والمصادر، ووضوح الواجبات. ومنذ البداية، يجب النظر إلى إعداد معلمي التربية الخاصة بوصفه مسؤولية مشتركة تتقاسمها مؤسسات التعليم العالي والنظام التربوي العام.   وتستطيع برامج إعداد المعلمين والإدارات المدرسية أن تسهم في إعداد الطلبة من خلال مدارس تتيح الفرص للتطور المهني أو من خلال أشكال أخرى من العلاقات التشاركية. ومن شأن هذه العلاقات أن تحسن نوعية المعلمين الذين يدخلون الميدان، وأن تزيد فرص التطور المهني المستمر، وأن تطور سلماً وظيفياً للمعلمين المخضرمين الذي يدربون زملاءهم. وفي المناطق الريفية والنائية، على وجه التحديد، يمكن لتجنيد

مساعدي (أو نظراء) المعلمين من المجتمع المحلي ان يقدم ضمانات بأن الجيل القادم من المعلمين يرتبط بالمجتمع ويعكس التنوع فيه.

6. تجنيد وتدريب كوادر مؤهلة ومتنوعة:

يجب بذل الجهود لتجنيد كوادر متخصصة في تعليم الطلبة في المرحلة الثانوية وفي التربية والمهنية. ويجب ان تتوفر لدى برامج إعداد معلمي التربية الخاصة الإمكانيات والقدرات اللازمة لتأهيل أعداد كافية من معلمي التربية الخاصة في مجالات متنوعة.

7. تطوير نظم متماسكة لمزاولة المهنة:

إن الحاجة إلى معلمي تربية خاصة مؤهلين في مجالات تخصصية متنوعة حاجة كبيرة، ولا ينبغي فرض قيود لا مبرر لها على تعيين المعلمين. فالمعلم المؤهل في منطقة ما يجب أن يسمح له بالعمل في منطقة أخرى. ويجب أن يسمح تقنين متطلبات مزاولة المهنة للمعلمين بالتقدم بطلبات عمل حيثما وجدت. وقد اعتمد مجلس الأطفال ذوي الحاجات الخاصة المعايير المهنية لبرامج إعداد المعلمين، ويجب أن تلتزم الأطراف المعنية بهذه المعايير. واستخدام هذه المعايير كقاعدة لاعتماد برامج إعداد المعلمين ولمنح المعلمين المبتدئين إجازات لمزاولة المهنة سوف يهيىء الظروف اللازمة لتطوير نظم متماسكة لمزاولة مهنة التربية الخاصة.

8. توفير نظم الدعم اللازمة:

ينبغي اعتماد أدلة واضحة للأدوار الوظيفية لمعلمي التربية الخاصة. والإدارات التربوية والمدرسية قادرة على رفع معنويات معلمي التربية الخاصة وزيادة دافعيتهم بتعديل رواتبهم. ويجب زيادة رواتب المعلمين المتميزين الذين يوثقون إنجازاتهم تبعاً للمعايير المعتمدة. ومن شأن هذه الإجراءات أن تجعل المعلمين يستمرون في مهنة

التعليم. ويحتاج المشرفون والإداريون إلى العمل مع معلمي التربية الخاصة لتوضيح مسؤوليات المعلمين. فالمشرفون والإداريون الذين يفهمون مسؤوليات معلمي التربية الخاصة سوف يتعاونون معهم ويدعمونهم. ويقدم الإداريون الاستقرار التنظيمي ويلعبون الدور القيادي في توفير الوقت الكافي للمعلمين وتوفير الامكانيات، وعبء العمل المعقول، والعمل التشاركي لضمان حصول كل طالب ذي حاجات خاصة على تربية نوعية. ونقص الإمكانيات، ونقص المعلومات اللازمة، ومحدودية المشاركة في اتخاذ القرارات، وعدم العمل بروح الفريق، هي جميعاً من العوامل المهمة التي تحتاج الى عمل صادق للتصدي لها. والتقييم المستمر لظروف التعليم في المدارس يوفر معلومات قيمة للتطوير المتواصل.

الفصل الرابع
قضايا مرتبطة بالدمج الشامل وإصلاح التربية الخاصة

❖ مقدمة

❖ مبادرة التربية العامة

❖ قيادة مبادرة التربية العامة

❖ حركة مدارس الجميع

❖ المراجع

المرجع الذي اعتمدنا عليه في إعداد هذا الفصل

Funchs, D., & Fuchs, L.S. (1994). Inclusive schools movement and the radicalization of special education reform. Exceptional Children, 60 (4), 294-309.

مقدمة

في العام الدراسي (90/89)، كان عدد الطلبة المعوقين الذين تلقوا خدمات التربية الخاصة والخدمات المساندة في أمريكا حوالي أربعة ملايين وثمانمائة ألف بزيادة قدرها 23% عن العام (77/76). ومن أجل تعليم هذا العدد المتزايد من الطلبة، تم توظيف عشرات الآلاف من المعلمين الإضافيين، إذ كان عدد معلمي التربية الخاصة في عام (77/76) مائة وتسعة وسبعين ألفا وأصبح ثلاثمائة وأربعة آلاف معلم في عام (90/89) بزيادة قدرها 13%. وبناء على ذلك فلا عجب في أن التكاليف الإجمالية لبرامج التربية الخاصة والخدمات المساندة في الولايات المتحدة كانت 18.6 بليون دولار عام (90/89) (Chaikind, Danielson & Brauen, 1993).

وللنقاد أمثال وانج ووالبرج (Wang & Walberg, 1988) فان كل ما يعنيه ذلك أن قيادة التربية الخاصة أكثر اهتماماً ببناء إمبراطورية منها بالتعليم الفعال. فزيادة عدد الطلبة تقود إلى زيادة عدد المعلمين وذلك بدوره يوفر برامج، وأموال، وقوة أكثر للتربية الخاصة. ويفسر أصحاب الآراء الأقل تطرفاً الزيادات الضخمة في أعداد الطلبة المستفيدين من برامج التربية الخاصة على أنها تعكس القلب الكبير والطيب لمعلمي التربية الخاصة وعقليتهم المتفتحة والمؤيدة للحرية. وبصرف النظر عن الدوافع الكامنة، فمن الواضح أن الصفوف المزدحمة والأعداد المتزايدة نجم عنهما سخرية من الأهداف والغايات التاريخية والنبيلة للتربية الخاصة في سعيها نحو تفعيل التدريس للطلبة ذوي الإعاقات المختلفة.

علاوة على ذلك، فإن التربية الخاصة تبدو غير راغبة في مساعدة نفسها في وجه هذه المشكلة والمشكلات الأخرى التي تواجهها كشح الأدلة المتوفرة حول فاعلية برامجها. فاستراتيجيات الإصلاح قدمت في أوراق متتابعة، إلا أن التغير الذي حدث

كان قليلاً جداً. وفي حين أن قلة النشاط هذه يمكن أن تفسر من خلال الرضا واسع النطاق لدى القيادة الضعيفة، فثمة نقاد يعتقدون أنه حتى لو أرادت مهنة التربية الخاصة أن تصبح نشطة جداً، فإن محاولات تجديدها ستخفق بسبب إدراكها الخاطىء لذاتها، وهو صورة ذاتية يغلفها نجاحها إذا تم تعريف النجاح على أنه الأعداد المتزايدة من الأطفال الذين تخدمهم. وعلى وجه التحديد، يزعم النقاد أن التربية الخاصة أصبحت عالم فوضى اختلط فيه الحابل بالنابل في العقدين الماضيين وبذلك فهي تطورت إلى نظام ثانٍ له معلموه، وبرامجه، وميزانياته الخاصة. وفي ذات الوقت، فقد تطور لدى مهنة التربية الخاصة إحساس بالاستقلالية نجم عنه أنشطة أحادية الجانب حتى عندما تقتضي المشكلات والقضايا أنشطة ثنائية الجانب. ويرى النقاد أن إخفاق التربية الخاصة في إصلاح ذاتها يرجع جزئياً إلى انفصالها تنظيمياً، وماديا، ونفسياً عن مصدر مشكلاتها (أي التربية العامة).

وفي حين أن عدداً كبيراً من اختصاصيي التربية الخاصة يرفضون كل أو بعض هذا التحليل للتربية الخاصة كنظام ثانٍ، هناك إدراك متزايد لأهمية وجود اتصال مفيد مع التربية العامة، بمعنى أن استراتيجيات العمل المنفرد في التربية الخاصة عمل غير مثمر. ويميل هؤلاء الاختصاصيون أكثر فأكثر إلى وجهة النظر التي عبر عنها دن (Dunn, 1968) منذ ما يزيد على أربعة عقود والتي تتمثل أسساً في الاعتقاد بأن كلاً من الطلبة والمعلمين يستفيدون بشكل أفضل عندما تعمل التربية الخاصة مع التربية العامة بشكل وثيق.

وعند التفكير بتطبيق أفكار دن على "معدلات التلاميذ إلى المعلم" العالية في التربية الخاصة، فالتصور هو أن التربية العامة تفتقر إلى الإرادة والقدرة على خدمة أعداد أكبر من طلبتها. فثمة حاجة ماسة إلى أن تحصن التربية العامة ذاتها بتغيرات رئيسية في عمليات التعلم والتعليم. وينبغي عليها أن تستفيد من طاقات ومواهب

اختصاصيي التربية الخاصة الذين يعملون بالتحالف معها وغيرهم من العاملين لتطوير نظام أكثر ذكاء، ومرونة، وتنسيقاً يستجيب للمتعلم السريع والبطيء على حد سواء. وبناء على وجهة النظر هذه، لن تصبح التربية العامة قادرة بما فيه الكفاية على تخصيص عبء عمل صغير لمعلمي التربية الخاصة ليستطيعوا التركيز على خدمة الطلبة الأشد حاجة وبشكل مكثف، إلا إذا عمل جميع المعلمين والكوادر الداعمة جنباً إلى جنب.

ولكن ما إمكانية تطوير مثل هذه العلاقة التشاركية؟ لقد حاول أنصار هذا الموقف في عقد الثمانينات (الموقف المعروف بمبادرة التربية العامة) ان يشجعوا التربية العامة على الاهتمام بقضايا التربية الخاصة وهمومها. ولكن التربية العامة لم تعر اهتماماً كافياً بدعوة التربية الخاصة مما دفع ليبرمان (Leiberman, 1985) إلى تشبيه التربية العامة بالعروس التي لم توجه لها الدعوة لحضور حفل زفافها للعريس (التربية الخاصة). ومع أن مبادرة التربية العامة في عقد الثمانينات قادت إلى تغيير ممارسات التربية الخاصة في بعض المواقع، فإن عمليات الإصلاح جاءت موازية وليست مندمجة مع عمليات الإصلاح في ميدان التربية الخاصة. والتوجه الراهن حالياً هو نحو "مدرسة الجميع" ولكن السؤال الرئيسي الذي ما يزال مطروحاً هو: إلى أي مدى تستطيع هذه الحركة الجديدة أن تصنع تحالفاً قوياً بين التربية العامة والتربية الخاصة؟ البعض متفائل، ويسير إلى المواقف التي عبرت عنها غير رابطة أو لجنة تربوية بوصفها دليلاً على أن التربية العامة حالياً أكثر اهتماماً بالتربية الخاصة. ولكن التربية الخاصة بدأت تغير رسالتها التجديدية عندما أصبحت التربية العامة أكثر استعداداً للإصغاء أو الاستجابة. وفي هذا الفصل يتم تحليل مقترحات مبادرة التربية العامة. وبعد المقارنة بين دعاة الحركتين، وأهدافهما، ووسائلهما، وفهمهما للتربية العامة وعلاقتهما بها، يتم التأكيد على أن نبرة الخلاف في الميدان

أضحت عالية وأصبحت ضيقة وغير متصلة بهموم التربية العامة على نحو متزايد. ويقدم الفصل تنبؤاً متشائماً إزاء النجاح الراهن للحركة في تكوين تحالف بناء مع التربية العامة.

وقبل الخوض في هذا الأمر، ينبغي الإشارة إلى نقطتين. فبالتركيز على مبادرة التربية العامة وحركة مدارس الجميع، يتم تقديم اعتراف موجز لأولئك الذين يرون أن الأوصاف التي يقدمها دعاة الإصلاح للتربية الخاصة هي أوصاف مشوهة وغير عادلة. فالباحثون والمفكرون الذين يتبنون تربية خاصة قوية ومستقلة يرون أن التربية العامة لا يمكن الوثوق بها دائماً في احترام حاجات الأطفال ذوي الحاجات الخاصة وهناك دعم لنظام تربوي خاص قوي في نتائج الدراسات المسحية التي أجريت على أولياء أمور الطلبة المعوقين وفي السياسات المعلنة من العديد من الهيئات واللجان التربوية العامة والخاصة.

ثانياً، لا نية في هذا الفصل للدخول في مشاهدات كلامية. فالهدف الأساسي هو توضيح مدى تطرف نبض التجديد في ميدان التربية الخاصة ومبررات عدم مرغوبية هذا. وتوخياً للإنصاف والروحية العلمية، يحاول الفصل التمييز بين الحقائق والمعتقدات.

مبادرة التربية العامة: من هم أنصارها؟

استهدفت مجموعتان على وجه التحديد من مبادرة التربية العامة (Regular Education Initiative). المجموعة الأكبر هي المجموعة المهتمة بالطلبة ذوي صعوبات التعلم، والاضطرابات السلوكية، والتخلف العقلي البسيط / المتوسط وهي الإعاقات كثيرة الحدوث. وضم هذا الفريق غير المتخصصين في مجال التربية الخاصة أمثال

وانج (Wang et al., 1985)، وماكجـل – فرانـزن (McGill-Franzen, 1987)، وسـلافن (Slavin et al., 1991) الذين جاءت مداخلاتهم في التربية الخاصة من زاوية الدفاع عن الطلبة المعرضين للخطر ولكنهم غير معوقين. وقد وحدت هؤلاء الداعمين لمبادرة التربية العامة صفتان على الأقـل: الأولى، الرغبـة في انتقاد التربية الخاصة دون تحفظ، والثانية، التأكيد على التربية الخاصة أن تدرك أنها جزء من نظام أكبر وليست نظاماً مستقلاً بل عليها أن تتعاون مع التربية العامة وأن النظام التربوي العـام الأقـوى يعني نظام تربية خاصة أقوى.

وتضم المجموعة الثانية من أنصار مبادرة التربية العامة المدافعين عن الطلبة ذوي الإعاقات العقلية الشديدة. وقد نسق أعضاء هذه المجموعة مع أعضاء المجموعـة الأولى لتوجيه انتقـادات مماثلة للتربية الخاصة. وعلى كل حال، فالاهتمام الأكبر للمجموعة الثانية أنصب على دمج الأطفـال ذوي الإعاقة العقلية الشديدة في المدارس القريبة في المجتمع المحلي. وبدت مواقف هـؤلاء مشابهة لوجهة نظر ألنجتون وماكجل – فرانـزن (Allington & McGill-Franzen, 1989) والمتمثلـة في دعـوة التربية الخاصة الى التعاون مع التربية العامة والتنسيق معها ولكـن عـدداً قلـيلاً لم يرضه الوسطية المتضمنة في مثل هذا الموقف، فاختار بـدلاً مـن ذلك أن يـدعو إلى إلغـاء التربيـة الخاصـة برمتها (Taylor, 1988)

وقد عملت مجموعة "الإعاقات قليلة الحدوث" بموازاة مبادرة التربية العامة وليس في ظلها. ولم يكن معظم أعضاء هذه المجموعة أنصاراً متحمسين لهذه المبادرة لأنهم رأوا فيها مبادرة موجهة نحو الأطفال ذوي الإعاقات كثيرة الحدوث. ومع ذلك، فقد دعموها لأن أهـدافها جـاءت منسجمة واستراتجياتهم الكلية وإن كانت تختلف عن أهدافهم. وقد فهموا أن القضية المركزية هـي تحقيـق عملية إعادة بناء تسمح لمعظم الطلبة ذوي الإعاقات البسيطة والمتوسطة بالالتحاق بالمدارس العادية. وعلى عكس

ذلك، كان اهتمام معظم أعضاء هـذه المجموعة في عقد الثمانينـات منصباً عـلى إلحـاق الطلبـة المعـوقين في المدارس المجاورة وليس في مدارس "الـدمج" العاديـة. وهكـذا، يمكـن التعبيـر عـن استراتيجيات مجموعة "الإعاقات قليلة الحدوث" على النحو التالي: "ليعمل أنصار مبادرة التربية العامة على دمج الطلبة ذوي الإعاقات كثيرة الحدوث. فذلك سوف يفسح المجال أمام طلبتنا ذوي الإعاقات قليلة الحدوث للالتحاق بغرف المصادر والصفوف الخاصة في المدارس المجاورة في أمـاكن سكنهم".

قيادة "مبادرة التربية العامة"

إن المجموعة التي تتحدث عن تعليم الطلبة ذوي الإعاقات كثيرة الحدوث هي التي تحدد أهداف مبادرة التربية العامة وتحدد كذلك مدى حدة الجدل.   ويحاول أنصار مبادرة التربية العامة تحقيق عدد من الأهداف المختلفة. الهدف الأول هـو دمج التربيـة الخاصة بنظام التربية العام في نظام موحد شامل. ومع أن بعض الأنصار اعترض على مصطلح "دمج" واقترحوا مصطلحات مثل "المسؤوليات المشتركة"، و"الترتيبات التربوية الشاملة"، إلا أن مـا حـدث كان في الواقع يصـف عملية إعادة بناء رئيسية للعلاقة بين التربية العامة والخاصة. وكان التصور أن مثل هـذا الـدمج سيوحد النظام التربوي المتقطعة أوصاله. وهو كذلك سيقلل من الحاجة إلى عملية اتخاذ القرارات بشأن القابلية للتربية الخاصة على ضوء اختبارات غير صادقة ومسميات مؤذية نفسياً، الأمـر الـذي ينجم عنه وضع الأطفال في نظم تصنيف غير مفيدة تربوياً. وكان الهدف الثاني زيادة عـدد الأطفال المعوقين الذين يتلقون الخدمات في الصفوف العادية إلى أقصى حد ممكن باستخدام الـدمج واسـع النطاق بدوام كامل وليس جزئياً على خلاف المنحى التقليدي الذي يختلف من حالة إلى أخرى. وأما الهدف الثالث فهو تقوية التحصيل الأكاديمي للطلبة ذوي الإعاقات البسيطة والمتوسطة والطلبة متدني

التحصيل غير المعوقين. وللتأكيد على ذلك، فقد كتبت وانج (Wang, 1987, p.27) تقول: " يجب تشجيع المدارس المحلية على تجريب وتقييم فاعلية مناحي تربوية متنوعة لحل المشكلات المستفحلة فيما يتعلق بكيفية تحقيق تعلم أكثر فاعلية لجميع الطلبة". وطور أنصار مبادرة التربية العامة جملة من التكتيكات لإعادة بناء علاقة التربية الخاصة بالتربية العامة ولنقل أعداد أكبر من الطلبة المعوقين إلى الصفوف العادية. وكانت تلك الأساليب إما ساذجة تماماً، وإما غامضة أو غير متسقة. وكان عدد من تلك الأساليب موجهاً بذكاء لإرضاء كل من العاملين في التربية العامة والتربية الخاصة.

وقد شكلت التنازلات والحلول الوسط وسيلة أساسية لتحقيق الدمج. وتمثلت التنازلات في إعطاء المدارس المرونة الكافية لتوظيف موارد التربية الخاصة بطرق مختلفة ولكن مبدعة وتكيفية. فعلى سبيل المثال، قد تطلب إحدى مديريات التربية تخفيف العبء التدريسي- المباشر لمعلمي التربية الخاصة دون أن يرافقه تخفيف في التعويض الذي تتقاضاه من السلطات التربوية. فمع انخفاض عدد الأطفال الذين تقدم لهم الخدمات في غرف المصادر، فإنه يتوقع من معلمي التربية الخاصة أن يقضوا وقتاً أطول في أوضاع الدمج يعملون فيه مع المعلمين العاديين لمساعدة الطلبة المعوقين المدمجين والطلبة متدني التحصيل غير المعوقين. ومقابل مثل هذه التنازلات، وعد أنصار مبادرة التربية العامة توخي المساءلة لتحديد فاعلية الترتيبات الإدارية والأدوار المهنية الجديدة التي تفرضها. وقد أطلق رينولدس وزملاؤه (Reynolds et al., 1987) على هذا البديل اسم "التنازلات من أجل الأداء" (ص، 394).

أسلوب آخر تم استخدامه لتحقيق الدمج بين التربية العامة والتربية الخاصة وكذلك لتحقيق درجات أكبر من الدمج، تمثل في تعديل طبيعة متصل خدمات التربية الخاصة. وقد قدم عدة مؤلفين مقترحات بهذا الخصوص. وفي بعض الحالات، قدم

نفس المؤلفين حلولاً مختلفة ومتناقضة. فقد دعت وانج (Wang, 1981) إلى إلغاء المتصل كلـه حيـث كتبت تقول: "أن مصطلح الدمج يستخدم هنا ليعني دمج الطلبة العاديين والطلبة ذوي الحاجـات الخاصة في وضع مدرسي يتشارك فيه كل الطلبة في مصادر وفرص التعليم بشـكل كامـل" (ص، 196). ومن جهة أخرى، قدم حل يتضمن إلغاء قاعدة المتصل فقط ويعني ذلك إغـلاق مؤسسات الإقامـة الداخلية والمدارس الخاصة النهارية. والاقتراح كان أن يتم نقل الطلبة الـذين يتلقون الخـدمات في مؤسسات الإقامة الداخلية والمدارس الخاصة النهارية إلى صفوف خاصة وغرف مصـادر، وأن يـتم نقل الطلبة الذين كانوا يتلقون الخدمات في صفوف خاصة وغـرف المصـادر إلى الصـفوف العاديـة. وأخيراً، فقد اقترح تحقيق الدمج بإلغاء الأوضاع القريبة من قمة الهرم بدلاً مـن قاعدتـه (أي إلغـاء غرف المصادر والصفوف الخاصة). فعلى سبيل المثال، تم تطوير "نموذج البيئات التعلميـة التكيفيـة" من قبل وانج (Wang) كبديل للبرامج التي تأخذ الطلبـة مـن الصـفوف العاديـة وتضـعهم في غـرف مصادر أو تقدم لهم برامج تربوية تعويضية. وبالمقابـل كتـب رينولـدس وزمـلاؤه (;Reynolds et a, 1987) يقولون: "أن ملاحظاتنا حول التجديد في مجال التربية الخاصة تتعلق ببرامج الأطفال الصم، أو المكفوفين، أو ذوي الاضطرابات السـلوكية، أو ذوي الإعاقـات العقليـة الشـديدة جـداً" (ص، 391). ومثل هذا التأرجح الواسع في اختيار الاستراتيجيات، نجم عنه إرباك أدى بـدوره إلى تعزيز مخـاوف النقاد من أن أنصار مبادرة التربية العامـة أرادوا تغيـيرات جوهريـة دون أن يكـون لـديهم مخطـط مفاهيمي واضح.

وقد تبنى أنصار مبادرة التربية العامة أسلوبين رئيسيين لتحويل الصفوف العاديـة إلى صفوف أكثر قدرة على الاستجابة أكاديمياً واجتماعياً لمعظم الطلبة ذوي الإعاقـة. وتضـمن الأسلوب الأول تفريد التعليم لجميع الطلبة وتمثل ذلك في "نموذج البيئات التعلمية التكيفية" المشار إليه أعلاه. أمـا الأسلوب الثاني فهو التعلم التعاوني.

وفي حين يختلف الأسلوبان على صعيد استراتيجيات إعادة تنظيم البيئة الصفية المقترحة، فإن كليهما يزعم بالتركيز على الأداء الأكاديمي أساساً. فالهدف الكلي من "نموذج البيئات التعلمية التكيفية"، مثلاً، هو: "توفير بيئات مدرسية فاعلة تحسن الناتج الأكاديمي لكل الطلبة إلى أقصى حد ممكن، ويعني ذلك بيئات يستطيع كل طالب فيها أن يتقن المهارات الأكاديمية في الموضوعات الدراسية وهو يثق بقدرته على التعلم والتدبر في الصف" (Wang, 1980). وأما سلافين وستيفنز (Slavin & Stevens, 1991) فقد عرفا التعلم التعاوني بأنه: "أساليب تدريسية تشجع الطلبة على التعلم في مجموعات غير متجانسة يساعد أعضاؤها بعضهم بعضاً على تعلم المواد الأكاديمية" (ص، 177).

إضافة إلى ذلك، فإن استراتيجيتي الدمج الشامل (الدمج واسع النطاق) تعتمدان على المناهج المتوفرة سواء كانت مصممة من المعلمين (كما في نموذج البيئات التعلمية التكيفية) أم من مطوري الاستراتيجية (مثل: Slavin & Stevens, 1991). كذلك فإن كلا من الاستراتيجيتين يتصف بالتوجيه المباشر. فعلى سبيل المثال، يشمل "نموذج البيئات التعلمية التكيفية" عنصراً تعليمياً علاجياً يتضمن سلسلة من المناهج المرتبة رأسياً في المهارات الأساسية، وعنصراً تعلمياً استكشافياً ذا نهاية مفتوحة، وإجراءات لتعديل السلوك الصفي لتسهيل عملية تنفيذ العناصر العلاجية والاستكشافية (أنظر: Wang, 1980). ونظام تفريد التعليم عن طريق العمل بروح الفريق الذي يقترحه سلافين ورفاقه يدمج كلاً من التدريس المبرمج للرياضيات والتعلم التعاوني. وتتمثل خصائص نظام تفريد التعليم عن طريق العمل بروح الفريق في: الاختبارات الخاصة بتحديد الوضع التعليمي، والمواد المنهجية، والعمل الفريقي، والمجموعات التعليمية، وغير ذلك (Slavin & Stevens, 1991). وسوف نعود لمناقشة

التركيز المنهجي والطبيعة العلاجية لاستراتيجيات الدمج هذه عند توضيح منحى الدمج الشامل في إعادة بناء نظام التربية الخاصة.

وقد أدرك قادة مبادرة التربية العامة أهمية تطوير دعم كبير لأفكارهم ومقترحاتهم. فقد كانوا، مثلاً، ممتعضين من إبعاد معلمي ومديري التربية الخاصة. وبالرغم من الدعوات إلى التعويض، وتعديل متصل الخدمات، وإعادة تنظيم صفوف الدمج، فان معظم قادة مبادرة التربية العامة لم ينادوا بوضع نهاية للتربية الخاصة. فكما أشارت وانج ووالبرج (Wang & Walberg, 1988) "لا تهدف مبادرة التربية العامة إلى إلغاء خدمات التربية الخاصة أو وضعها في مرتبة أدنى من التي هي فيها الآن" (ص، 23). وكانت دعوات الإصلاح المستندة إلى مبادرة التربية العامة واضحة كل الوضوح بشأن دور معلمي التربية الخاصة: "إننا بحاجة إلى نقل معلمي التربية الخاصة الذين يعملون مع ذوي الإعاقات البسيطة إلى أوضاع الدمج كمعلمين متعاونين مع كوادر التعليم العام. ويستطيع معلمو التربية الخاصة لعب دور قيادي في قضايا مثل دراسة الأطفال، والعمل مع أولياء الأمور، وتوفير التدريس المكثف والفردي للطلبة الذين لم يحرزوا تقدماً ملموساً". وكان هناك اهتمام مكافىء بدعم جهود التجديد بالبيانات. فأنصار مبادرة التربية العامة كانوا بحاجة إلى تمويل برامجهم وجهودهم الموجهة نحو توفير بيئات تعلمية تستجيب بشكل أفضل للتباين الأوسع بين الطلبة. ولذلك استندوا إلى التجديد المعتمد على البيانات، وحاولوا ولكن دون أن ينجحوا، تنظيم قاعدة عن البيانات حول البرامج التجريبية التي تدعم وجهة نظرهم، وحاولوا أيضاً، بنجاح، تجميع ملخصات لمراجعات الأدبيات المتصلة بالمصداقية المفهومية والتجريبية للتربية الخاصة.

وكان يعتقد أن أهداف مبادرة التربية العامة ستكون جذابة لقادة التجديد في التربية العامة. فنوايا أنصار هذه المبادرة بدت منسجمة مع توجهات الروابط والهيئات

التربوية العامة. ولكن التربية العامة لم تكن مهتمة بمبادرة التربية العامة. ولعل سبب ذلك يكمن في النظر إلى التربية الخاصة على أنها قضية منفصلة على المستوى الوطني، ربما لأن اهتمام قادة التربية العامة انصب على الإبداع أكثر منه على المساواة. وفي كل الأحوال، فلقد كانت مبادرة التربية العامة من صنع التربية الخاصة.

حركة مدارس الجميع

على نحو متزايد، أصبح المصطلح الذي يرمز إلى حركة التجديد في ميدان التربية الخاصة مصطلح "مدارس الجميع" (Schools for All). ومثل مبادرة التربية العامة، التي حظيت باهتمام الميدان منذ عقد تقريباً، يبدو أن المصطلح الجديد (مصطلح مدرسة الجميع) ليس واضحاً بما فيه الكفاية من حيث البعد التطبيقي. ومثل مبادرة التربية العامة أيضاً، يرجع ذلك جزئياً إلى كون مصطلح "مدرسة الجميع" يعني أشياء مختلفة للناس الذين يتوقعون أشياء مختلفة منه. فبالنسبة للمجموعة التي تتوقع أشياء محدودة، لا يعني مصطلح مدرسة الجميع مفاهيم جديدة. وبالنسبة للمجموعة التي تتوقع أكثر، فهو يعني لا مركزية القوى والتمكين المتزامن لكل من المعلمين والإداريين وذلك بدوره يعني إعادة تنظيم اساسية لعمليتي التعليم والتعلم من خلال الابتكارات مثل التعلم التعاوني، وإعادة تعريف العلاقات المهنية داخل المبنى المدرسي. ومثل هذه الأهداف ليست مختلفة عن أهداف مبادرة التربية العامة، ولا هي معادية للتربية الخاصة. وهناك مجموعة ثالثة تقود مدرسة الجميع حالياً وترى أن التجديد في التربية الخاصة إنما هو "ردائف متناقضة ". ويعني ذلك عدم إمكانية حدوث تحول ذي معنى ما لم يتم إلغاء التربية الخاصة ومتصل الخدمات الذي تقوم عليه. فمدرسة الجميع تصور مكاناً يخلو من معلمي التربية الخاصة، ويطغى فيه الدمج الشامل.

من هم أنصار مدرسة الجميع؟

حدث تغير مهم في حركة التجديد في التربية الخاصة في السنوات الماضية، تمثل في استبدال سريع في معادلة مجموعات "الإعاقات كثيرة الحدوث" مقابل "الإعاقات قليلة الحدوث " بمجموعة تهتم أساساً بحقوق الأطفال والراشدين ذوي الإعاقات العقلية الشديدة. فكيف حدث ذلك؟ أولاً، لقد شعر عدد كبير من أنصار مبادرة التربية العامة بالإحباط من عدم اهتمام التربية العامة بالتربية الخاصة. ثانياً، كانت جمعيات التربية الخاصة بطيئة في اتخاذ موقف من التجديد. والجمعية الوحيدة التي اختلف موقفها هي رابطة الأشخاص ذوي الإعاقات الشديدة. فقد أثرت هذه الرابطة كثيراً على ميدان التربية الخاصة حيث انها استثمرت الفراغ الذي نجم عن عدم نشاط الآخرين مما أدى إلى تردد كثيرين في مواجهة هذه الرابطة بالرغم من معارضتهم لأفكارها الراديكالية. وقد كان المتحدثون باسم رابطة الأشخاص ذوي الإعاقات الشديدة والمتحالفون مع أولياء أمور هؤلاء الأشخاص منظمين، وطليقي اللسان، وذوي تأثير سياسي لا يستهان به. وانصب تركيز هؤلاء على قضية واحدة واستخدموا الألفاظ بفاعلية. وكان طموحهم هو "مبدأ التطبيع" الذي عرفه نيرجي (Nirje) بأنه جعل أنماط الحياة اليومية وظروف الحياة للأشخاص ذوي الإعاقة العقلية قريبة إلى أقصى درجة ممكنة من أنماط وظروف المجتمع الكبير. وكان إيمان هذه المجموعة بقضيتها وتفاؤلها واضحين كل الوضوح. واستندت هذه المجموعة في ذلك إلى استحقاق تاريخي مفترض مفاده أن التاريخ التربوي كله يمكن وصفه بالتوجه الثابت نحو الدمج المتزايد. وليس هناك أدنى شك في التأثير البالغ لرابطة الأشخاص ذوي الإعاقات الشديدة على سياسات التربية الخاصة في أكثر من موقع.

وقد فازت دعوات رابطة الأشخاص ذوي الإعاقات الشديدة بانتباه وسائل الإعلام وجمعيات التربية الخاصة المختلفة.

وعندما سيطرت قيادة رابطة الأشخاص ذوي الإعاقات الشديدة على حركة التجديد، شهدت التربية الخاصة تغيراً جوهرياً في لغة التجديد، تمثلت في التعبير عن عدم الموافقة على متصل خدمات التربية الخاصة والمناداة بالغائه كليا. وقد ظهر هذا التحول الراديكالي في اللغة المتغيرة لأنصار مدرسة الجميع. ففي منتصف عقد الثمانينات نادى ستينباك وستينباك (Stainback & Stainback, 1987) بتوفير بدائل للتربية الخاصة في المدارس المجاورة، إذ كتبا يقولان: "بالرغم من ضرورة تشجيع الترتيبات التربوية غير المتجانسة حيثما كان ذلك ممكنا، ثمة حاجة إلى تعليم الطلبة ذوي الإعاقة ضمن مجموعات في المواد الدراسية أو في الصفوف تبعاً لحاجاتهم التربوية. وبعد ذلك بثماني سنوات فقط، نادى نفس المؤلفين بإلغاء هذه الترتيبات كاملاً: "تعلّم مدرسة الجميع جميع الطلبة في الصفوف العادية. فليس مقبولاً عزل أي طالب، سواء كان معوقاً أم غير ذلك، ووضعه في أجنحة مفصولة أو في صفوف خاصة " (Stainback & Stainback, 1992) . وأظهر جارتنز وليبسكي (Gartner & Lipsky, 1987) موقفاً مشابهاً". فقد عرفا في نهاية عقد الثمانينات دمج الطلبة ذوي الإعاقات الشديدة على أنه: "افتتاح صفوف خاصة في المباني المدرسية العامة تناسب أعمارهم الزمنية وتسمح لهم بالمشاركة في كل الأنشطة المدرسية غير الأكاديمية" (ص، 386). وبعد مضي خمس سنوات، كتبا يقولان: "لقد كانت مفاهيم البيئة الأقل تقييداً ومتصل خدمات وبدائل التربية الخاصة مفاهيم تقدمية في بداية الأمر ولكنها لا تشجع حاليا الدمج الكامل لجميع الطلبة المعوقين في كافة مجالات الحياة الاجتماعية (Lipsky & Gartner, 1991) .

وافترض قادة هذه الرابطة أنهم يتحدثون باسم جميع الأشخاص المعوقين. ولكن مواقفهم تختلف جوهرياً عن المواقف الرسمية المعلنة من قبل كثير من المجموعات المهنية والمدافعة عن هؤلاء الأشخاص كما يتبين من الآراء الحديثة المعلنة لهذه الجمعيات. كذلك فإن قادة رابطة الأشخاص ذوي الإعاقات الشديدة لا يمثلون بالضرورة آراء كل أو حتى معظم أعضاء هذه الرابطة. وبلغة أخرى، فإن قادة رابطة الأشخاص ذوي الإعاقات الشديدة، وإن كانوا يحرزون نجاحاً في تحديد ملامح السياسات التربوية الخاصة، فهم لا يشكلون سوى مجموعة صغيرة نسبياً ومنعزلة إلى حد ما، كل ما تتبناه هو قضايا ذوي الإعاقات العقلية الشديدة. وحاول قادة حركة مدارس الجميع تفكيك بنية التربية الخاصة على مستويين، أحدهما تمثل في تفنيد أسطورة التربية الخاصة، وثانيهما تمثل في هدم تنظيم التربية الخاصة وبنائها من أجل تخليص النظام التربوي من التربية الخاصة. والمقصود بذلك أنهم لم يرغبوا فقط في إلغاء قاعدة هرم خدمات التربية الخاصة أو قمته فقط، كما نادى بذلك أنصار مبادرة التربية العامة ولكنهم أرادوا إلغاء كل البدائل التي يتضمنها متصل الخدمات.

يتبين مما سبق أن أنصار إلغاء متصل خدمات التربية الخاصة يسارعون بالإشارة إلى أنهم لا يتبنون نقل الطلبة المعوقين إلى الصفوف العادية دون تزويدهم بالدعم المناسب. وفي الوقت الذي ينادون فيه بوضع نهاية لكل من معلمي التربية الخاصة وطلبتها فهم يقولون أن على الاختصاصيين متابعة الأطفال في الصفوف العادية التي يجب أن تتوفر فيها الخدمات لكل الطلبة والمحتاجين سواء أطلق عليهم في الماضي تسميات أم لا. وفي حين أن الهدف الأول لمعظم أنصار مدرسة الجميع القضاء على التربية الخاصة، فإن هدفهم الثاني هو تطوير الكفاءة الاجتماعية للطلبة وتغيير اتجاهات المعلمين والطلبة غير المعوقين الذين سيصبحون يوماً أولياء أمور، ودافعي ضرائب، ومقدمي خدمات. ورغم أن الهدف الأول حظي بشعبية واسعة، فإن الهدف

الثاني هو الغاية النهائية لأنصار مدرسة الجميع. وكما بين جارتنر ولبسكي (Gartner & Lipsky, 1989) فإن "مبرر تعليم الطلبة ذوي الإعاقات الشديدة في الصفوف العادية التي يمارس فيها الدمج هو ضمان مشاركتهم الطبيعية في حياة المجتمع من خلال تزويدهم بالتدريس المنظم في المهارات الضرورية لنجاحهم في البيئة الاجتماعية التي سيستخدمون هذه المهارات فيها" (ص، 386). وأشارت سنل (Snell, 1991) إلى أن أهم ثلاث فوائد للدمج هي: (أ) تطوير المهارات الاجتماعية لدى طلبة المدارس من مختلف الفئات العمرية، (ب) تحسين اتجاهات الطلبة العاديين نحو رفاقهم الطلبة المعوقين، (ج) تطوير علاقات إيجابية وصداقات بين الرفاق نتيجة للدمج.

وخلافاً لهذا التركيز على المهارات الاجتماعية، وتغيير الاتجاهات، والعلاقات الإيجابية بين الرفاق، فإن الاهتمام الأساسي لأنصار مبادرة التربية العامة هو تقوية الأداء الأكاديمي للطلبة المعوقين. وبلغة أخرى، فإن أنصار مدرسة الجميع يميلون إلى قياس نجاح الدمج على ضوء القبول الاجتماعي، في حين يهتم أنصار مبادرة التربية العامة بالكفاءة الأكاديمية. ويعكس ذلك اهتمام أنصار مدرسة الجميع بذوي الإعاقات العقلية الشديدة واهتمام أنصار مبادرة التربية العامة بطلبة تم تحقيق أهداف مرضية معهم على المستوى الأكاديمي (Fuchs & Fuchs, 1991).

لماذا يصر قادة مدرسة الجميع على الالتزام بموقف حازم ضد التربية الخاصة ومؤيد لتعليم جميع الطلبة ذوي الإعاقة في الصفوف العادية؟ الجواب ببساطة لأنهم يرون في التربية الخاصة أهم مصدر للأخطاء المرتكبة في التربية العامة. فقد كتب ستينباك وستينباك Stainback & Stainback, (1992) أن السبب هو "أن التربية الخاصة استمرت فترة زمنية طويلة جداً، مما نجم عنه عدم قدرة معظم المدارس على تكييف وتعديل المنهج والبرامج التدريسية لتلبية الحاجات المتباينة للطلبة" (ص، 40). وهكذا فإن وجود التربية الخاصة ذاته، لبعض أنصار حركة مدرسة الجميع على

الأقل، هو السبب وراء إخفاق النظام التربوي العام في تلبية حاجات عدد كبير من الطلبة، لأن التربية الخاصة كانت بمثابة منفذ للمعلمين استثمروه للتخلص من الطلبة غير المرغوب فيهم والذين يصعب تعليمهم. علاوة على ذلك، يدعي بعض النقاد أن نزعة التربية الخاصة للتعامل مع المشكلات التعلمية والسلوكية بوصفها تنبع من داخل الطالب قد سمحت للمعلمين العاديين بالشعور بأنهم في حل من تحمل مسؤولية تعليمه. ويعتقد أنصار مبادرة التربية العامة ان إلغاء نظام التربية الخاصة سيرغم التربية العامة على التعامل مع الطلبة الذين تجنبهم وسوف تغير ذاتها لتصبح أكثر استجابة، وقوة، وإنسانية. وقد لاحظ ليبرمان (Leiberman, 1985) وآخرون وجود تشابه بين سياسات مدرسة الجميع ومناهضة الخدمات الإيوائية للأشخاص ذوي الأمراض العقلية. وتبعاً لدراسة أجرتها "مجموعة بحوث صحة المواطن"، و "التحالف الوطني لذوي الأمراض العقلية" فإن حركة مناهضة الإيواء نجم عنها وضع ما يزيد عن ربع مليون من الأشخاص الذين يعانون من الفصام والهوس/ الإكتئابي في ملاجىء في الشوارع وفي السجون. ومنذ عقد الستينات، قد أخفقت هذه الحركة إخفاقاً كبيراً ومدمراً مما دفع سايمور كابلان (Semor Kaplan) الطبيب النفسي الذي قاد هذه الحركة في ولاية نيويورك إلى الاعتراف بأن هذه الحركة كانت اسوأ خطأ ارتكبه في حياته (Sacks, 1991).

ويطرح فشل حركة مناهضة الإيواء الأسئلة التالية: لماذا يعتقد أنصار الدمج الشامل أن التربية العامة تستطيع الاستجابة بشكل مناسب لكل الطلبة الذين تخدمهم التربية الخاصة حالياً؟ كيف يستطيع الدمج أن يتحسن بشكل ملحوظ للتعامل مع زيادة التباين في الوقت الذي يواجه فيه صعوبات واضحة في التعامل مع التباين الذي تتعامل معه الان. إن رفد المدارس بالاختصاصيين بدعم من الأموال التي تم توفيرها من خلال تفكيك التربية الخاصة لا يشكل سوى البداية. وما تزال الحاجة إلى تغييرات

أساسية في صفوف الدمج ضرورية جداً. ويعتقد بعض أنصار الدمج الكامل أنهم يمتلكون الإجابة. والحل الذي يقدمونه يبين عدم فهمهم للتربية العامة ويوضح مدى تصدع الأرض التني بنيت عليها حركتهم.

ويرفض معظم أنصار الدمج الكامل المناهج المدرسية التقليدية. وقدم ستينباك وستينباك (Stainback et al., 1992) ثلاثة أسباب لعدم تبنيهما المناهج المستخدمة. فهما يريان أن المناهج التقليدية لا تراعي التباين في خلفيات الطلبة وخبراتهم، وحاجاتهم التعلمية، وأنماط تعلمهم، واهتماماتهم. كذلك فهما يعتقدان أن هذه المناهج وأساليب التدريس المتصلة بها مملة، ولا تستثير اهتمام الطلبة وتفتقر إلى الوظيفة وتعوزها الأهداف المهمة بالنسبة لمعظم الطلبة. وثمة سبب آخر أقل وضوحاً لهذا الموقف وهو أن المنهج المدرسي يصبح في العادة نقطة التركيز في عملية التعليم والتعلم، ذلك أن المعلمين يرغمون على تعلميه والطلبة يرغمون على تعلمه. ومثل هذا المنهج غير قابل للتحقيق بالنسبة للطلبة ذوي الإعاقات العقلية الشديدة. ويعني ذلك أن على معلمي صفوف الدمج الذين يحاولون تفهم ومراعاة التباين الواسع بين الطلبة ان يوظفوا ويطوروا أنشطة ومواد عديدة، مما يزيد عملهم تعقيداً. علاوة على ذلك، فإن هذه الأنشطة والموارد المختلفة تفصل الطلبة المعوقين عن الطلبة العاديين، الأمر الذي يقود إلى خفض كمية ونوعية التفاعل الاجتماعي بينهم. وباختصار، يشكل المنهج المدرسي التقليدي شيئاً بغيضاً بالنسبة لدعاة الدمج الكامل لأنه ينطوي على عزل وفصل في الدمج، ويتطلب تخطيطاً أكثر، مما قد يدفع ببعض المعلمين إلى إدارة ظهورهم لحركة الدمج الكامل.

وفي الوقت الذي يعارض فيه بعض أنصار الدمج الكامل المنهج التقليدي والمعرفة من أجل المعرفة، فإنهم يتبنون بحماسة كبيرة منحى العمليات في التربية. فقد كتب ستينباك وزملاؤه (Stainback et al., 1992) يقولون: "من وجهة نظر كلية وبنائية،

يشترك كل الأطفال إلى أقصى ما تسمح به قدراتهم في عملية التعلم في موضوع دراسي معين، ولكن مقدار ما يتعلمونه سيعتمد على خلفياتهم، واهتماماتهم، وقدراتهم "(ص، 72). ويضيف هؤلاء قائلين: "قد يشرك المعلمون طلبتهم في طرائق الحصول على المعرفة من خلال الحصص المصغرة، أو بأساليب أخرى، ولكن التركيز ينصب على تشجيع الطلبة على التعلم الموجه ذاتياً. وغرفة الصف غالباً ما يحدث فيها مشاريع وأنشطة هادفة وذات علاقة بالحياة اليومية. ولا يعطى الاهتمام لممارسة مهارات مثل التهجئة، أو التمييز بين الأفعال والأسماء في محتوى معزول، ولكن هذه المهارات يتم تعلمها ضمن الأنشطة الكتابية" (ص، 70). ويحاول هؤلاء المؤلفون توضيح موقفهم فيضيفون: "ليس هناك تركيز يذكر على معالجة مواطن العجز والضعف، فهذه المواطن يتم التعامل معها أو التعويض عنها من خلال الاهتمام بتعلم الأنشطة الهادفة وذات العلاقة بالحياة الفعلية" (ص، 70).

إن الأوصاف الواردة أعلاه تتمتع بالجاذبية الرومانسية التي حظيت بها آراء ويبر (Weber, 1971) وفيثرستون (Featherstone, 1971) حول المدارس البريطانية للرضع، وأفكار راثبون (Rathbone, 1971) حول التعلم المفتوح الذي شكل حركة أمريكية اعتمدت على المدارس البريطانية للرضع، والتي ازدهرت واندثرت في بداية السبعينات بسبب النقص في دعم أولياء الأمور وفي تدريب المعلمين. ولكن الأهم من ذلك أن أفكار ستينباك وزملائه تعكس تصوراً خارجاً عن المألوف للمدارس، وفهما للتربية العامة يتعارض تماماً مع ما يكتب حالياً وما يتم تبنيه من قبل معظم دعاة التجديد، وصانعي السياسات، والباحثين.

فلنتأمل، مثلاً، في منحى "خلطة الزيت والماء" الذي يقترحه ستينباك وزملاؤه (Stainback et al., 1992) لتعليم القراءة والإنشاء وتفريد التعليم عن طريق العمل بروح الفريق، وهما برنامجان يزعمان الاهتمام بالأداء الأكاديمي، وهما مشتقان من

104

المنهج، ويستخدمان استراتيجيات تدريسية مباشرة نسبياً. ونفس الشيء يمكن قوله عن "نموذج البيئات التعلمية التكيفية" الذي اقترحته وانج (Wang). ويبدو أن أنصار الدمج الشامل من أمثال ستينباك وستينباك سيرفضون طرق التجديد التي اقترحها أنصار مبادرة التربية العامة. فهم يرفضون، مثلاً، الأنشطة العلاجية المكثفة التي يقترحها أوكس ولبتون (Oakes & Lipton, 1992) في المدارس التي يلغى فيها تجميع الطلبة تبعاً لقدراتهم لأغراض التدريس.

لماذا ينأى بعض أنصار مدرسة الجميع بأنفسهم عن حركة التجديد في التربية؟ السبب هو أن هؤلاء يسيرون على إيقاع خاص بهم نتيجة حماستهم في الدفاع عن الأطفال ذوي الإعاقات العقلية الشديدة. فبالرغم من أنهم يرفعون شعار "كل الأطفال"، إلا أنهم يهتمون أساساً بالأطفال ذوي الإعلاقات العقلية الشديدة. وخطة هؤلاء في التجديد التربوي تستند إلى افتراض مفاده أن الأفضل للأطفال المعوقين هو الأفضل للأطفال جميعاً. فالحاجات التربوية للطلبة ذوي التحصيل المتدني، والمتوسط، والمرتفع غالباً ما يتم تجاهلها شأنها في شأن حاجات الطلبة ذوي الإعاقات المختلفة والمتباينة في شدتها.

ويبدو أن أنصار الدمج الكامل لا يحترمون الآراء القائلة بأن الطلبة ذوي صعوبات التعلم يحتاجون أحياناً إلى تدريس مكثف ومنظم لا يتوفر في الصفوف العادية. ولا هم يرتاحون لدعوات المدافعين عن الأطفال ذوي الإعاقات السمعية، والبصرية الذين يدعم معظمهم بكل قوة المدارس الخاصة النهارية لاعتقادهم بأن التربية العامة لا يمكن الوثوق بها لتقديم خدمات متخصصة لأطفالهم وبأنها تحرم معظمهم من الخبرات الثقافية والاجتماعية اللازمة وتعكس عدم استجابة قادة رابطة الأشخاص ذوي الإعاقات الشديدة للمدافعين عن الطلبة الصم والمكفوفين معايير مزدوجة. فهؤلاء القادة يريدون نهاية لمتصل خدمات التربية الخاصة لأنه يحرم الطلبة

ذوي الاعاقات العقلية الشديدة من الخبرات الاجتماعية المرغوب فيها، ولكنهم يـديرون ظهـورهم للفكرة ذاتها عندما يستخدمها المـدافعون عـن الطلبـة ذوي الإعاقات السمعية والبصرية الـذين يرغبون في الإبقاء على متصل الخدمات.

وهكذا، فإن استخدام هذه المجموعة من الاختصاصيين للفظ "كل الأطفال" استخدام محيـر. كذلك فهو استخدام غريـب لأن أهـدافهم وأسـاليبهم تعكـس عقليـة فصل وليس عقليـة دمـج. فكتاباتهم لا يستشف منها اهتمام يذكر بآراء الآخرين ممـا يثير الشكوك في نفوس كثيرين مـن معلمي ومديري التربية الخاصة والتربية العامة والأكـاديميين كـذلك إزاء مواقفهم الحقيقيـة وهـي أيضاً تعطي الانطباع بأن هذه المجموعة ترى في التكيف تنازلاً عن المبادىء. وأخيراً، فإن رومانسية أنصار الدمج الشامل وانعزالهم ورغبتهم في الحديث عن كل الأطفال تختلف جوهرياً عـن المنحى العملي لأنصار مبادرة التربية العامة وعن فلسفتهم العامة وتجنبهم الحديث عن الجميع.

التأثير على حركات التجديد في التربية الخاصة والتربية العامة

تعرف الراديكالية بأنها "تفضيل تغييرات أو حركات تجديد وإصلاح اجتماعية متطرفة". وقد عملت قيادة رابطة الأشخاص ذوي الإعاقات الشـديدة علـى أن يصبح التجديد في ميدان التربيـة الخاصة متطرفاً. ففي حين أن العبارة الافتتاحية لمبادرة التربية العامة كانـت "التعاون بـين التربيـة الخاصة والتربية العامة"، فإن رسالة أنصار الدمج الكامل هي "إلغاء التربية الخاصة". وبـالرغم مـن موقفهم المتطرف ومـن عـددهم الصغير، فإن أنصار الـدمج الشامل أصبحوا يشكلون سياسـات وممارسات في غير مكان. إضافة إلى ذلك، فبعد تجاهل التربية الخاصة لعقد أو أكثر، بـدأت التربيـة العامة

تبدي اهتماماً بالاستماع في نهاية المطاف الى كلام اختصاصيين في التربية الخاصة عن تفكيك متصل الخدمات وهو كلام يعكس مواقف متطرفة لا يدعمها البحث العلمي.

وفي ضوء تشبث أنصار الدمج الشامل باستراتيجية عدم الاختيار في تحديد الوضع التعليمي، فإن الاعتراض على حركتهم سيصبح أشد. وبالمثل، سوف تفقد التربية العامة الاهتمام بالتربية الخاصة، إذا تمسك قادة رابطة الأشخاص ذوي الإعاقات الشديدة بموقفهم الداعي إلى إحداث تغير راديكالي في التعليم والتعلم في النظام التربوي العام إلى الحط من قدر المنهج، والمعايير الأكاديمية، وتقييم أداء كل من الطلبة والمعلمين بطريقة موثوقة.

نصيحة مجانية

إننا نقدم الاقتراحات التالية لقادة الدمج الشامل التي نعتقد أن كثيرين يشاطروننا الرأي بشأنها. فنحن كنا على مدى سنوات طويلة مندهشين ومسرورين للدعوات المنادية بدمج الأطفال ذوي الإعاقات في المدارس العادية. ركزوا على هؤلاء الأطفال ودعوا المدافعين عن الأطفال ذوي الاضطرابات السلوكية الشديدة، والإعاقات السمعية، وصعوبات التعلم، الخ، يتحدثون نيابة عن الأطفال الذين يعرفونهم جيداً. واعرفوا أنهم موحدون في دعمهم لبدائل التربية الخاصة وخياراتها. وأدركوا أيضاً أنكم في قمة قوتكم. فاستخدموا هذه القوة لبناء الجسور. واختاروا الحلول التوفيقية. بعمل ذلك، فأنتم تحولون الأعداء إلى حلفاء يرغبون في مساعدتكم على ضمان الدمج، ليس لكل الأطفال، ولكن للأطفال الذين يتركز عليهم عملكم وأحلامكم.

هل سيصغى دعاة الدمج الكامل لمثل هذه النصحية؟ نأمل ذلك لأنهم إن لم يفعلوا ذلك فإن لغتهم الاستفزازية ستؤدي إلى الانقسام في ميدان متوتر أساساً. ومن

العلامات غير المطمئنة على انقسام التربية الخاصة إلى فريقين متصارعين، انبثاق مجموعة متطرفة جديدة سمح فريق الدمج الشامل بظهورها دون قصد، وهي مجموعة تتبنى الإبقاء على الوضع الراهن كما هو ولا تسمح بأي شكل من أشكال النقد الذاتي البناء، الذي يستطيع أن يقود إلى تغيير مفيد.

البحث عن أصحاب المذهب العملي

تعاني التربية الخاصة من مشكلات كبيرة من أهمها إعادة تعريف علاقتها بالتربية العامة. وعلينا أن نصغي للمبدعين من أصحاب المذهب العملي وليس للمتطرفين من اليسار أو من اليمين. والوقت الراهن هو وقت القيادة التي تدرك الحاجة إلى التغيير، وتقدر أهمية الإجماع في الرأي، وتتعامل مع التربية العامة من منظور ما هو ممكن، وتحترم تقاليد التربية الخاصة وقيمها والتشريعات التي تنظمها، وتسعى إلى تقوية بديل الدمج والبدائل التربوية الأخرى التي يمكنها توفير خدمات مكثفة أكثر لتحسين تعلم كل الأطفال وظروف حياتهم.

المراجـع

Allington. R.L., & McGill-Franzen, A. (1989). Different Programs, indifferent instruction. In D.K.Lipsky & A.Gartner (Eds.), **Beyond separate education: Quality education for all** (pp. 75-79). Baltimore: Paul Brookes.

Chaikind, S., Danielson, L. C., & Brauen, M.L. (1993). What do we know about the cost of special education? **The Journal of Special Education, 26**, 344 – 370.

Feather stone, J. (1971). **Schools where children learned**. New York: Liveright.

Cartner, A., & Lipsky, D. K. (1987). Beyong special education: Toward a quality system for all students. **Harvard Educational Review, 57**, 367 – 395.

Leibreman, L.M. (1985). Special education and regular education: A merger made in heaven? **Exceptional Children, 51**, 513 – 516.

Leibreman, L. M. (1992). Preserving special education for those who need it. In W. Stainback & S. Stainback (Eds.), **Controversial issues confronting special education** (pp. 13 – 25). Boston: Allyn & Bacon.

Lipsky, D. & Gratner, A. (1991). Restructuring for quality. In I. Lloyd, A. Repp, & N. Singh (Eds), **the regular education initiative** (pp. 43 – 76). Sycamore, IL: Sycamore.

McGill-Franzen, A. (1987). Failure to learn to read. Reading **Research Quarterly**, 22, 475 – 490.

Oakes, l., & Lipton, M. (1992). Detracking schools. **Phi Delta Kappan, 73**, 448 – 454.

Rathbone C. (1971). The implicit rationale of the open education classroom. In C Rathbone (Ed.), **Open education** (pp. 99 – 16). New York: Citation.

Reynolds, M., Wang, M., & Walberg, H. (1987). The necessary restructuring of special and regular education. Exceptional **Children**, 53, 391 – 398.

Sacks, O. (1991, February 13). Forsaking the mentally ill. **The New York Times,** p. 23.

Slavin, R. & Stevens, R. (1991). Cooperative learning and mainstreaming. In I. Lloyd, A, Repp, & N. Singh (Eds.), **the regular education initiative** (pp. 177 – 191). Sycamore, IL: Sycamore.

Stainback, S. & Stainback, W. (1992). **Curriculum considerations in inclusive classrooms.** Baltimore: Paul Brookes.

Stainback, W., Stainback, S., & Moravec, I. (1992). Using curriculum to build inclusive classrooms. In S. Stainback & W. Stainback (Eds.), **Curriculum consideration in inclusive classrooms** (pp. 65 – 84). Baltomore: Paul Brookes.

Taylor, S. (1988). Caught in the continuum. **Journal of the Association of Persons with Severe Handicaps,** 13, 41 – 53.

Wang, M. (1980). Adaptive instruction. **Theory into Practice,** 19,122 – 128.

Wang, M. (1981), Mainstreaming exceptional children. **Elementray School Journal, 8,** 195 – 221.

Wang, M. (1987). Toward achieving excellence for all students. **Remedial and Special Education, 8,** 25 – 34.

Wang, W., Rubenstein, J., & Reynolds, M. (1985), Clearing the road to success for students with special needs. **Educational Leadership, 43,** 62 – 67.

Wang, W. & Walberg, H. (1988). Four fallacies of segregationism. **Exceptional Children, 55,** 128 – 137.

Weber, l. (1971). **The English infant school and informal education.** Englewood Cliffs, N.J.: prentice-Hall.

الفصل الخامس

قضايا مرتبطة باستراتيجيات التعاون والتواصل في التربية الخاصة

- ❖ مقدمة
- ❖ التعليم التعاوني: عناصره ومراحله
- ❖ مقياس التعليم التعاوني
- ❖ ما يقوله الأدب عن التعاون
- ❖ الأبواب المفتوحة
- ❖ شبكات التواصل
- ❖ طرق التواصل الفعّال
- ❖ المراجع

المراجع التي اعتمدنا عليها في إعداد هذا الفصل

Hollingsworth, H. L. (2001) Communication strategies for effective collaboration. Teaching Exceptional Children, 33(5), 4-8.

Cately, S., Cately, F. (2001). Understanding Coteaching. Teaching Exceptional Children, 33, 40-47.

مقدمة

لقد نجم عن المبادرات الداعية إلى تشديد متطلبات تحديد الأهلية للتربية الخاصة من جهة وتشجيع ممارسات الدمج المدرسي الشامل من جهة أخرى زيادة في تنوع الصفوف في المدارس العادية مما يقتضي ـ تعاون جميع العاملين في هـذه المدارس (Wood, 1998). وقـد أصبح التعليم التعاوني (Coteaching) الذي يشترك فيه المعلمون العاديون ومعلمو التربية الخاصة أسـلوباً مألوفـاً في تقديم الخدمات (Reinhiller, 1996). ويصف الجزء الأول مـن هـذا الفصل عنـاصر التعليم التعاوني ويقدم أمثلة توضح تفاعلات المعلمين في كل مرحلة من مراحل تطور هـذا التعليم وهـي: مرحلـة البداية، ومرحلة التسوية، ومرحلة التعاون.

ما هو التعليم التعاوني؟

قدمت للتعليم التعاوني تعريفات متعـددة (Cook & Friend, 1995). والتعريـف الـذي يتبنـاه هذا الفصل هو أن هذا التعليم يعني التعاون بين معلمي الصفوف العادية ومعلمي التربية الخاصة في تحمل المسؤوليات التعليمية لجميع الطلبة في غرفة الصف. ففي الصفوف، يعمل معلمان معاً، أحدهما معلم عادي والثاني معلم تربية خاصة لتكييف المنهج على نحو يلبي حاجات مجموعة غير متجانسة من الطلبة. وفي الصفوف يتشارك المعلمون في التخطيط، والتنفيذ، والتعليم، وإدارة الصف بهدف تحسين البيئة التعليمية لجميع الطلبة في الصف. وبهذه الطريقة، يستطيع المعلمون تقـديم خدمات أكثر شمولية لجميع الطلبة بصرف النظر عن حاجاتهم التعلمية.

وغالباً ما يفيد المعلمون المشاركون في علاقات التعليم التعاوني بزيـادة إحساسـهم بالقيمـة، والتجديد، والإبـداع، والعلاقـة التشـاركية (Friend & Cook, 1992) وبـالرغم مـن ذلـك، فـإن المعلمـين يفيدون أيضاً بعدم شعورهم بالرضا بسبب عدم

تعريف الأدوار بوضوح، وعدم وضوح توقعات الإدارة، والإحباطات التي قـد ينطوي عليهـا التنفيـذ (Friend & Cook, 1998). وعدم الرضا الذي يعبر عنه المعلمون غالباً مـا يـرتبط بالطبيعـة التطوريـة

للتعليم التشاركي فالمعلمون الـذين يعملـون في صـفوف التعليم التعاوني يمـرون بمرحلـة تطوريـة بدايتها التصرف المهذب وربما التحسس المفرط ونهايتها التعاون الحقيقي. وكما هو الحـال بالنسبة لكل العمليات التطورية، فإن المعلمين يمرون بمراحل معروفة في عمليـة التعليم التعـاوني. ومعرفـة المراحل التطورية في التعليم لتعاوني قد تساعد في التغلب على الإحباط وتسرع الانتقال إلى العلاقـة التعاونية.

مراحل عملية التعليم التعاوني

تتطور عملية التعليم التشاركي على ثلاث مراحل هـي: مرحلـة البدايـة، ومرحلـة التسـوية، ومرحلة التعاون. وفي كل مرحلة من هذه المراحل، يظهر المعلمون مستويات متفاوتة مـن التفاعـل والتعاون. (انظر الشكل رقم 5-1).

الشكل (5-1)

مراحل عملية التعليم التعاوني

المرحلة	الخصائص
مرحلة البداية	التواصل الحذر
مرحلة التسوية	التواصل القائم على الأخذ والعطاء
مرحلة التعاون	التواصل المفتوح والاحترام المتبادل

اختلاف الجداول الزمنية للتعاون

قد ينتقل المشاركون في عملية التعليم التعاوني مـن مرحلـة إلى أخـرى ببطء أو بسرعة. فبعض المعلمين يبـدأون بالتعاون في غضون أسـابيع، وبعضهم الآخـر يشـكل العمـل المشـترك لـه تحديات كبيرة ويقدم عليه ببطء شديد.

الاستعداد للاستشارات

ان فكرة مراحل تطور العمل التعاوني ليست فكرة جديدة. فقد اقترح أيدول وزملاؤه (Idol et al., 1994) ست مراحل في الاستعداد للاستشارات:

- عدم وجود علاقة، أو وجود علاقة عدائية.
- علاقات اجتماعية فقط.
- علاقات عمل محدودة.
- علاقة عمل كافية.
- علاقة تقوم على المعرفة.
- علاقة عمل متبادلة.

فالمعلمون الذين يتوقع منهم أن يتعاونوا، أو الذين لا يعرف أحدهم الآخـر، أو الـذين لا يحب أحدهم الاخر، أو الذين لا يتواصلون إلا على مسـتوى اجتماعـي قد يقيمـون علاقـة تعليم تعاوني من المستوى البدائي. وعندما يطلب من المعلمين الذين لا تربطهم علاقات مهنية أن يعملـوا عملاً، قد تكون العملية التطورية بطيئة جداً.

مرحلة البداية (Beginning Stage)

في المرحلة الأولى من مراحل التعليم التعاوني يكون تواصل المعلمين سطحياً، فهم يشعرون بوجود حدود وحواجز بينهم. والانتقال من علاقة اجتماعية إلى علاقة مهنية مع الزملاء قد يكون أمراً صعباً لبعض الأفراد. وقد يشعر المعلمون العاديون بأن هذه العلاقة اقتحامية وهجومية. وبالمقابل، قد يشعر معلمو التربية الخاصة بعدم الارتياح، والعزلة، والاستثناء. وفي المرحلة الأولى قد يتقدم المعلمون بتثاقل أثناء محاولاتهم تحديد دور كل طرف. وقد يكون التواصل محدوداً، وحذراً، ومهذباً أكثر مما ينبغي. وما لم يشعر كلا الطرفين بأن التعاون هدف مشترك فقد لا يتقدم المعلمون نحو مرحلة أكثر تطوراً من مراحل العمل التعاوني. ولعل عدم الرضا الذي يتحدث عنه الأدب في ما يتصل بالتعليم التعاوني يعبر عن آراء المعلمين الذين يستمرون في التفاعل على هذا المستوى البدائي.

مرحلة التسوية (Compromising Stage)

يظهر المعلمون الذين يقيمون علاقات عمل جيدة تواصلاً أكثر انفتاحاً ونشاطاً. وبالرغم من أن الطلبة يستفيدون من هذه الزيادة في التواصل، فإن الشعور بالأخذ والعطاء وبالحلول الوسط هو الشعور السائد في هذه المرحلة. وقد يأخذ معلم التربية الخاصة دوراً أكثر نشاطاً في التعليم الصفي ولكن قيامه بذلك قد يتطلب تخليه عن بعض الأشياء بالمقابل. وتساعد التسويات في هذه المرحلة المعلمين المتعاونين على بناء الثقة اللازمة للانتقال إلى علاقة أكثر تعاوناً. والأخذ والعطاء بطريقة صادقة ومفتوحة هما جوهر المرحلة الثالثة.

مرحلة التعاون (Collaborative Stage)

في هذه المرحلة، يتواصل المعلمون بانفتاح. ومن أهم ما يميز الصفوف التي تنفذ التعليم التعاوني التواصل، واللطف، والإحساس بالارتياح التام. ويحدث هذا الشعور بالارتياح لدى المعلمين والطلبة. وغالباً ما يكون من الصعب على الزائرين في هذه المرحلة أن يعرفوا من هو معلم التربية الخاصة ومن هو المعلم العادي.

التعليم التعاوني: ثمانية عناصر

ساعدت الخبرات المرتبطة بالتعليم التعاوني في العقد الماضي في تحديد ثمانية عناصر تسهم في تطوير البيئة التعلمية التعاونية (أنظر الشكل رقم 5-2). وقد لوحظ أنه في كل مرحلة تطورية، قد يعبر المعلمون عن هذه العناصر بشكل أو آخر. كذلك وجد أن بعض المعلمين يظهرون معدلات غير متكافئة من التطور في تنفيذ هذه العناصر. فهم قد يكونون في مرحلة البداية بالنسبة لتنفيذ أحد العناصر وفي مرحلة التعاون بالنسبة لتنفيذ عنصر آخر. وثمة ما يبرر الاعتقاد بأن تحديد المستوى التطوري في تنفيذ كل عنصر قد يساعد المعلمين على تحديد أهداف تمكنهم من الانتقال بسرعة أكبر من مرحلة تطورية إلى مرحلة أخرى.

الشكل رقم (2-5)

عناصر العلاقة التعليمية التعاونية

(5) التخطيط للتدريس	(1) التواصل
(6) تنفيذ التدريس	(2) تنظيم البيئة الصفية
(7) إدارة الصف	(3) الألفة بالمنهج
(8) التقييم	(4) أهداف المنهج وتعديلها

التواصل

التواصل الفعال بين الأشخاص ذوي العلاقة ضروري للعلاقة التعليمية التعاونية الناجحة. ويقتضي التواصل الفعال استخدام المهارات اللفظية، وغير اللفظية، والاجتماعية. وفي المرحلة الأولى من مراحل التعليم التعاوني يحدث التواصل بشكل حذر نسبياً حيث يحاول المعلمون تفسير الرسائل اللفظية وغير اللفظية بشكل صحيح، وهم ينجحون أحياناً ويخفقون أحياناً. وقد تتناقض أنماط التواصل، أو لا يتوفر الانفتاح، أو يحدث شعور بعدم الرضا. ومع تطور قدرة المعلمين على التواصل، فإنهم ينتقلون إلى المرحلة الثانية من مراحل تطور العملية التعليمية التعاونية حيث يصبح التواصل أكثر انفتاحاً وتفاعلاً. وتشهد هذه المرحلة زيادة ملحوظة في كمية التواصل. كذلك يبدأ المعلمون بتبادل الأفكار، ويتطور لديهم احترام لأنماط التواصل المختلفة، ويزداد تقديرهم وتفهمهم للمواقف الصفية، ويزداد استخدامهم لأساليب الملاحظة في غرفة الصف. ولعل استخدام الملاحظة وروح الفكاهة أهم ما تتصف به عملية الانتقال من مرحلة البداية إلى مرحلة التسوية. وفي مرحلة التعاون، يبدأ المعلمون

بتقديم نماذج في التواصل الفعال للطلبة. ويستخدم المعلمون التواصل غير اللفظي بشكل أكبر ويطورون إيماءات غير لفظية لتوصيل الأفكار. ولأن المعلمين في هذه المرحلة يقدمون نماذج

لطلبتهم فإنهم يهيئون لهم الفرص لاكتساب مهارات فعالة في التواصل الاجتماعي. فالطلبة يستطيعون مشاهدة المعلمين المتعاونين وهم يظهرون مهارات الاستماع الفعال، والتواصل، وحل المشكلات، والتفاوض.

تنظيم البيئة الصفية

يحتاج المعلمون المتعاونون إلى الاتفاق على تنظيم بيئة الصف (مكان المعلمين، والطلبة، والأدوات والمواد). ويترك تنظيم الصف في المرحلة الأولى شعوراً بالانفصال. فقد يجلس الطلبة ذوو الإعاقات في مقاعد متقاربة. ولا يشعر معلم التربية الخاصة بأنه حر في الوصول إلى الأشياء بل هو يستأذن المعلم العادي أو أنه يستمر في إحضار أدواته الخاصة إلى الصف. وفي بعض الحالات، يحدد معلم الصف العادي مكان جلوس معلم التربية الخاصة أو قد يختار معلم التربية الخاصة مكاناً في الجزء الخلفي من الصف أو طاولة بعيدة عن الطلبة الآخرين. ونادراً ما تتغير هذه المواقع أثناء التدريس التعاوني. ويبدو الوضع وكأن حواجز غير مرئية توجد بين المعلم العادي ومعلم التربية الخاصة. ونادراً ما يتجاوز الطلبة أو المعلمون هذه الحواجز. وفي الواقع، ففي المرحلة الأولى يبدو الأمر وكأن صفاً يوجد داخل آخر. وفي مرحلة المساومة، يلاحظ أن الحركة أخذت تزداد وأن المكان أصبح مكاناً مشتركاً. فالمعلمون المتعاونون يبدأون بتبادل الأشياء وتصبح الحدود الفاصلة بينهم أقل وضوحاً. وينتقل معلم التربية الخاصة بحرية أكبر في غرفة الصف ولكنه نادراً ما يكون في المركز. وفي مرحلة التعاون، يجلس الطلبة في مقاعد تنتشر في غرفة الصف ويشاركون جميعاً في تعيينات جماعية تعاونية. كذلك ينتقل المعلمون من مكان إلى آخر بمرونة أكبر. وتحدث

هذه الحركة المرنة بشكل غير مخطط له وبشكل طبيعي بحيث أن غرفة الصف تصبح ملكاً مشتركاً للمعلم العادي ومعلم التربية الخاصة.

الألفة بالمنهج

إن تطور المعرفة والثقة بالمنهج الدراسي العادي أحد العناصر المهمة في علاقة التعليم التعاوني. وليس مطلوباً أو متوقعاً من معلم التربية الخاصة أن يأخذ دور المعلم العادي في تدريس محتوى المنهج ومفرداته. ولكن فهم محتوى المنهج وتسلسله ضروري للانتقال إلى مرحلة التعاون. وفي المرحلة الأولى من التعليم المشترك (مرحلة البداية) قد لا يكون لدى معلم التربية الخاصة معرفة بمحتوى التدريس وأساليبه في الصف العادي. ويطور هذا الافتقار إلى المعرفة افتقاراً إلى الثقة لدى المعلمين. فقد لا يثق المعلم العادي بقدرة معلم التربية الخاصة على تدريس المنهج. وقد يؤدي هذا الشعور بعدم الثقة إلى إحجام معلم التربية الخاصة عن اقتراح تعديلات لتلبية حاجات الطلبة ذوي الإعاقات. ومع انتقال كلا المعلمين إلى مرحلة التعاون، تزداد ثقتهما بتنفيذ المنهج. وعندئذ يصبح المعلم العادي أكثر رغبة في تعديل المنهج وفي إتاحة الفرص لمعلم التربية الخاصة للمشاركة في التخطيط والتدريس.

أهداف المنهج وتعديلها

يشمل التعامل الفعال تخطيط الأهداف لكل طالب على حده. وعندما يتحمل معلم التربية الخاصة والمعلم العادي مسؤولية نجاح كل الطلبة في الصف، يحتاج المعلم إلى مناقشة الأهداف، والتعديلات اللازمة لكل طالب ليتحقق النجاح. والتخطيط المكثف الذي يتم قبل بدء العام الدراسي ويستمر لاحقاً بشكل دوري يشجع تطور علاقة تعليمية مشتركة. فشكوى المعلمين من عدم توفر وقت كاف للتخطيط هي شكوى شائعة ويجب التعامل معها بجدية، إذ بدون وقت للتخطيط ينتقل بعض المعلمين بمنتهى

البطء نحو تطوير العلاقة المشتركة. وبدون وقت كاف للتخطيط، لا يستطيع المعلمون المتعاونون مناقشة أهداف المنهج والتعديلات التي تفرضها حاجات الطلبة.

وفي المرحلة الأولى من مراحل تطور علاقة التعليم التعاوني، تكون البرامج مستندة إلى المراجع والمعايير وتكون الأهداف مرتبطة بالاختبارات. وفي هذه المرحلة، تقتصر ـ التعديلات على الأهداف المحددة في البرامج التربوية الفردية للطلبة ذوي الإعاقات. ويأخذ معلم التربية الخاصة دور المساعد في غرفة الصف وتكون مناقشة التعديلات في حدودها الدنيا. ومع انتقال المعلمين المتعاونين إلى مرحلة التسوية، فهم يلتفتون إلى التعديلات الإضافية وبخاصة للطلبة ذوي الإعاقات "الواضحة".

وفي مرحلة التسوية، قد يتعامل المعلم العادي مع التعديلات بوصفها تعني التخلي عـن بعض مفردات المنهج أو تبسيطها. وقد لا يدرك المعلمون أن بعض الطلبة يحتاجون إلى تعديلات إلا بعد بلوغ مرحلة التعاون. وفي هـذه المرحلة يبدأ المعلـم العـادي ومعلم التربية الخاصة بتمييز المفاهيم التي يجب أن يتعلمها جميع الطلبة (الأفكار العامة) عن المفاهيم التي ينبغي على معظم الطلبة معرفتها (المعرفة الأساسية). وهذا التمييز هو جوهر مرحلة التعاون لكلا المعلمين. فبناء على هذا التمييز يصبح تعديل المحتوى، والواجبات المنزلية، والاختبـارات أمـراً تقليديـاً للطلبة الـذين يحتاجون إليه.

التخطيط للتدريس

يشمل التخطيط للتدريس تخطيط المادة الدراسية يومـاً بيوم، وأسبوعـاً بأسبوع، ووحدة بوحدة. والتخطيط الفعال يتطلب من المعلمين تقدير الحاجة إلى تعديل المنهج وتحمـل مسؤولية تعليم جميع الطلبة في الصف. والوقت المشترك للتخطيط لا غنى عنه إذا كان المعلمون سيتعاونون حقاً. وعندما يكون المعلمون المتعاونون في

المرحلة الأولى، فإنه يشيع نمطان من تقديم الخدمات. ففي بعض الأوقات يتم تعليم منهجين مختلفين ومنفصلين للأفراد أو لمجموعات صغيرة من الطلبة. وغالبـاً مـا يكـون هـذان المنهجان غير

متوازيين ويتعذر دمجهما معاً لتدريس مجموعة كبيرة. وفي أوقات أخرى (وهذا هو النمط الشائع) يقوم المعلم العادي بتعليم الطلبة وأما معلم التربية الخاصة فيأخذ دور المعلم المساعد. فمعلم التربية الخاصة غالباً ما ينتقل بين الطلبة مشجعاً إياهم على الانتباه للمهمة أو محاولاً تعديل استجاباتهم.

ومع انتقال المعلمين إلى مرحلة التسوية، فإنهم يتعاونون أكثر في التخطيط للتدريس. وتزداد هذه العلاقة عمقاً إلى أن يبلغ المعلمان مستوى التعاون. وعند هذه النقطة يصبح التخطيط مستمراً وتشاركياً. وفي هذه المرحلة يواصل المعلمان التخطيط داخل غرفة الصف وخارجها. و"الندوات المصغرة" هي إحدى خصائص العمل التعاوني. وهذه تحدث عندما يدرك كلا المعلمين الحاجة إلى التغيير الفوري في الدرس لتلبية حاجات المتعلمين الذين يعجزون عن استيعاب المفاهيم التي يتم تقديمها. والتخطيط المشترك وتبادل الأفكار هما النمط التقليدي في مرحلة التعاون.

تنفيذ التدريس

في البداية يقدم المعلمان حصصاً منفصلة. وقد يكون هناك حصص دراسية مختلفة في غرفة الصف وقد يقوم أحد المعلمين فقط بتقديم الحصة. وفي المرحلة الأولى، يأخذ أحد المعلمين دور المعلم الرئيسي ويأخذ المعلم الثاني دور المساعد. ومع تطور العلاقة، يشرع المعلمان في العمل المشترك. فكلاهما قد يوجه بعض الأنشطة في الصف. وغالباً ما يقوم معلم التربية الخاصة بإعطاء "حصص مصغرة" أو توضيح الاستراتيجيات التي يستطيع الطلبة استخدامها. وهذه التفاعلات تدل على أن العلاقة أصبحت في مرحلة التسوية. وفي مرحلة التعاون، يشارك المعلمان في تقديم الحصة

وفي تنظيم الأنشطة الصفية. "فالطبشورة" تنتقل بحرية بين معلم التربية الخاصة والمعلم العادي لأن كليهما يشارك في التدريس. ويطرح الطلبة الأسئلة على كلا المعلمين ويناقشون معهما القضايا المختلفة.

إدارة الصف

تشمل الإدارة الصفية الفعالة عنصرين أساسيين هما التنظيم والعلاقات. فالقواعد في البيئة المنظمة تكون واضحة، ويكون لدى المعلمين توقعات ثابتة من سلوك الطلبة. ويعرف الطلبة قواعد السلوك الصفي وتوضع تلك القواعد موضع التنفيذ عمليا. وتشمل الإدارة الصفية أيضاً بناء العلاقات بين الأفراد. فبناء العلاقات في غرفة الصف يسهم في الإدارة الصفية الفعالة. وعندما يعمل معلمان في صف واحد، يجب على كل منهما أن يفهم دوره وأن يفهم قواعد السلوك. وفي المرحلة الأولى، غالباً ما يقوم معلم التربية الخاصة بدور "معدل السلوك" ليتسنى للمعلم الآخر تعليم الطلبة في الصف. وفي أوقات أخرى، يلعب المعلم العادي دور معدل السلوك الرئيسي. ومع انتقال المعلمين إلى مرحلة التسوية، ينشط التواصل بينهما ويصبحان أكثر اتفاقاً على قواعد السلوك الصفي. وفي هذه المرحلة قد يناقش المعلمان وضع خطط سلوكية فردية، ولكن الاهتمام الرئيسي يكون منصباً على أساليب تعديل السلوك الجماعية. وفي مرحلة التعاون، يشارك المعلمان في تطوير نظام لتعديل سلوك يكون مفيداً لجميع الطلبة. وتصبح الخطط السلوكية الفردية، والعقود السلوكية، والمعززات المادية، والأنشطة الهادفة إلى تطوير العلاقات بين الطلبة أساليب مألوفة في إدارة الصف.

التقييم

يشمل التقييم في صفوف التعليم التعاوني تطوير نظم للتقييم الفردي للطلبة، وتكييف المعايير والتوقعات من الأداء بهدف مراعاة الحاجات الفردية. وفي المرحلة الأولى، يتم استخدام نظامين مختلفين من الدرجات. وفي بعض الأوقات يكون هناك

نظام علامات واحد يستخدمه المعلم العادي. وفي مرحلة التسوية، يبدأ المعلمان باستكشاف طرق بديلة للتقييم. فهما يشرعان بمناقشة طرق متابعة تقدم الطلبة. وقد تشمل هذه الأدوات استخدام

إجراءات فردية لتحديد درجات جميع الطلبة واستخدام كل من المعايير الموضوعية والذاتية في تحديد الدرجات.

مقياس التعليم التعاوني

مقياس التعليم التعاوني هو مقياس غير رسمي يمكن استخدامه لتقييم فاعلية صفوف التعليم التشاركي. وهو قد يساعد المعلمين في التركيز على المجالات التي تحتاج إلى تحسين. كذلك يساعد المقياس المعلمين في تحديد العوامل المرتبطة بنجاح جهودهم. ويمكن استخدام الدرجات التي يقدمها المقياس لتطوير أهداف مشتركة ومن خلال التركيز على جميع أبعاد العلاقة التعليمية التشاركية، يستطيع المعلمون الانتقال بسرعة أكبر إلى العمل التعاوني (انظر الشكل 5-3).

الشكل (5-3)

مقياس التعليم التعاوني

أجب عن كل سؤال بوضع دائرة حول الرقم الذي يمثل وجهة نظرك على أحسن وجه:

1- نادراً. 2- أحياناً. 3- غالباً.

1) يستطيع كل من المعلمين قراءة الإيماءات غير اللفظية للآخر	1	2	3
2) يتنقل كل من المعلمين بحرية في الصف	1	2	3
3) إن معايير المنهج في المجالات المعنية مفهومة من قبل المعلمين	1	2	3
4) المعلمان متفقان على أهداف التعليم التعاوني	1	2	3
5) التخطيط يحدث عفوياً، فالتغيير يحدث أثناء الحصة	1	2	3
6) يشارك معلم التربية الخاصة في التدريس الصفي	1	2	3
7) يتم تحديد قواعد السلوك الصفي بشكل مشترك	1	2	3
8) تستخدم طرق متنوعة لتحديد درجات الطلبة	1	2	3
9) تتسم التفاعلات في الصف باللطف	1	2	3
10) جميع الأدوات والمواد في الصف متاحة للجميع	1	2	3
11) يعرف معلم التربية الخاصة الطرق والأدوات ذات العلاقة بمحتوى المنهج	1	2	3
12) إن تعديل الأهداف للطلبة ذوي الحاجات الخاصة متضمن كاملاً في الصف	1	2	3

13) يتعاون المعلمان في التخطيط للحصص	1	2	3
14) تتنقل "الطبشورة" بيسر بين معلم التربية الخاصة والمعلم العادي	1	2	3
15) تستخدم أساليب متنوعة لتعديل سلوك الطلبة	1	2	3
16) يتم تكييف الاختبارات حسب الحاجة	1	2	3
17) التواصل في الصف يتصف بالانفتاح والصدق	1	2	3
18) ينتقل المعلمان بحرية من مكان إلى آخر في الصف	1	2	3
19) يعرف معلم التربية الخاصة محتوى المنهج بشكل جيد	1	2	3
20) ان الأهداف الفردية للطلبة متضمنة في المنهج	1	2	3
21) يتوفر وقت كاف للتخطيط المشترك	1	2	3
22) يتقبل الطلبة كلا من المعلم العادي ومعلم التربية الخاصة كشركاء في العملية التعليمية	1	2	3
23) تعديل السلوك هو المسؤولية المشتركة لكلا المعلمين	1	2	3
24) تعتبر الأهداف المتضمنة في البرامج التربوية الفردية جزءاً أساسياً في تقدير درجات الطلبة ذوي الحاجات الخاصة	1	2	3

وهكذا فإن تطوير مهارات معلمين في تدريس صف واحد طريقة فعالة جداً لتعليم مجموعات غير متجانسة في صفوف المدارس العادية. كذلك فهذه الممارسة مكلفة جداً. ولذلك

ينبغي على المديرين والمشرفين تقييم فاعلية هذه الممارسة. وباستطاعة هؤلاء تعديل طريقة استخدام مقياس التعليم التعاوني، فالهدف هو التركيز على الأبعاد المحددة التي تحتاج إلى تطوير.

ويقدم الجزء الثاني من هذا الفصل مجموعة من استراتيجيات التواصل اللازمة للتعاون الفعال في الأوضاع المدرسية. وتشمل هذه الاستراتيجيات تقييم الحاجات، وتوفير فرص التطور المهني، وإنتاج النشرات الإعلامية، وتشكيل مجموعات الدراسة، وعقد حوارات على مستوى مجموعات صغيرة. ولكن ما هي الأشياء التي يحتاج الناس في مدارس الجميع (مدارس الدمج الشامل) إلى التحدث عنها؟

ما يقوله الأدب عن التعاون

دأب معظم المعلمين على التخطيط والتدريس خلف أبواب مغلقة. وقد ارتأى فولان (Fullan, 1993) أن الانعزال المهني يشكل عائقاً يحد من تفاعل المعلم مع أفكار وحلول جديدة للمشكلات. فالمعلون الذين لا يتعرضون لأساليب تدريسية متنوعة أقل نزعة من غيرهم نحو اكتساب مهارات جديدة في اختيار بدائل تدريسية مختلفة عند العمل مع الطلبة ذوي الإعاقات. والتعاون هو نمط من أنماط التفاعل بين المهنيين يشارك الجميع فيه على قدم المساواة في عملية اتخاذ القرارات الموجهة نحو تحقيق هدف مشترك (Friend & Cook, 2000).

الأبواب المفتوحة

يمثل التعليم التعاوني والاستشارات أطراً ممكنة لتيسير التعاون. فالمعلمون المتعاونون يعلمون معاً ويتشاركون في تحمل مسؤولية تربية الطلبة في صفوفهم. وفي العلاقات الاستشارية يجتمع المهنيون لغايات حل المشكلات. ومن خلال التعاون، تتطور الخبرات المهنية للمعلمين ويصبح بإمكانهم توفير خدمات أفضل لجميع الطلبة. وفي هذا الوقت الذي تصبح المدارس فيه للجميع وتمارس الدمج بشكل متزايد، فإن المعلمين يجدون أنفسهم في بيئات تعاونية تعتمد على التواصل الفعال.

معلمو التربية الخاصة

يشير الأدب إلى أن لمعلمي التربية الخاصة على وجه التحديد دوراً في تشجيع التعاون عبر التواصل مع الزملاء في المدرسة. وبناءً على وجهة نظر فرند وكوك (Friend & Cook, 2000)، يحتاج معلمو التربية الخاصة إلى: (أ) تطوير مستوى معرفتهم بالمنهج المدرسي العادي، (ب) تطوير مستوى معرفة معلمي الصفوف العادية بطرق تلبية الحاجات للطلبة المعوقين. وإحدى المفاهيم التي تمخضت عنها البحوث السابقة هي حاجة معلمي التربية الخاصة إلى المشاركة بشكل هادف في جهود إصلاح النظام التربوي العام. ونظرا لتعدد مسؤوليات المعلمين العاديين، يقترح على الاختصاصيين ان يتواصلوا مع هؤلاء المعلمين بشكل فعال لتتطور لديهم الرغبة في الاستماع لما يود هؤلاء الاختصاصيون قوله حول ما يستطيعون تقديمه لهم.

معلمو التربية العادية

يلعب معلمو الصفوف العادية أيضاً دوراً في التواصل مع الآخرين في الأوضاع المدرسية. فهؤلاء المعلمون لديهم معلومات وخبرات يطلعون زملاءهم معلمي التربية الخاصة والمعلمين العاديين الآخرين عليها. ولكن معظم معلمي الصفوف

العاديين يتواصلون مع المعلمين العاديين الآخرين أكثر مما يتواصلون مع معلمي التربية الخاصة. فقد وجد في بعض الدراسات السابقة ان معلمي الصفوف العادية يستجيبون أفضل للمعلومات

التي يقدمها زملاؤهم المعلمون العاديون بالمقارنة مع المعلومات التي يقدمها معلمو التربية الخاصة. وهكذا، فإن معلم الصف العادي الذي يعمل ضمن فريق تعاوني قد يكون أفضل متحدث عند التوصل مع الزملاء بشأن القضايا المتعلقة بدمج الطلبة المعوقين.

موضوعات للتواصل

في دراسة قام بها برادلي ووست (Bradley & West, 1994) عبّر المعلمون المشاركون في برنامج دمج شامل عن حاجتهم إلى التطوير المهني في مجالات:

- التكيف الأكاديمي والسلوكي مع البرنامج التربوي العادي.
- استخدام التكنولوجيا المكيفة.
- توضيح أدوار المعلمين والتوقعات الأكاديمية.
- الخصائص الرئيسية للبرامج الناجحة.

ولكي يتسنى للمعلمين تلبية حاجات جميع الطلبة في صفوف الدمج الشامل، ينبغي عليهم إطلاع زملائهم على الأهداف الأكاديمية، وطرق التدريس الفعالة، وتعديل السلوك، وتطبيق الاختبارات المقننة. ومن أجل تصميم البرامج التربوية الفردية وتنفيذها بشكل سليم، ينبغي على معلمي التربية الخاصة أن يتأكدوا من أن المعلمين الآخرين الذين يعلمون مع الطلبة ذوي الإعاقات يعرفون مكونات هذه البرامج وآلية استخدامها وبخاصة ما يتعلق منها بعمل الفريق، وجداول الحصص، والتعديلات

المطلوبة. وأخيراً، ينبغي على معلمي التربية الخاصة والمعلمين العاديين ذوي العلاقة بالدمج أن يتبادلوا الخبرات الناجحة التي تمخضت عنها جهودهم المشتركة. ويجب أن يشمل

التواصل التقدم الذي أحرزه الطالب في المهارات الاجتماعية والأكاديمية. ويستطيع المعلمون أيضاً تبادل الآراء والخبرات حول النضج المهني الذي حققوه بفعل التعاون والعمل المشترك.

شبكات التواصل

يحتاج معلمو التربية الخاصة، تحديداً، إلى التواصل مع المعلمين العاديين الذين جرت العادة أن لا يحصلوا على أي تدريب في مجال الحاجات التربوية الخاصة. وثمة مشاركون آخرون في برامج الدمج الشامل ومنهم: المديرون، والكوادر المساندة، والأسر، الذين يستطيعون أيضاً الإفادة من التواصل المتكرر. فاثناء اليوم الدراسي، يشترك عدد كبير من الطلبة في أنشطة موسيقية، وفنية، ورياضية، ويتفاعلون مع معلمي الكمبيوتر واللغات الأجنبية وغيرهم من مقدمي الخدمات الداعمة للتربية الخاصة (مثل: العلاج النطقي، والعلاج الطبيعي، والعلاج الوظيفي). ويحتاج هؤلاء جميعاً إلى معرفة طرق مساعدة الطلبة المعوقين وسبل تلبية حاجاتهم الخاصة. وبالرغم من أن هذا الفصل يركز على العلاقات ضمن الأوضاع المدرسية، إلا أن شبكات الدعم يجب أن تشمل الأسر أيضاً.

طرق التواصل الفعّال

تقييم الحاجات

إن لكل مدرسة كادرها وطلبتها، وكل مدرسة فريدة من حيث الإعداد الـذي حصـل عليـه المعلمون ومن حيث خبراتهم، وكذلك من حيث آليات التعاون وأعرافه. ويسـمح تقيـيم الحاجـات بتحديد الموضوعات التي ينبغي التركيز عليها عندما يتفاعل العاملون في المدرسة. وتستطيع فرق أو لجان التعليم التعاوني ولجان تطوير المدرسة جمع المعلومات عن الموضوعات التالية:

- خبرة المعلم ومستوى ارتياحه في تعليم الأطفال المعوقين.

- التأهيل العلمي للمعلم.

- المجالات التي تشغل بال المعلم فيما يتعلق بالدمج.

- استراتيجيات التدريس المستخدمة بكثرة.

- الموضوعات التي يرغب أعضاء فريق العمل المدرسي في تطوير أنفسهم مهنياً فيها.

- الطرق المفضلة للتعلم المهني (مثل : ورش العمل، والمـواد المكتوبـة، والمـواد السـمعية – البصرية).

ويمكن جمع المعلومات بطرق مختلفة تشمل: الاستبانات، وقوائم الشطب، والمقابلات عبر الهاتف، والملاحظات، وتحليل الوثائق. وتسـمح الاستبانات بجمـع المعلومـات مـن عـدد كبيـر مـن الأفراد في فترة وجيزة وبطريقة تراعي السرية. وتمكّن المقابلات اللجان من جمـع معلومـات نوعيـة (كيفية). فهذه المجموعات مفيدة لجمع معلومات عن الحاجات التدريبيـة للكـادر عـلى مسـتوى المدرسة الواحدة. وبعد أن تقوم

اللجان بتقييم الحاجات، يقوم الأعضاء والمديرون بتوظيف المعلومـات في عمليـة اختيـار المصادر، والأنشطة، والفرص المناسبة للتطور المهني للكادر الفني في المدرسة.

ويشكل التطوير المهني المستند إلى تقييم الحاجات إحـدى الطـرق الفعالـة للتواصـل بشـأن الحاجات التدريبية لكادر المدرسة. وتقترح البحوث التربوية تنفيـذ بـرامج التطـوير المهنـي كوسـيلة

لضمان نجاح محاولات دمج الطلبة ذي الإعاقات. وقد يأخذ التطوير المهني عدة أشكال منها: ورش العمل، والنشرات الإعلامية، والمجموعات الدراسية، ومجموعات الحوار الصغيرة. وقد يشارك في ورش التطوير المهني المدرسة بأسرها أو مجموعة صغيرة فقط. وقد تمتد الورش لأكثر من يوم دراسي واحد أو قد لا تزيد في مدتها عن ساعة فقط. وأما الورش الطويلة فيجب أن يتخللها استراحات متعددة وان تتيح الفرص للمشاركين للانضمام إلى مجموعات عمل صغيرة. والورش التدريبية أكثر ما تكون فاعلية عندما تراعي حاجات المتدربين، وعندما يقودها المعلمون، وعندما تقدم استراتيجيات عملية يستطيع المعلمون استخدامها بشكل فوري. وقد يخصص المديرون أجزاء من أوقات الاجتماعات الدورية لورش العمل.

النشرات الإعلامية

النشرات الإعلامية والتوعوية طريقة فعالة للتواصل مع عدد كبير من الناس في فترة قصيرة. واعتماداً على المعلومات المتضمنة في تقييم الحاجات، يستطيع معلمو التربية الخاصة إعداد نشرات إعلامية موجزة ووضعها في صناديق البريد العادية أو الإلكترونية. ويمكن استخدام هذه النشرات لنشر الوعي لدى الكادر حول مواضيع محددة. كذلك فالنشرات أداة فعالة للتواصل مع أولياء الأمور حول مختلف جوانب الدمج. وفي نهاية النشرة يقترح الطلب من القراء تقديم ملاحظاتهم حول فائدة النشرة وحول الموضوعات التي يرغبون في القراءة عنها في الأعداد القادمة. وتزيد احتمالات

ان يستجيب القراء إذا ألصقت بطاقات الإجابة بشكل منفصل بدلاً من أن تكون من إحدى صفحات النشرة.

المجموعات الدراسية

يمكن لمعلمي التربية الخاصة ومعلمي الصفوف العادية أن يتواصلوا في الأوضاع المدرسية من خلال مجموعات الدراسة. فهذه المجموعات تسمح للمعلمين بالالتقاء لأغراض حل المشكلات ولتحسين مهارات التدريس. ويمكن اعتبار هذه المجموعات اختيارية أو هي قد تعتبر جزءاً من برنامج التطوير الذي يتوقع من كل أفراد كادر المدرسة المشاركة فيه. ويقترح تنظيم مجموعات دراسة تشمل كل أعضاء الكادر تبعاً للحاجات ذات الأولوية للطلبة. كذلك يقترح إتاحة الفرص للمعلم للمشاركة في المجموعة التي يرغب فيها. وبينت الدراسة التي قم بها سوجاي (Sugai,1984) حول مجموعات الدراسة ان مراعاة النقاط التالية عند تنفيذها تزيد من فاعليتها:

- تشجيع أعضاء المجموعات على التركيز على الموضوع.

- تسجيل نقاط رئيسية حول محتوى اللقاء.

- تشجيع أعضاء المجموعة على الالتزام بالوقت المخصص للقاء.

- الأنشطة المطلوبة من أعضاء المجموعة لأغراض المتابعة.

مجموعات الحوار

يستطيع المعلمون مناقشة موضوعات ذات أهمية خاصة من خلال مجموعات حوار صغيرة. فعلى سبيل المثال، قد يعقد معلمو التربية الخاصة والمعلمون العاديون جلسة حوار لتبادر

الآراء حول التعليم التعاوني. وقد تناقش مجموعة أخرى استراتيجيات تعديل سلوك الأطفال المعوقين في صفوف مدارس التعليم العام. وكما أفاد أرنولد (Arnold, 1995) فإن حوارات المعلمين فعالة كأنشطة متابعة بعد اشتراك المعلمين ببرامج التطوير المهني. وينبغي على المديرين والقائمين على تنفيذ برامج التطوير المهني للمعلمين تشجيع جميع أعضاء الكادر المدرسي المهتمين بموضوع معين على المشاركة في جلسات الحوار.

المراجع

Arnold, G. (1995). Teacher dialogues: A constructivist model of staff development. **Journal of Staff Development, 16 (4)**, 34 – 38.

Cook, L., & Friend, M. (1995). Co-teaching: Guidelines for effective practices. **Focus on Exceptional Children, 28**, 1-16.

Cook, L., & Friend, M. (1998). **A conversation about teams**. Paper presented at the annual meeting of the Council for Exceptional Children, Minneapolis, MN.

Friend, M., & Cook, L. (1992). The new mainstreaming. **Instructor, 101**, 30 – 32.

Fullan, M. (1993). **Change forces: probing the depths of educational reform**. London: The Palmer Press.

Idol, L., Paoulcci-Whitcomb, P., & Nerin, A. (1994). **Collaborative consultation** (2en ed). Austin, Texas: pro-Ed.

Reinhiller, N. (1996). Co-teaching. **Teacher Education and Special Education, 19**, 34 – 48.

Sugai, G. (1983). Making a teacher study group work. **Teacher Education and Special Education, 6**, 173 – 178.

Wood, M. (1998). Whose job is it anyway? Educational roles in inclusion. **Exceptional Children, 64**, 181 – 195.

الفصل السادس

قضايا مرتبطة بالسياسات والبحث العلمي في التربية الخاصة

❖ مقدمة

❖ ما الذي تعلمناه؟

❖ ما لا نعرفه

❖ ما نحتاج إلى معرفته

❖ لماذا لا تدوم الممارسات المستندة إلى البحث؟

❖ لماذا نتوقع ديمومة الممارسات المستندة إلى البحث؟

❖ ما الذي يعنيه هذا كله بالنسبة للممارسة؟

❖ المراجع

المراجع التي اعتمدنا عليها في إعداد هذا الفصل

Keogh, B. K. (1990).Narrowing the gap between policy and practice. Exceptional Children, 57, 186-190.

Vaughn, S., Klinger, J., & Hughes, M. (2000). Sustainability of research- based practices. Exceptional Children, 66, 163-171.

مقدمة

أحد أشكال الخيال الشائعة والمغرية لعدد كبير من الباحثين التربويين هو التصور بأن تغيير السياسات يعتمد على نتائج الدراسات التجريبية. ومرد هذا الخيال هو العادات البحثية والمنطقية مقرونة بالدافعية الحقيقية لدى الباحثين لتحسين ظروف الميدان التربوي. ووفقاً لهذه النظرة فإن على السياسات التربوية أن تتبع البحث وعلى التغيير أن يستند إلى الأدلة. وعلى كل حال، فإن تفحص التغييرات الأساسية في السياسات التربوية يبين إن السيناريو مختلف تماماً. فالتغيير يحدث بفعل المؤثرات الاجتماعية والسياسية ومعظم القرارت ذات العلاقة بالسياسات التربوية تسبق البحث بدلاً من أن تتبعه. فالتغييرات الجوهرية في السياسات والممارسات التربوية في ميدان التربية الخاصة والتي تضمنتها التشريعات والقوانين انبثقت عن القضايا المتصلة بالحقوق المدنية وكانت أسسها دستورية لا بحثية. وبالمثل، فإن معظم التعديلات التي تقترحها مبادرة التربية العادية اشتقت من القناعات والقيم وليس من البيانات البحثية.

وكون السياسات تعكس الظروف الاجتماعية والسياسية وكون التغيرات فيها تسبق البحث شيء جيد على أكثر من صعيد. فبما أن البحث يتقدم ببطء والباحثين يهتمون بدقة التصاميم البحثية وبالتحليل المعمق ويتوخون حذراً شديداً في التخمين والتعميم، فإنه من العدالة لقول بأننا لن نحقق تقدماً رئيساً في الإصلاح التربوي إذا كنا سننتظر البيانات البحثية الشمولية لنتخذ قراراتنا. وفي الواقع، فإن التشريعات الوطنية (كالقانون الأمريكي رقم 94 – 142) ما كان ليظهر بعد لو كنا لننتظر نتائج البحث العلمي بل كنا الآن نجمع الأدلة حول أعداد الأطفال المعوقين الذين لا تقدم لهم خدمات تربوية خاصة أو تحديد مدى تحيز بعض الاختبارات النفسية المقننة ضد الفئات الخاصة المختلفة.

ولكن البحث التربوي له أدوار عديدة تشمل اختبار السياسات في ضوء الأدلة، وتطوير وتقنيين طرق تنفيذ السياسات، وتضييق الفجوة بين السياسات والممارسة. ولا تقلل هذه النظرة إلى البحث التربوي قيمة إسهامات البحث وإنما تقبل البحث بالقضايا الاجتماعية. وهناك بعض المخاطر في هذا النموذج. فقد يقلل ربط البحث بالسياسات قيمة البحث النظري أو الأساسي، وقد تتعرض استمرارية البحث للتهديد عند تغير القضايا الاجتماعية، وقد لا تعالج السياسات الأمور الهامة، وقد يميل صانعو القرار إلى رفض الأدلة المتناقضة. وعندما يتركز الاهتمام على الإصلاح التربوي فان إحدى المسؤوليات الأساسية الملقاة على عاتق الباحثين هي دراسة آليات تنفيذ التغيير بشمولية وانتظام. الوجه الآخر لهذه العملة هو أن على صانعي القرار الاهتمام باختبار السياسات وتقديم الدعم للبحوث الموجهة نحو الاصلاح التربوي. فالباحثون يتعرضون لضغوط ويواجهون مشكلات هي جزء من البرامج المدرسية بما في ذلك أمور الجدولة الصفية والوقت واتجاهات الكوادر المدرسية وقناعاتهم. فالمدارس نظم اجتماعية لها بنىً معقدة والتغيير فيها لا يحدث بسهولة. وتزداد أهمية النتائج والتعميمات التي تسمح بالتوصل إليها بشكل هائل لأن العمل ينفذ في المدارس.

ثانياً، يستخدم بعض الباحثين تصاميم بحثية تخرج عن النموذج المألوف في الضبط التجريبي بدلاً من فحص نماذج متعددة أو اشكال متنوعة من البرامج. فالتصاميم التي تتفحص النماذج المتنافسة تقدم بيانات أكثر قوة وفائدة من التصاميم التي تبحث في نموذج أو أسلوب واحد وهي كذلك تمهد الطريق لتطوير الخدمات. وينبغي مباركة المشاريع البحثية التي تفحص نماذج متعددة. ومن المؤسف أن بعض الدراسات لا تقدم معلومات عن النماذج المختلفة التي تم فحصها. فالتحليلات المقارنة أمر مرغوب فيه ونتوقع المزيد منها مستقبلاً.

ما الذي تعلمناه؟

تدعم نتائج الدراسات بوجه عام التعميم المعروف جيداً بأن بعض الأساليب العلاجية أفضل من عدم المعالجة. فثمة تحسن من درجة ما نتيجة لتنفيذ البرامج العلاجية. وأن يكون العلاج أفضل من عدم العلاج أمر واضح إلى درجة يصبح معها هذا الاستنتاج تافهاً. ومع ذلك فهذه النقطة يتم إغفالها عندما يدعي منفذو البرامج النجاح. ففي كثير من الدراسات، تم تقييم فاعلية أشكال مختلفة من النماذج التعليمية والممارسات التدريبية مثل الخدمات التعليمية المباشرة أو المقدمة وفقاً للنموذج الاستشاري، والفرق الداعمة، والتقييم المستند إلى المنهاج، والتدريب الفردي المساعد. وأن يتبين أن مثل هذه الإجراءات جميعاً ناجحة ولو جزئياً فتلك نتيجة هامة. وعلى أي حال، فإن ما هو بنفس القدر من الأهمية أن أياً من تلك الإجراءات ليس ناجحاً بالكامل.

وتتباين تأثيرات البرامج تبعاً لأدوات القياس المستخدمة والمتغيرات التابعة (النتائج) المستهدفة. وفي بعض الدراسات، اختلفت تأثيرات البرامج العلاجية على الأداء الأكاديمي عن تأثيراتها على الأداء الاجتماعي/السلوكي. وبشكل عام، فإن النتائج الاجتماعية/السلوكية إيجابية في حين أن النتائج الأكاديمية متباينة. ومن النتائج ذات الأهمية الخاصة أن سلوك الطلاب ذوي الإعاقات يتحسن في الصفوف العادية وقد يكون ذلك بمفرده سبباً كافياً لتشجيع تدريسهم في الصفوف العادية وليس في برامج منفصلة. والنقطة التي ينبغي الإشارة إليها هنا من باب التنبيه هي أن وضع الطلاب ذوي الإعاقات في الصف العادي قد لا يكون كافياً بحد ذاته لتحسين مستوى تحصيلهم الأكاديمي. فالعمل المدرسي الروتيني والمألوف ليس كافياً. وفي الواقع، فإن نتائج عدد من الدراسات ليست مشجعة لأن تحسناً بسيطاً فقط طرأ على المهارات الأساسية بالرغم من مصادر الدعم الإضافية الكبيرة التي يوفرها الباحثون.

والقضية التي يجب التأكيد عليها في هذا الخصوص هي أن نماذج التدريس القائمة على الدمج مثلها مثل البرامج القائمة على الفصل لا تقدم حلولاً تلقائياة أو علاجاً لمشكلات الطلبة التعلمية والاجتماعية.

كذلك يرتبط التباين في تأثيرات البرامج بخصائص الطلاب. فبعض المشاريع البحثية سعت إلى تطوير البرامج للأطفال المعوقين. ولكن الطلاب المعوقين المستهدفين قد يتم تعريفهم بشكل غير دقيق وقد تتباين خصائصهم ومشكلاتهم بشكل واسع وكذلك أعمارهم الزمنية. ولذلك فليس مستغرباً ان تختلف فاعلية البرامج العلاجية. وتلك نتيجة إيجابية تبرز الحاجة إلى دراسة أكثر تفصيلاً ودقة للطلاب المنتفعين من البرامج. وقد أشارت بعض الدراسات إلى هذا الأمر فأكدت أهمية بعض الخصائص أو المهارات إذا كان الأطفال ليستفيدوا من بيئات صفية محددة. وعليه فإن الوصف الدقيق للأفراد الذين يستفيدون من البرامج العلاجية خطوة لاحقة مهمة في تطوير هذه البرامج.

وأخيراً، وربما ما هو أكثر أهمية مما ذكرنا سابقاً، إن الشخص الأكثر تأثيراً في تنفيذ البرامج المختلفة هو المعلم. فكما أن هناك فروقاً بين الطلاب فإن هناك فروقاً بين المعلمين. ولسوء الحظ فنحن لا زلنا غير متأكدين بشأن أي هذه الفروق مسؤولة عن أساليب التدريس التي يوظفها المعلمون. ومراعاة الفروق في الأساليب والأنماط التعليمية للمعلمين عند تقييم تأثيرات البرامج أمر معقول، وبخاصة عندما يؤخذ المدى الواسع لخصائص الطلاب بالحسبان. وفي هذا الخصوص، يجب الإشارة إلى أن حتى المعلمين الذين يعتبرون فاعلين يحتاجون إلى مساعدة عند العمل مع الطلاب ذوي المشكلات. فقد وجد جيرستن ووالكر ودارش (Gersten, Walker, & Darch, 1988) مثلاً أن المعلمين الذين يتمتعون بمهارات عالية في تعليم الطلاب العاديين غالباً ما يفتقرون إلى التحمل والصبر بالنسبة للسلوكيات المنحرفة للطلاب وأنهم يواجهون

صعوبات كبيرة عندما تقود هذه السلوكيات إلى عدم استثمار الوقت الصفي بشكل فعال للتعليم. والإشارة إلى أن المعلم هو العامل الحاسم بالنسبة لدمج الطلاب المعوقين في الصفوف العادية ليست شيئاً جديداً. ومع ذلك فإن لها مضامين أساسية بالنسبة لكل من البرامج التدريبية قبل الخدمة وأثناء الخدمة وبالنسبة لطبيعة الدعم اللازم للمعلمين الذين ينفذون برامج الدمج.

ويستحق البحث حول البرامج الريادية في المدارس مناقشة مختصرة. فمثل هذه البرامج تتطلب الاعتماد على عدد من الأشخاص المدربين جيداً للعمل مع الكوادر المدرسية. ومع ذلك فإن عدداً من المشكلات يتم مواجهتها عند التنفيذ. فبعض المعلمين يشعرون بعبء كبير بسبب العمل الورقي الإضافي والقيود المفروضة على الوقت وما إلى ذلك. ومعظم المناطق التعليمية تفتقر إلى الكوادر الداعمة المكافئة بمهارتها. وعليه فإن إحدى القضايا الهامة تتعلق بإمكانية التطبيق وباستمرارية البرامج وبخاصة عندما لا يعود الباحث في الصورة. والاختبار الحقيقي لنجاح البرنامج قد يتمثل في قدرة المدارس على الاستمرار في تنفيذ ذلك البرنامج بعد انتهاء البحث.

ما لا نعرفه:

بالرغم من المعلومات الهامة التي تقدمها لنا الدراسات، ما تزال فجوات رئيسة موجودة بين السياسات والممارسة وهذه أيضاً بحاجة إلى التأمل. فما نعرفه عن نماذج الخدمات في المرحلة الابتدائية أكثر بكثير مما نعرفه عن نماذج الخدمات الملائمة في المرحلة الإعدادية والمرحلة الثانوية إذ أن دراسات قليلة كانت العينات فيها من المرحلتين الإعدادية أو الثانوية. وهناك أدبيات كثيرة نسبياً تجعلنا نعتقد أن الدمج في المرحلة الثانوية يختلف من حيث النوع والدرجة عن المرحلة الابتدائية وأن المعلمين في المرحلة الابتدائية يرغبون في تنفيذ المدمج أكثر من معلمي المرحلتين الإعدادية والثانوية (Ammer, 1984; Stephens & Braun, 1980) وليس من الصعوبة إدراك أسباب

تركيز الباحثين على الأطفال. فقد تكون المشاريع البحثية بالغة التعقيد وليس متوقعاً من أي باحث بمفرده أن يعمل كل شيء. إلا أن التعميمات الممكنة بناءً على نتائج هذه الدراسات محدودة وينبغي التوصل إلى استنتاجات حول الممارسة وحول البرامج المدرية المختلفة بمنتهى الحذر.

وكثيراً ما تنفذ الدراسات لفترات قصيرة نسبياً ولذلك فنحن لا نعرف الا القليل عن التأثيرات طويلة المدى للممارسات والتجارب الريادية. وثمة بعدان هامان للوقت. الأول يتعلق بـأثر الدمج على مرور الوقت وعلى الطلاب في المستويات الصفية المختلفة. فالمنطق يقول ان الكفايـة في مرحلة نمائية معينة تسهم في تطور الكفايات في مرحلة نمائية لاحقة وأن اتقان المهارات الأساسـية المدخلية يعمل بمثابة قاعدة لتعليم المهارات الأكثر تعقيداً. فهل نتوقع رؤيـة تحسـن تـدريجي مـع الوقت إذا تم دمج الطلاب ذوي الحاجات الخاصة في أوضاع تعليمية واجتماعية فعالة مـن وقـت مبكر؟ وبالمنطق نفسه، يجب علينا التأميل في التأثير طويل المدى للدمج غير النـاجح. فمـع حسـن النوايا، قد تخفق البرامج المعدلة وقد تتزايد مشاعر الطلاب بعدم الكفاية الذاتية بسبب المقارنـات الاجتماعية التي تحدث تلقائياً في الصفوف العادية.

التخوف الآخر المرتبط بالوقت هو ذاك المتعلـق بتـأثير المشـاريع والبرامج الرياديـة علـى اتجاهات المعلمين وممارساتهم التدريسية. فكما أن النجاح يقود للنجاح لدى الطلبة فإن المعلمين قد يتغيرون عندما تتحسن كفاياتهم. وقد نتوقع المزيد من استخدام وتطوير الممارسات التعليميـة مع مرور الوقت الأمر الذي سينجم عنه فوائد عديدة لفئات متنوعـة مـن الطـلاب في مجـالات تعليمية مختلفة. وقد نتوقع كذلك أن التعليم الفعال المتضمن أساليب أفضل سـيرافقه اتجاهـات أكثر إيجابية لدى المعلمين. وبالعكس، فالممارسات غير الفعالة قـد تقـود إلى مشكلات أكبر لـدى الطلبة ويرافقها اتجاهات أكثر سلبية لدى المعلمين. وقد أشار عدد غير قليل مـن الدراسـات إلى مشاعر

عدم الكفاية لدى المعلمين العاديين عندما يتعلق الأمر بتعليم ذوي الحاجات الخاصة وهناك أيضاً بعض الأدلة على الاتجاهات السلبية رغم التقارير المشجعة التي تبين إمكانية تعديل الاتجاهات على المدى القصير كحد أدنى (Donaldson, 1980; Hudson, Reisberg, & Wolf, 1983) . ولا نعرف بعد أثر المشاريع الريادية على هذه الإدراكات. والسؤال المتعلق بالتغير مع مرور الوقت سؤال يمكن الإجابة عنه وهو يستحق الدراسة.

ما نحتاج إلى معرفته:

ان اعتماد التغيير التربوي على القيم والقناعات أكبر من اعتماده على نتائج البحوث التربوية. فقناعتنا بالمساواة وحاجاتنا إلى تجنب الأخطاء السابقة هي أسباب قوية للمبادرة إلى محاولات الإصلاح التربوي. وبما أن الأهداف أصبحت محددة فالأسئلة تدور حول طرق تحقيقها والبحث التربوي يستطيع أن يلعب دوراً أساسياً في هذا الخصوص. وثمة مشاريع وبرامج زودتنا مؤخراً بمعلومات مفيدة. ولم تقدم النتائج لنا بعد أجوبة محددة لكنها بمجملها تطرح أسئلة هامة. ونستطيع هنا اقتراح الأسئلة التالية:

(1)   ما التأثيرات طويلة المدى للبرامج التعليمية المختلفة؟

(2)   ما العوامل التي تكمن وراء النجاح؟ أهي محتوى البرنامج أم نوعه؟

(3)   هل تدوم تأثيرات المشاريع والبرامج وتتعمم بعد انتهاء الدعم البحثي؟

(4)   هل يستفيد الطلاب أو يتضررون من برامج العينة؟

(5) ما الظروف الوضعية (عدد الطلاب في الصف، عدد الطلاب المدمجين) التي تحدد فاعلية التدريس؟

(6) ما الشروط والمتطلبات اللازمة للتنفيذ الناجح للبرامج سواء من حيث النظام الاجتماعي أو المصادر أو الأوضاع المؤسسية؟

(7) هل تقود التغيرات في اتجاهات المعلمين نحو الطلاب ذوي الحاجات الخاصة إلى ممارسات تعليمية افضل؟

(8) ماذا يجب أن تكون محتويات برامج التدريب قبل الخدمة وأثناء الخدمة وكيف يمكن لهذه البرامج أن تكون أكثر فاعلية؟

إن أجوبة مثل هذه الأسئلة تتطلب استراتيجيات بحث طولية وخيارات برامجية متعددة وعينات بحثية متنوعة. وهي أيضا تتطلب سياسة ثابتة وشاملة لدعم البحث التربوي. وقد أشار ثارب وجاليمور (Tharp & Gallimore, 1988) إلى أن دعاة الإصلاح التربوي يركزون على قضايا بعيدة عن الممارسات التدريسية والمدرسية أو على الخبرات اليومية للمعلمين قبل وبعد التحاقهم بمهنة التدريس. وإغفال مثل هذه التفصيلات أو سبل تنفيذها بشكل فعال يهدد حتى أفضل محاولات الإصلاح. وتنطبق هذه الملاحظة على الجهود المبذولة حالياً لإصلاح نظام التربية الخاصة. فمن الواضح أن ثمة حاجة إلى تغيرات رئيسية في آلية تنفيذ الخدمات للطلاب ذوي الإعاقات وأن المسؤولية عن ذلك يجب أن تقع على كل من المعلمين العاديين ومعلمي التربية الخاصة. ومن الواضح أيضاً أن المعلمين هم اللاعبون الأساسيون في عملية تغيير الممارسة. وعليه، فإن التحدي الأكبر أمام جهود الإصلاح التربوي هو تحديد سبل تفعيل التعليم في غرفة الصف. وذلك تحد هائل يتطلب العمل

الجاد والإبداع، ويرغمنا على دراسة الحقائق ذات العلاقة بـربط السياسات بالممارسات التربوية.

وقد شهد البحـث العلمـي في ميدان التربية الخاصة في العقـدين الماضيين أهـم التطورات الجوهرية في تاريخ التربية (Gersten, Valughn, Deshler, Schiller, 1997). ويمكن ربط هـذه التطـورات بتشريعات التربية الخاصة وبالمعرفة المتوافرة حول تعليم الطلبة المعوقين. ولم تقتصر۔ تـأثيرات التشريعات على تقديم إطار لتنفيذ خدمات التربية الخاصة ولكنها مهدت الطريـق أيضاً للتغـير الجوهري في قاعدة المعرفة المتصلة بالممارسات والخـدمات التربوية للأطفال والشباب المعوقين. فنتائج البحوث العلمية في ميدان التربية الخاصة زادت معرفتنا وفهمنا للأمـور المتعلقـة باتخـاذ القرارات الإدارية، وممارسات التقييم، ونمـاذج تقديم الخـدمات، والـدمج الشـامل، والتكنولوجيـا، والدعم السلوكي الإيجابي، والعمل الفعال مع الأسر. وبنفس القدر من الأهمية، كانت المعرفة التـي قدمتها البحوث حول الطلبة المعوقين للمعلمين العاديين. فقد أسهم البحـث حول التعليـم التعاونـي، والاستيعاب القرائي، والتقييم المستند إلى المنهج بشكل إيجابي في الممارسات التربوية العادية. وبعد أن كان ينظر في الماضي إلى بحوث التربيـة الخاصة وممارسـاتها بانها ليست ذات علاقة مـن قبـل معظم أعضاء المجتمع التربوي، أصبح الموقف منها يعكس تقديراً بشكل متزايد (Mckenna, 1992).

وبالرغم مـن هـذه الانجـازات، فإن ضعف العلاقـة بـين البحـث والممارسـة واستمرارية الممارسات المستندة على البحث بعد أن يغادر الباحثون مواقع البحث تشكلان مصدر قلق متزايـد. وقد تبوأ تنفيذ الممارسات المستندة إلى البحث مستوى جديداً من الأهمية. وربما لم يكن مصادفة أن يتم التركيز على طرق تحسين تـأثيرات البحـث التربوي في مجلة الباحث التربـوي (Educational Researcher, Volume 26,

(No. 5, 1996) وهي المجلة الرئيسية التي تصدر عـن الرابطـة الأمريكيـة للبحـث التربـوي، ومجلـة الأطفال ذوي الحاجـات الخاصـة (Exceptional Children, 63 (4) 1996) وهي أهـم مجلـة تصـدر عـن مجلس الأطفال ذوي الحاجات الخاصة. إضافة إلى ذلك، ثمة اهتمام متزايد من قبـل إدارات التربيـة برفع شعار "تقديم الأدلة المستندة إلى البحـث عـن فاعليـة المـمارسات قبـل تبنيهـا وتنفيـذها". وفي الواقع، فإن كلمتي "تبين البحوث" تتصدر معظم التقارير والملخصات حول الممارسات، والبرامج، والمواد، إلى درجة أصبحنا مرغمين معها أن نجيب متسائلين: أي بحوث؟"

لقد تم إنتاج بحوث التربية الخاصة ونشرها على نطاق واسع في العقد الماضي، وقـد أثرت تلك البحوث بشكل ملحوظ في التفكير التربوي، وإلى حد ما في الممارسة التربوية. ومع ذلك، ثمة قلق متزايد من أن المعرفة البحثيـة لا ترتبط ارتباطاً وثيقاً وكافياً بالممارسـة. عـلاوة عـلى ذلـك، ثمـة أدلـة كثيرة على ان الممارسات المستندة إلى البحـث في حـال تنفيـذها في المـدارس لا تسـتمر لفـترة زمنيـة طويلة (Fuchs & Fuchs, 1998; Mastropieri & Scruggs, 1998). ويراجـع هذا الجزء من الفصل ما نعرفه عن استمرارية أو ديمومة الممارسات المستندة إلى البحث، وعـن إمكانيـة اسـتمرار المعلمـين بتنفيـذ هذه الممارسات عملياً على مدى طويل.

لماذا لا تدوم الممارسات المستندة إلى البحث؟

ثمة سببان غالباً ما يتم الإشارة إليهما عند محاولة تفسير عدم ديمومة الممارسات المستندة إلى البحث العلمي. الأول هو اتهام المعلم حيث يقال أن المعلمين ببساطة يختارون الاسـتمرار في استخدام الطرق التي يعرفونها والتي يسهل عليهم تطبيقها. التفسير الثاني هو اتهام الباحـث حيث يقال أن الباحثين يطورون أفكاراً للبرامج الفعالة ومن ثـم يقومون بتنفيـذها في عـدد قليل مـن الصفوف من خلال تدريب المعلمين. وإذا تبين أن تلك البرامج فعالة، فهـي توضع في رزم تدريبيـة وتوزع على

افتراض أن المعلمين سيستخدمونها. ولكن أيا من هذين التفسيرين لا يصف بما فيه الكافية الوضع الحالي لمعظم المعلمين والباحثين. وفيما يلي مناقشة موسعة لهذين الاعتقادين.

توجيه اللوم للمعلمين

يبدو أن هناك تفسيراً مفاده أن المعلمين يفضلون استخدام طرائق التدريس المألوفة لهم على استخدام طرائق التدريس الأكثر فاعلية، حتى عندما يعرفون كيف ينفذون الطرائق الأكثر فاعلية وعندما تتوفر لهم الخبرة والأدلة الداعمة لفاعلية هذه الطرائق. ويلفت ستون (Stone, 1998) الانتباه إلى أن ثمة عوامل أخرى ينبغي أخذها بالحسبان ومنها: "القضايا المتعلقة بوقت المعلمين، وادراكاتهم حول مسؤولية استخدام الأدوات مع الأنشطة المدرسية التقليدية، والقيود المفروضة على إمكانية تطبيق أية طريقة أو أداة تدريسية" (ص: 123). والأسئلة الرئيسية التي ينبغي أن تطرح في هذا الخصوص هي: لماذا يختار بعض المعلمين استخدام الأساليب الأقل فاعلية ويفضلونها على الأساليب الأكثر فاعلية؟ وما هي المعوقات؟ وما أشكال الدعم والمصادر اللازمة لتعديل هذه الممارسة؟ وما الأسئلة التي يجب أن نطرحها وأن نفهم إجاباتها للتأثير على ممارسات المعلمين بشكل أفضل؟

لقد اقترح معلوف وشيلر (Malouf & Schiller, 1995) ثلاثة عوامل رئيسية تؤثر في العلاقة بين البحث والممارسة:

1. **معرفة المعلم وتعلمه:** إذ ينبغي توفير الفرص للمعلمين لتطوير معرفتهم بالبحث العلمي.

2. **اتجاهات المعلمين واعتقاداتهم:** بما في ذلك اتجاهاتهم واعتقاداتهم حول فاعلية البحث وحول المدى الذي ينبغي لنتائجه أن تؤثر في تدريسهم.

3. **عوامل السياق أو بيئة العمل:** وتشمل المطالب المتعددة من المعلمين (مثل: الوقت، والمنهج، والتعليمات الادارية، والورش التدريبية، والعمل الورقي).

وباختصار، فإن فهم أسباب، وكيفية، وظروف استخدام المعلمين ممارسات تعتمد على البحث العلمي يتطلب دراسة معقدة للبيئة، والممارسة، والإجراءات، والطلبة، والمعلمين. ومن الأمور الجوهرية لفهم استخدام الممارسات المعتمدة على البحث فهم الدوافع التي تحفز كل معلم لاستخدام أي نوع من الممارسة. وبذلك فإن القضية، على أقل تقدير، هي بنفس مستوى صعوبة الدوافع التي توجه السلوك الانساني.

توجيه اللوم للباحثين

التفسير الآخر للاستخدام غير الفعال وعدم الاستمرارية في تطبيق الممارسات المستندة إلى البحث هو أن الباحثين يصممون ممارسات لا تعكس بما فيه الكفاية حقائق التعليم الصفي ومحددات استخدامها من قبل المعلمين (Gersten et al., 1997; Malouf & Schiller, 1995) والافتراض هو أن عدداً كبيراً من الباحثين يبحثون في الأشياء التي تثير اهتمامهم وليس ما يحتاج المعلمون إليه (Richardson, 1990). وثمة افتراض مفاده أن الباحثين لا يستجيبون للمعلمين بمعنى انهم لا يشركونهم في عملية التطوير، فهم يتعاملون معهم "كأفراد" في دراساتهم، ويتبنون مواقف غير واقعية من المعلمين ويتوقعون منهم أن يقوموا باعمال لا طاقة لهم بها. علاوة على ذلك، فالممارسات التدريسية التي يتم تطويرها لتحسين نواتج التعلم لبعض الفئات المحددة من الطلبة (مثل الطلبة المعوقين) قد لا تفيد الصف ككل أو قد يتعذر تطبيقها مع مجموعات كبيرة (Vaughn & Schumm, 1996). "فتحديد متى وكيف يراعي المعلم الحاجات الخاصة للطفل وهل ينبعي عليه حقاً أن يفعل ذلك، يشكل أزمة

مستعصية وشائعة جداً بالنسبة للمعلمين في الصفوف" (Richardson & Anders, 1998, P. 88).

ويرى فوكس وفوكس (Fuchs & Fuchs, 1998) أن هناك إساءات فهم عديدة لدور الباحث في التجسير بين البحث والممارسة. ويشير هذان المؤلفان إلى إساءات الفهم هذه باعتبارها اعتقادات وادراكات خاطئة في الأدب المهني حول العلاقات بين البحث والممارسة" (ص: 134) . وتشمل هذه من وجهة نظرهما: (أ) الاعتقاد بأن البحث التربوي التجريبي قد أخفق، (ب) الاعتقاد بأن الباحثين لم يحترموا المعلمين، (ج) الاعتقاد بأن الممارسات التي تتمتع بالمصداقية لا يمكن تقنينها وتوظيفها عملياً في الأوضاع التربوية المختلفة في نفس الوقت، (د) الاعتقاد بعدم توفر كم كاف من الممارسات الفعالة للمعلمين.

وفي حين أن الأوصاف/ الاعتقادات الخاطئة السابقة قد تفسر جزئياً سلوكيات بعض الباحثين والمعلمين، هناك جيل جديد من الباحثين والمعلمين الذين لا تنطبق تلك الأوصاف عليهم. فهؤلاء المعلمون يهتمون بالمشاركة في البحث وفي عملية التطوير وفي تقديم تغذية راجعة حول تعديل محتوى البرامج التعليمية وطرق تنفيذها. وهؤلاء الباحثون شركاء في عملية البحث والتطوير ويقدمون توجيهات ومصادر رائعة لما هو قابل للتنفيذ.

ومن الدروس التي ينبغي على الباحثين الإفادة منها عند محاولة تنفيذ الممارسات المستندة إلى البحث، أن يتعاملوا بعقل مفتوح مع ما يقدمه المعلمون، والمديرون، والطلبة، واخفاقاتهم ونجاحاتهم الشخصية (Fuchs & Fuchs, 1988; Stone, 1998). ولا يمكن للممارسات الفعالة أن تترسخ وتستمر دون هذا الانفتاح. وهناك باحثون يعملون مع المعلمين يداً بيد في كل خطوة على الطريق، مما يعكس إدراكاً متزايداً للدور الفعال الذي يلعبه المعلمون في عملية البحث. وقام بعض الباحثين

بالاجتماع بمجموعات من الممارسين ليعرفوا منهم القضايا المهمة المتعلقة بالبرامج التعليمية والعلاجية الفعالة. وعلى كل حال، فحتى عندما يشترك المعلمون بفاعلية ونشاط في تطوير وتنفيذ الممارسات الجديدة، فإن تغيير الممارسات التقليدية ليس أمراً حتمياً، وإن أصبح أكثر قابلية للحدوث (Vaugh, Hushes, Schumm, & Klingner, 1998).

وعندما يدخل طرفان في عملية تعاونية (كالعلاقة بين المعلم والباحث) ثمة حاجة للشفافية والاستجابة من كلا الطرفين. وحاجتنا كبيرة لأن نخفض بشكل ملحوظ عدد المعلمين الذين يشاركون في المشاريع البحثية لكي لا تصبح النتيجة ورود الفعل لديهم كما يلي: "ما زال لدي مشاعر سلبية نحو الخبرة التي مررت بها. وقد ترددت في تجنيد زملائي المعلمين للمشاركة لأنهم سوف ينبذون بمجرد حصول الباحثين على ما يريدون" (Peterson, 1995, p. 365). ولكن الآراء والمواقف المتعددة لكل من المعلمين والباحثين قادرة على تحقيق إنجازات مهمة (Ball, 1995) شريطة أن يكون لكل من الطرفين دور حقيقي وفائدة من نوع ما.

ونحن نعرف أن حتى أكثر البرامج المنبثقة عن البحث فاعلية لها تأثيرات متباينة على الطلبة حيث أن بعض الطلبة لا يستفيدون إلا قليلاً أو لا يستفيدون بالمرة. فليس واقعياً أن نتوقع أن يستجيب كل الطلبة المعوقين لنفس العلاج (Stone, 1998). علاوة على ذلك، فإن معظم البرامج التي يستخدمها المعلمون تقليدياً هي برامج ذات فاعلية متوسطة مع بعض الطلبة في الصف، على أحسن تقدير. وعليه فان المناقشات التي تعزو الإخفاق في تنفيذ الممارسات المستندة الى البحث في مجال التربية الى خلل في الممارسة التربوية قد لا تكون عادلة.

ومع أننا نشجب ضعف العلاقة بين الباحث والممارسة في مجال التربية، فلعلنا نستطيع أن نفهم هذه القضية بشكل أفضل إذا اطلعنا على الأدب البحثي المتصل بتنفيذ الأنماط الصحية

والاستمرارية بتنفيذها. فعلى سبيل المثال، يتبوأ "الالتزام" بالنظام الدوائي مكانة تتزايد أهميتها في الحقل الصحي. فثمة أدلة علمية كثيرة، مثلاً، على ان الأفراد الذين يعانون من مستويات بسيطة الى متوسطة من ارتفاع ضغط الدم يستفيدون من برامج خفض الضغط. وبالرغم من ذلك، فإن الالتزام بالتعليمات الطبية البسيطة مثل تناول حبة دواء مرتين يومياً منخفض جداً، وقد لا يتعدى 50% بعد سنة من تشخيص المرض. وقد أوضحت دراسة حديثة نفذت حول الأنماط والإجراءات الصحية عندما يكون الهدف الوقاية من الإيدز. فعلى سبيل المثال لا يكمل معظم العاملين في الحقل الصحي الذين تعرضوا بالصدفة للفيروس المسبب لهذا المرض تناول الأدوية التي وصفت لهم للوقاية من العدوى. ومن العوامل الأخرى المؤثرة في مدى الالتزام القناعات والفلسفات الشخصية للمرضى. فحتى عندما تتوافر أدلة علمية قاطعة على فاعلية دواء أو إجراء معين، ينبذ بعض الأفراد الطب ويفضلون عليه ممارسات شعبية أو علاجات غير موثوقة.

وكما يرى دونافان (Donavan, 1995)، فالمرضى في مثل هذه الحالات يتخذون قراراتهم الشخصية حول العلاج بناء على قناعاتهم، وظروفهم الشخصية، والمعلومات المتوفرة لهم. وبالمثل، قد يرفض المعلمون الممارسات المنبثقة عن البحث العلمي عندما لا تتسق مع معتقداتهم حول التعليم والتعلم (Vaughn et al., 1998). فالتقليعات غير المدعومة بنتائج البحث شائعة، ومكلفة، ومثيرة للجدل في الطب وفي التربية أيضاً حيث أن معظم الناس الذين يحاولون تخفيف أوزانهم يستخدمون طرقاً لا يوصي بها الأطباء. وتستقبل منظمات حماية المستهلك شكاوى متكررة حول ما يدعى بانه مخاليط وأدوية لخفض الوزن دون توفر أي دليل يدعم صحة هذه

الادعاءات. كذلك فإن آلام أسفل الظهر المزمنة وهي ثاني أكثر سبب يدفع الناس في أمريكا إلى مراجعة الأطباء تعالج بطرق تستند إلى الموضة والتي لا يتوافر أية أدلة علمية تدعمها. وعندما

تكون الحاجة ملحة فإن أي عون يقترح، حتى في حال عدم وجود معلومات موثوقة على فاعليته، يصبح جذاباً.

وعلى ضوء القاعدة البحثية الواسعة في مهنة الطب حول تحديات الالتزام ومواصلة إتّباع النصائح الصحية، فإننا مرغمون على السؤال عن الأدلة التي تدفعنا إلى ان نتوقع الالتزام بالممارسات المستندة إلى البحث. فإذا كان الالتزام في المجال الصحي منخفض إلى هذا الحد، حتى عندما تكون العواقب خطيرة على المستوى الشخصيـ فلماذا نتوقع أن يكون تنفيذ الممارسات المستندة إلى البحث التربوي مختلفة؟ الواقع أن تنفيذ هذه الممارسات أكثر صعوبة والنتائج أقل وضوحاً، وعليه فمن المتوقع ان تكون درجة الالتزام باستخدام الأساليب المنبثقة عن البحث في التربية منخفضة جداً. وهذا صحيح على وجه التحديد على ضوء النقاط الأربع التالية:

• إن نتائج تنفيذ إحدى الممارسات المستندة إلى البحث ليست واضحة بشكل فوري لمعظم المعلمين.

• يدرك معظم المعلمين الممارسات التي ينفذونها قبل أن يتم تدريبهم على ممارسات مستندة إلى البحث بوصفها ممارسات ذات فاعلية متوسطة على أقل تقدير.

• يدرك معظم المعلمين ان هناك طرقاً عديدة لتعليم الطلبة وأنه لا يوجد إجماع كاف في البحوث العلمية يستوجب تغيير الممارسات التعليمية.

• إن التغيير يزداد صعوبة، وهو يصبح أكثر صعوبة عندما يكون الشخص الذي يتوقع أن يستفيد من التغيير ليس الشخص الذي يطلب منه أن ينفذه.

وبدلاً من الشعور بالقلق كالآخرين إزاء المستويات المنخفضة من الالتزام والاستمرار بتنفيذ الممارسات المستندة إلى البحث من قبل المعلمين، فإننا نعبر عن دهشتنا من مدى الاستمرارية بتطبيق ممارسات تدريسية معقدة في ظل ظروف بالغة الصعوبة. ولا تمثل وجهة

النظر هذه ما يمكن أن يبدو على أنه شكل جديد للمناقشة القديمة حول ما إذا كان الفنجان نصف ممتلىء أم نصف فارغ. فلدينا الكثير الذي نتعلمه من المعلمين الـذين ينفذون ممارسات فعالة ويستمرون بتنفيذها. وتبقى الأسئلة مطروحة حـول أسباب استمرارية المعلمين بتنفيذ هـذه الممارسات وحول ما يجب أن يحدث لتشجيع المعلمين على التوقف عن استخدام بعض الممارسات. كذلك ثمة حاجة لمعرفة مواقف المعلمين من توثيق نتائج هذه الممارسات على مستوى أداء الطلبة. وجوهر الاستمرارية هو ان تتوافر مستويات عالية من الرضا بالنسبة للشخص الذي ينفذ الممارسة. وكما اشارت البحوث المتعلقة بالعادات الصحية، فإن مجرد معرفة أن أسلوباً ما يستند إلى البحث ويرتبط بنتائج قيمة لا يكفي لاستمرارية التنفيذ بمعدل مرتفع.

وينبغي علينا أن ندرك أن ثمة احتمالات للصراع بين الممارسات التي قد تشجع البحوث معلمي الأطفال المعوقين على تنفيذها وبين مهارات المعلمين العاديين أو اهتمامهم بتنفيذ هذه الممارسات (Marks & Gersten, 1998). وقد ترتبط بعض هذه القضايا بالفروق الفلسفية وبالممارسات التدريسية، وقد يرتبط بعضها الاخر بما يعتقد المعلمون أنه يشكل نسبة معقولة علـى مستوى المعلم/ الطلبة. وإذا كان ثمن التغيير أو التنفيذ عالياً والنتاج محدوداً (ربما طالباً واحداً)، فقد يكون لدى المعلمين مبرر لعدم تغيير طرقهم. والبيئة المدرسية غالباً ما تفرض واقعاً يعيق التنفيذ النـاجح للممارسات المنبثقة عن البحث. فعلى سبيل المثال، أصبح المعلمون يعون بشكل متزايد أهميـة التقويم. فإذا كانوا ينفذون ممارسات تعليمية تقود إلى نواتج طيبة لطلبتهم على

الاختبارات، فلن يكون لديهم اهتمام بتغيير تلك الممارسات. ويشكل عامل الوقت معيقـاً ثانياً. فالوقت عامل بالغ الأهمية بالنسبة للمعلمين، فهم لن يميلـوا إلى تنفيذ ممارسات تستغرق وقتاً طويلاً بصرف النظر عن الفوائد المتوقعة (Vaugh et al., 1998).

وكما يذكرنا سينغ (Senge, 1990)، "فالناس يتعلمون ما يحتاجون إلى تعلمه، وليس ما يعتقد آخرون أنهم بحاجة إلى تعلمه" (ص 354). وبـالرغم مـن أن مجتمع البـاحثين يصعب عليه

تفهم هذا المبدأ، فهو صحيح بالنسبة لتنفيذ الممارسات المستندة إلى البحث في التعليم أيضاً. فثمة عوامل حقيقية تكمن وراء امتناع المعلمين أو توقفهم عن استخدام بعض الممارسات التدريسية. وفهم هذه العوامل من شأنه أن يمهد الطريق لتغييرها. فعندما نتعامل مع استمرارية التنفيذ من زاوية التغيير في الممارسة، وفي إطار السلوكيات المتوقعة التي يشجعها البحث العلمي على مستوى العادات الصحية، فليس أمامنا إلا أن نشعر بالدهشة إزاء درجة الالتزام الراهنة بتنفيذ الممارسات الفعالة والاستمرار بالالتزام بتنفيذها في ميدان التربية الخاصة.

ما معنى هذا كله بالنسبة للممارسة؟

نعتقد أن التمحيص في ديمومة الممارسات المستندة إلى البحوث يزودنا بفرصة لفهم أفضل للعوامل المعقدة التي تسهم في استخدام هذه الممارسات على مدى طويل. ونعتقد ايضاً أن البحوث المستقبلية قد تتناول القضايا التي ترتبط باستخدام المعلمين ممارسة تدريسية على المدى الطويل والمدى القصير. علاوة على ذلك، فسيكون من المفيد دراسة الظروف التي تيسر استخدام الممارسات التدريسية على المدى الطويل. فعلى سبيل المثال، هل يستمر المعلمون باستخدام ممارسات مستندة إلى البحث عندما ينفذ المعلمون الآخرون نفس الممارسات؟ وإلى أي مدى يتأثر استخدام الممارسة بالجهة التي تقترح هذه الممارسة؟ وعندما يتم توفير فرص للمعلمين لتدريب ومساعدة زملائهم على تنفيذ ممارسة معينة، فهل تصبح احتمالات الاستمرار بالتنفيذ أكبر؟

والدراسة الطولية (التي تستغرق عدة سنوات) لتنفيذ المعلمين ممارسات تدريسية معينة ضرورية لمعرفة المزيد عن مدى الالتزام بالتنفيذ، أو الامتناع عنه، أو العودة إليه. ونعتقد كذلك أن الحاجة ماسة لفهم دور "المعرفة المعمقة" مقابل دور المعرفة التقليدية. فعلى سبيل المثال، هل يلتزم المعلمون الذين يفهمون جيداً الجذور النظرية للممارسة أكثر من المعلمين الذين لا يعرفون هذه الجذور جيداً؟ وأخيراً، فإننا نعتقد أن هناك حاجة ماسة لدراسة الأثر المرتبط بتنفيذ الممارسة لأن ذلك يساعد في فهم المزيج المطلوب بين التقييم المستند إلى النواتج ودعم المعلمين.

المراجـــع

Ammer. J. (1984). The mechanics of mainstreaming: Considering the regular educators' perspective. **Remedial and Special Education.** 5, 15 – 20.

Ball, D.L. (1995). Blurring the boundaries of research and practice. **Remedial and Special Education,** **16,** 354 – 363.

Donaldson, J. (1980). Changing attitudes toward handicapped persons: A review and analysis of research. **Exceptional Children,** 46 (7), 504 – 514.

Donovan, J.L. (1995) Patient decision making: the missing ingredient in compliance research. The International Journal of **Technological Assessment and Health Care, 11,** 443 – 455.

Fuchs, D., & Fuchs, L.S. (1998). Researchers and teachers working together to adapt instruction for diverse learners. **Learning Disabilities Research and Practice, 13,** 126 – 137.

Gersten, R., Vaughn, S., Deshler, D., & Schiller, E. (1997). What we know about using research findings: Implications for improving special education practice. **Journal of Learning Disabilities, 30,** 466 – 476.

Gersten, R., Walker. H., & Darch, C. (1988). Relationships between teachers' effectiveness and their tolerance for handicapped students **Exceptional Children 54,** 433 – 438.

Greenwood, C. R. (1998). Commentary: Align professional development, classroom practice, and student education for all students. **Learning Disability Quarterly, 21** (1), 75 – 84.

Hudson, F., Reisberg, L. E., & Wolf, R. (1983). Changing teachers perceptions of mainstreaming. **TEASE, 6 (1),** 18 – 24.

Malouf, D., & Schiller, E. (1995) Practice and research in special education. **Exceptional Children, 61,** 414 – 424.

Marks, S. U. & Gersten, R. (1998). Engagement and disengagement between special and general educators: An application of Miles and Huberman's cross-case analysis. **Learning Disability Quarterly,** 21 (1), 34 – 56.

Mastropieri, M. A., Scuggs, T. E. (1998). Constructing more meaningful relationships in the classroom: Menmonic research into practice. **Learning Disabilities Research and Practice, 13,** 138 – 145.

McKenna, B. (1992). Special education research priorities focus on action. **Educational Researcher, 12** (5), 27 – 29.

Peterson, A. (1995) Teacher-research compatibility: A view from both sides. **Remedial and Special Education, 16,** 364 – 367.

Richardson, N. (1990). Significant and Worthwhile change in teaching practice. **Educational Researcher, 19** (7), 10 – 18.

Richardson, V., & Anders, P.L. (1998). A view from across the Grand Canyon. **Learning Disability Quarterly, 21** (1), 85 – 98.

Schumm, J. S., & Vaughn, S. (1995). Getting ready for inclusion: Is the stage set? **Learning Disabilities Research and practice, 10,**   169 – 179.

Senge, P. (1990). **The fifth discipline: the art and practice of the learning organization.** New York: Doubleday Currency.

Stevens, T. J., Braun, B.L. (1980). Measures of regular classroom teachers' attitude toward handicapped children. **Exceptional Children, 46,** 292 – 294.

Stone, C. A (1998). Moving validated instructional practices into the classroom: Learning from examples about the rough road to success. **Learning Disabilities Research and Practice, 13,** 121 – 125.

Vaughn, S., Hughes, M. T., Schumm, J. S. & Klinger, J. K. (1998). A collaborative effort enhance reading and writing instruction in inclusion classrooms. **Learning Disability Quarterly, 21** (1),   27 – 74.

Vaughn, S., & Schumm, J.S. (1996). Classroom ecologies: Classroom interactions and implications for inclusion of students with learning disabilities. In D. S. Speece & B. K. Keogh (Eds), **Research on classroom ecologies: Implications for inclusion of children with learning disabilities** (pp. 107 – 124). Hillsdale, NL: Alabama.

الفصل السابع

قضايا مرتبطة بتطبيقات التكنولوجيا في التربية الخاصة

كفايات التكنولوجيا المساندة الضرورية لمعلمي التربية الخاصة

❖ إنجازات مجلس الأطفال ذوي الحاجات الخاصة
❖ قانون التربية الخاصة الأمريكي والتكنولوجيا الخاصة
❖ تعريف التكنولوجيا المساندة
❖ الكفايات الفنية الأساسية في مجال التكنولوجيا المساندة
❖ مسؤوليات المعلم
❖ خيارات أفضل، فوائد أكثر للطلبة

تكنولوجيا التعليم وإعداد كوادر التربية الخاصة

❖ التعليم عن بعد مقابل التعليم التقليدي

❖ استجابات مؤسسات التعليم العالي

❖ المراجع

المراجع التي اعتمدنا عليها في إعداد هذا الفصل

Hains, A. H. (2000). Instructional technology and personnel preparation. Topics in Early Childhood Special Education, 20 (3), 132-44.

Lahm, E., Nickels, B. (1999). Assistive Technology competencies for special educators. Teaching Exceptional Children, 32(1), 56-63.

مقدمة

يناقش الجزء الأول من هذا الفصل الكفايات المتعلقة بمعرفة التكنولوجيا واستخدامها في التربية الخاصة في الوقت الراهن، ويحاول الفصل حث المعلمين وغيرهم من المهنيين على أن يتحملوا شخصياً مسؤولية تدريب أنفسهم وأن يتحولوا إلى أشخاص ذوي كفاءة في استخدام التكنولوجيا المساندة ليقدموا خدمات أفضل لطلبتهم. وينبغي على المعلمين أن يشاركوا بفاعلية في أنشطة التطور المهني الشخصي المتعلقة بالتكنولوجيا، لأن برامج تأهيل المعلمين لم تبدأ إلا حديثاً بالاهتمام بالمهارات التقنية للطلبة، ويرجع ذلك، جزئياً، إلى أن مدربي المعلمين أنفسهم غير مدربين في التكنولوجيا المساندة، وإلى أن برامج تأهيل المعلمين تطفح بمساقات تتناول كفايات عديدة أخرى ينبغي على المعلمين امتلاكها. وإضافة التكنولوجيا المساندة إلى البرنامج الدراسي تشكل أزمة حقيقية لبرامج تدريب المعلمين قبل الخدمة وبرامج تدريبهم أثناء الخدمة. ومن طبيعة التغير في التربية أنه يتم ببطء، ويجب علينا تلبية حاجات الفئات الطلابية المتغيرة وتوظيف التكنولوجيا المتغيرة، سواء منها التكنولوجيا المساندة أو تكنولوجيا التدريس، في مجال التربية الخاصة، وفهم الكفايات والمتطلبات الجديدة هو بمثابة نقطة البداية.

إنجازات مجلس الأطفال ذوي الحاجات الخاصة

عملت لجنة "المعرفة والمهارات" المنبثقة عن مجلس الأطفال ذوي الحاجات الخاصة في العقد الماضي على تحديد الكفايات الفنية اللازمة في كافة مجالات الإعاقة (CEC، 1998). فبالإضافة إلى الكفايات ذات العلاقة بفئات الإعاقة، قامت اللجنة بتطوير جملة من المهارات والمعارف في أبعاد التربية الخاصة الأخرى غير المرتبطة بفئة معينة مثل: التشخيص، والتنوع الثقافي، والانتقال من المدرسة إلى العمل. وحديثاً، طورت هذه اللجنة الكفايات في مجال التكنولوجيا المساندة. وتم تطوير هذه

الكفايات باستخدام لجنة خبراء (Ono & Wedemeyer, 1994) حيث عرضت 189 عبارة تصف مهارات تتصل بالتكنولوجيا المساندة على 14 من الخبراء المعروفين على مستوى وطني في الولايات المتحدة الأمريكية، وقام كل عضو من أعضاء اللجنة وبشكل مستقل في بداية الأمر بقراءة كل عبارة من العبارات وتقدير مدى أهميتها بوضع إشارة أمام واحد من ثلاثة اختيارات وهي: (أ) ضرورية، (ب) مفيدة ولكن ليست ضرورية، (ج) غير مهمة. وتم تشجيع أعضاء اللجنة على تبرير طريقة تقييمهم للعبارات. وفي جولات لاحقة، طلب من كل عضو الإطلاع على تقديرات أعضاء اللجنة الآخرين وإعادة التفكير بتقديراته إذا رغب، وكانت الجولة الثالثة هي الجولة النهائية وقد تمخض عنها الاتفاق على (51) كفاية.

قانون التربية الخاصة الأمريكي والتكنولوجيا المساندة

بناءً على التعديلات التي تمت على القانون الأمريكي للتربية الخاصة عام 1997، أصبح يتوقع من المعلمين امتلاك جملة إضافية من المعرفة والمهارات. فكل طالب يوضع له برنامج تربوي فردي، ينبغي على المعلمين تحديد مدى الحاجة إلى استخدام التكنولوجيا المساندة لمساعدته على تحقيق أهدافه. وسيواجه المعلمون الذين يفتقرون إلى معرفة التكنولوجيا المساعدة صعوبات في تلبية هذا المطلب دون مساعدة أو تدريب إضافي. ولذلك يحتاج كثير من معلمي التربية الخاصة إلى اكتساب كفايات جديدة في مجال غير مألوف بالنسبة لهم. وقد تم تعريف التكنولوجيا المساندة في قانون التربية الخاصة الأمريكي لعام 1997، وفي نصوص قانونية عديدة أخرى. والتعريف ذو طبيعة عامة ويشمل أدوات تكنولوجية تتراوح ما بين البسيطة وبالغة التعقيد. وقد اعترفت لجنة الخبراء التي قامت بتقدير الكفايات بالفروق الكبيرة بين المعلمين الجدد والمعلمين ذوي الخبرة، واعترفت أيضاً بأن كل عبارة تشتمل عليها

قائمة الكفايات تمثل مدى من المهارات التي ترتبط بخبرة المعلم. ويتطلب الأمر من معلمي التربية الخاصة تعلم المزيد عن التكنولوجيا المساندة عاماً بعد عام.

تعريف التكنولوجيا المساندة

الأداة التكنولوجية المساندة هي أي جهاز، أو جزء من جهاز، أو نظام يتم شراؤه جاهزاً من الأسواق أو يتم تعديله وتكييفه ليستخدم من أجل زيادة أو تحسين القدرات الوظيفية للطفل المعوق، وأما خدمات التكنولوجيا المساندة فهي أي خدمة تساعد الطفل المعوق على اختيار، أو معرفة، أو استخدام إحدى الأدوات التكنولوجية المساندة. ومثل هذه الخدمات تشمل: تقييم حاجات الطفل، وتوفير الأداة التكنولوجية، وتصميم الأدوات التكنولوجية أو تكييفها أو صيانتها أو استخدامها، وتدريب الطفل وأسرته والمعلمين على استخدامها.

وتمشياً مع الهيكل العام المعتمد من قبل مجلس الأطفال ذوي الحاجات الخاصة في مجال الكفايات الفنية، فقد تم تصنيف كفايات التكنولوجيا المساندة ضمن ثمان فئات وهي: (أ) الأسس الفلسفية، والتاريخية، والقانونية للتربية الخاصة، (ب) خصائص المتعلمين، (ج) التقييم والتشخيص، (د) محتوى التدريس وتنفيذه، (هـ) تخطيط وإدارة البيئة التعليمية والتعلمية، (و) تنظيم سلوك الطفل وتعديله وتنظيم مهارات التفاعل الاجتماعي، (ز) علاقات التواصل والتعاون، (ح) التطور المهني والممارسات الأخلاقية. ويبين الجزء التالي من هذا الفصل الفئات الثمان والمهارات والمعارف التي تتضمنها كل فئة منها.

الكفايات الفنية الأساسية في مجال التكنولوجيا المساندة

(أ) الأسس الفلسفية، والتاريخية، والقانونية للتربية الخاصة

1- معرفة القوانين والتشريعات المتعلقة بتكنولوجيا التربية الخاصة.

2- تبني فلسفة وتحديد أهداف استخدام التكنولوجيا في التربية الخاصة.

3- استخدام المصطلحات العلمية ذات العلاقة بتكنولوجيا التربية الخاصة في التواصل الشفهي والكتابي.

(ب) خصائص المتعلمين

4- معرفة خصائص الطلبة المعوقين التي قد تؤثر على استخدام التكنولوجيا.

5- معرفة تأثيرات التكنولوجيا على الطلبة ذوي الحاجات الخاصة.

6- معرفة تأثيرات التكنولوجيا على الطلبة ذوي الإعاقات المتوسطة.

7- تحديد المتطلبات الأكاديمية والجسمية التي يفرضها الكمبيوتر والتكنولوجيا الأخرى على الطالب.

(ج) التقييم والتشخيص

8- تحليل المعلومات عن أداء الطالب، وتلخيصها، وكتابة تقرير عنها للمساعدة في اتخاذ القرارات بشأن التكنولوجيا.

9- تحديد الحاجات الوظيفية للطالب وتحديد مدى الحاجة إلى إجراء تقييم شامل للتكنولوجيا المساندة التي قد تساعده.

10- إحالة الطالب إلى تقييم إضافي في ما يتعلق بالتكنولوجيا إذا كانت المعلومات المتوفرة غير كافية لتطوير خطة.

11- إدراك الحاجة إلى تقييم إضافي في ما يخص التكنولوجيا، وإحالة الطالب إلى اختصاصيين آخرين عند الحاجة.

12- إدراك النتائج الضعيفة في ما يتعلق بالحاجات التكنولوجية، وإعادة تقييم وإعادة تنفيذ العملية عند الحاجة.

13- العمل مع أعضاء فريق التكنولوجيا المساندة لتحديد الأدوات والخدمات التكنولوجية اللازمة لمساعدة الأشخاص على القيام بالنشاطات المطلوبة منهم في بيئاتهم.

14- تحديد أهداف قابلة للقياس لأغراض متابعة مدى التقدم الذي يحرزه الطالب نحو الأهداف المرجوة في ما يتعلق بالتكنولوجيا.

15- ملاحظة وقياس استخدام الطلبة والأشخاص الآخرين للتكنولوجيا المساندة بعد فترة من استخدامها.

16- مقارنة الأداء الفعلي بالأداء المتوقع والأهداف المنشودة في خطة العمل.

17- مقابلة الطلبة، وأسرهم، والقائمين على تعليمهم وتدريبهم لتحديد مدى ملائمة التكنولوجيا المستخدمة لحاجاتهم الراهنة والمستقبلية.

(د) محتوى التدريس وتنفيذه

18- معرفة إجراءات تقييم البرمجيات والأدوات التكنولوجية الأخرى لتحديد إمكانية تطبيقها في برامج التربية الخاصة.

19- تحديد أهداف منهج التربية الخاصة التي يمكن توظيف التكنولوجيا لتحقيقها.

20- تصميم، وتنفيذ، وتقييم الأنشطة التعليمية بمساعدة الحاسوب/ التكنولوجيا.

21- تصميم الأنشطة التعليمية التي تشجع استخدام الطلبة للتكنولوجيا بشكل عادل، وقانوني، وأخلاقي.

22- اختيـار وتشـغيل بـرامج الكمبيـوتر التـي تلبـي الحاجـات التربويـة للطلبـة في بيئـات تعلميـة متعددة.

23- استخدام الكمبيوتر لدعم المراحل المختلفة من عملية التعلم.

24- استخدام التكنولوجيا للتعويض عن معيقات التعلم والأداء.

25- اختيار واستخدام التكنولوجيا المساندة التي تمكن الطلبة من الوصول إلى المـواد التربويـة التـي يتعذر الوصول إليها بأساليب أخرى.

26- استخدام الأدوات المستندة إلى الكمبيوتر لتطوير المواد الصفية.

27- تعليم الطلبة ذوي الحاجات الخاصة استخدام برامج الكمبيوتر لتنفيذ مهمات محددة.

28- تعليم الطلبة ذوي الحاجات الخاصة تشغيل الأجهزة التكنولوجية.

29- استخدام الأدوات التكنولوجية لأغراض الكتابة وإدارة قواعد المعلومات.

30- الحصول على تغذية راجعة من الأشخاص ذوي الخبرة في استخدام التكنولوجيا.

31- فهم الممارسات الميكانيكية والكهربائية الآمنة.

(هـ) تخطيط وإدارة البيئة التعليمية والتعلمية

32- القدرة على العناية بالأدوات والأجهزة التكنولوجية بشـكل مناسـب وتنفيـذ إجـراءات الصيانة الروتينية.

33- إدارة البيئة الصفية لتشجيع استخدام التكنولوجيا.

(و) تنظيم السلوك وتعديله

34- تنظيم أنشطة الكمبيوتر على نحو يشجع حدوث التفاعلات الاجتماعية الإيجابية.

(ز) علاقات التواصل والتعاون

35- معرفة الأدوار التي يقوم بها العاملون في مجالات الخدمات المساندة على صعيد توفير التكنولوجيا للطلبة ذوي الحاجات الخاصة.

36- إدراك الحاجة إلى إحالة مستخدمي التكنولوجيا المساندة إلى اختصاصي آخر لديه خبرة واسعة في استخدامها وتنفيذ الإحالة في الظروف المناسب وبالشكل المناسب.

37- التعرف إلى أدوار أعضاء فريق التكنولوجيا المساندة.

38- تصميم وتنفيذ أنشطة صفية بمساعدة التكنولوجيا على مستوى مجموعات صغيرة.

39- التعاون مع مستخدمي التكنولوجيا ومع أعضاء الفريق الآخرين في استخدام التكنولوجيا المساندة.

40- المشاركة في المشاريع والأنشطة ذات الصلة بالتكنولوجيا.

41- إظهار مهارات فعالة في تشكيل مجموعات من الطلبة وإدارة هذه المجموعات.

42- التواصل الفعّال بشأن قضايا التكنولوجيا (الاستماع، والكتابة، والتحدث).

43- استخدام البريد الالكتروني والمواقع ذات الفائدة على الإنترنت لدعم التدريس.

44- تقديم المشورة لمعلمي الصفوف العادية في ما يتصل باستخدام التكنولوجيا مع الطلبة ذوي الحاجات الخاصة الذين يتم دمجهم.

(ح) المهنية العلمية والممارسات الأخلاقية

45- المحافظة على سرية المعلومات.

46- الاعتراف بمحدودية المعرفة والخبرة.

47- إدراك المهارات والمعرفة الشخصية المتصلة بالتكنولوجيا.

48- تخطيط برنامج تطور مهني طويل الأمد لمعرفة ومواكبة التطورات الجديدة في التكنولوجيا.

49- معرفة الأنشطة والمصادر اللازمة لدعم التطور المهني في مجال التكنولوجيا.

50- معرفة القضايا الأخلاقية، والقانونية، والإنسانية المتصلة بتطبيقات التكنولوجيا في التربية الخاصة.

51- احترام قوانين حماية الملكية الفكرة في ما يتعلق بنسخ وتوزيع البرامج والمواد التكنولوجية.

مسؤوليات المعلم

إن الإجماع على أن هناك (51) مهارة رئيسية يتوقع من معلمي التربية الخاصة إتقانها في ما يخص استخدام التكنولوجيا، قد يدفع بالمعلمين إلى الاعتقاد بأن الحاجات التكنولوجية للطلبة المعوقين تشكل تحديات هائلة. وما يمكن قوله هنا أن هذا الوضع يقضي بتدريب طلبة الجامعات والكليات في استخدام التكنولوجيا المساندة وقيام المعلمين العاملين في الميدان بوضع خطة لتطوير الذات في هذا المجال.

وتتوفر قنوات متعددة لمعلمي التربية الخاصة ومنها: التعلم الذاتي، والتدريب أثناء الخدمة من خلال ورش العمل، ودراسة مساقات محددة. فالمعلم الطموح الذي يرغب في جدول زمني مرن للتعلم يستطيع تصميم برنامج تعلم ذاتي مستخدماً قائمة الكفايات السابقة كدليل، ويمكن الإفادة من عدة مراجع في هذا الخصوص (أنظر: كتب مختارة في مجال تكنولوجيا التربية الخاصة). كذلك تحتوي عدة مواقع على شبكة المعلومات العالمية على معلومات ومواد تدريبية في التكنولوجيا

المساندة. الأسلوب الثاني لتطوير الكفاية في استخدام التكنولوجيا يشمل الاشتراك بورش العمل التي تنفذها الإدارات التعليمية أو المؤسسات المهنية. فبالتعاون والتنسيق مع مدراء المدارس والمشرفين على التربية الخاصة، يستطيع المعلمون الإسهام في إتاحة الفرص لاستضافة خبراء لتدريب كوادر التربية الخاصة والخدمات المساندة في مجالات الكفايات التي تمت الإشارة إليها آنفاً. وأما الأسلوب الثالث لتلقي تدريب في تكنولوجيا التربية الخاصة فهو دراسة مساقات متخصصة في الكليات أو الجامعات. وبالرغم من أن عدد الجامعات والكليات التي تطرح مساقات من هذا النوع محدود جداً، إلا أن توضيح الحاجة قد يسهم في تشجيع بعض الجامعات والكليات على تصميم مساقات خاصة وفي أوقات مناسبة.

خيارات أفضل، فوائد أكثر للطلبة

كلما أصبح المعلمون أكثر معرفة وخبرة بتكنولوجيا التعليم والتكنولوجيا المساندة، صارت قدرتهم على اختيار التكنولوجيا المناسبة أكبر، وازدادت قدرة الكوادر على استخدامها بشكل أفضل. فعلى سبيل المثال، سوف يتم التعرف مبكراً إلى حاجة طفل يعاني من تأخر لغوي شديد إلى أداة للتواصل، وكل شخص يتعامل مع ذلك الطفل سيحصل على تدريب لتشغيل تلك الأداة وسيعرف كيف يعمل على تطوير

المهارات اللغوية للطفل. وكنتيجة لذلك، سيصبح بالإمكان تشجيع الطفل على المشاركة في أنشطة تربوية عديدة وعلى التواصل مع الرفاق ومع الراشدين. ومع تطور مهارات المعلم وخبراته، تتحسن الفرص المتاحة للطلبة المعوقين للإفادة من التكنولوجيا المساندة مثلهم في ذلك مثل جميع الطلبة.

تكنولوجيا التعليم وتطبيقاتها في إعداد كوادر التربية الخاصة

يناقش الجزء الثاني من هذا الفصل تطبيقات تكنولوجيات التعليم في إعداد كوادر التربية الخاصة. ونشير بداية إلى أن توظيف التكنولوجيا التعليمية في إعداد الكوادر في ميدان التربية الخاصة ينطوي على مضامين مهمة بالنسبة لتصميم التدريس وتنفيذه، والتعليم والتعلم، وتطوير الكوادر، والقيادة التنظيمية. ويشير مصطلح "إعداد الكوادر" في هذا الفصل إلى "الاستراتيجيات والعمليات التي تعمل على إيجاد مجموعات من المتعلمين لديها القدرة على النمو والتطور في وجه التغيرات المتواصلة في الميدان". ويشترك في ذلك الأشخاص الذين يقومون بالتعليم (المدربون، الهيئات التدريسية، مقدمو برامج التدريب أثناء الخدمة والكوادر الفنية المساندة) والأشخاص الذين يتلقون التعليم (المشاركون في الورش التدريبية، والدورات، والتعليم المستمر). وتتمثل أهداف هذا الجزء من الفصل في: (أ) تعريف تكنولوجيا التعليم وتقديم أمثلة في مجال التربية الخاصة، (ب) تحديد القضايا الأساسية في سياق التعليم العالي ومناقشة مضامينها في مجال التربية الخاصة، (ج) تقديم أمثلة ومصادر التطبيق العملي لتكنولوجيا التعليم في إعداد الكوادر في مجال التربية الخاصة.

تعريف تكنولوجيا التعليم

لقد تبنت الرابطة الأمريكية لتكنولوجيا التعليم التعريف التالي لتكنولوجيا التعليم: "الأبعاد النظرية والتطبيقية لتصميم، وتوظيف، وإدارة، وتقييم عمليات التعلم ومصادره" (Seels & Richey 1994). وما يثير الاهتمام هو أن التعريف لم يرد فيه كلمة "تكنولوجيا" أو "تقني". ولفهم

مكوّنات هذا التعريف، فإننا نقدم وصفاً موجزاً لكل بعد من الأبعاد الأربعة مستخدمين أمثلة توضيحية في مجال التربية الخاصة.

1- التصميم (Design)

على مدى قرون، استخدم المعلمون أشياء، وأدوات، وكتباً لتشجيع التعلم وتيسيره، ولكن دراسة تكنولوجيا التعليم حديثة العهد نسبياً. فقد أصبح تصميم التعليم ذا أهمية في الحرب العالمية الثانية بسبب الحاجة الماسة إلى تدريب قوة عسكرية ضخمة وتدريب النساء في مهمات التصنيع لدعم القوات العسكرية. وفي الوقت الراهن، فإن تداول المساقات من خلال الكمبيوتر أدى إلى طرح أسئلة جديدة عن التصميم، وتصميم التدريس هو عملية تحديد ظروف التعلم وتتضمن أربعة مجالات: تصميم نظم التدريس، وتصميم الرسائل، وتصميم استراتيجيات التدريس، وتحليل خصائص المتعلم (Seels & Richey 1994).

أ- تصميم نظم التدريس (Instructional Systems Design)

تصميم نظم التدريس هو البناء الكلي لعملية التصميم والذي يشمل تعريف ما سيتم تعلمه، وتحديد العملية التي سيتم تعلمه من خلالها، وتوثيق عملية تصميم وإنتاج المواد التعليمية، وتنفيذ استخدام المواد في السياق المناسب، وتقييم فاعلية المواد وجدواها (Seels & 1994 Richey). وفي برامج إعداد كوادر التربية الخاصة، يقيّم

فريق متعدد التخصصات، وأفراد الأسر، وممثلين عن مؤسسات المجتمع، والإدارات التربوية برنامج التدريب قبل الخدمة من حيث مدى ملائمة هذه الأبعاد.

ب- تصميم الرسائل (Message Design)

يشمل تصميم الرسائل التخطيط لأكثر أشكال الرسائل فاعلية في النظام التدريسي للتفاعل بين المعلمين أو المواد التعليمية والدارس من خلال التركيز على الأمور والتفاصيل ذات العلاقة بطريقة عرض المواد البصرية وإخراجها، وتسلسل الرسائل، والوسط الأكثر فاعلية لنقل وإيصال الرسائل (التعليم المباشر أو الحي، شاشة الكمبيوتر، الفيديو، الأفلام، الخ) (Seels & Richey 1994). وكثيراً ما تتخذ هذه القرارات من قبل المدربين في برامج التدريب قبل الخدمة والتدريب في أثناء الخدمة في مجال التربية الخاصة، وتستند تلك القرارات على الخبرة الميدانية أكثر مما تستند على البحث.

ج- تصميم استراتيجيات التدريس (Instructional Strategies Design)

يشمل تصميم الاستراتيجيات التدريسية مواصفات اختيار وتسلسل الأحداث والأنشطة (على مستوى الحصة، أو المساق، أو البرنامج) والتي تعتمد عموماً على نظريات معينة في التدريس والتعلم، وتحليل السياق والمصادر المتوفرة، وتحليل نوع التعلم المرغوب تحقيقه (Seels & Richey 1994). فعلى سبيل المثال، تختلف الأنشطة والأحداث التي يتم تصميمها لتدريب معلمي الأطفال المعوقين في بداية البرنامج (الفصل الأول من المواد المتخصصة) عن الأنشطة والأحداث في نهاية البرنامج (الفصل الأخير قبل التخرج).

د- تحليل خصائص المتعلم (Learner Characteristics Analysis)

يقدّم تحليل خصائص المتعلم معلومات عن الدارسين الذين يمثلون المستخدمين المستهدفين في النظام التعليمي، وهي معلومات تشتق من تحليل قدرة المتعلمين على تعلم المادة المحددة في الأهداف العامة والخاصة، والتي تشمل أيضاً النجاح السابق في بيئات تعلمية مماثلة،

والدافعية، والذخيرة اللفظية، ودرجة الألفة بأنواع التعليم وأنماط التعلم (Seels & Richey 1994). فعلى سبيل المثال، إن معلمي التربية الخاصة الذين يحملون شهادات جامعية، ويعملون بدوام كامل في غرفة صف، ويتحملون مسؤولية تعليم مجموعة من الأطفال، ويتحملون مسؤولية تعليم مجموعة من الأطفال، ويتحملون مسؤولية العمل مع الأسر، إنما هم معلمون يمتلكون خصائص مختلفة عن تلك التي يمتلكها خريجو الثانوية العامة الذين التحقوا للتو بإحدى الجامعات أو الكليات. خلاصة القول أن التصميم هو بعد رئيسي من أبعاد التكنولوجيا التعليمية، ويقترح على المدرسين الاهتمام بعملية تحديد الظروف الملائمة للتعلم قبل دراسة طرق استخدام وسائط التعلم.

2- توظيف وسائط التعلم (Media Utilization)

يشمل توظيف الوسائط اختيار وسط الاتصالات ونظام تقديمها، فاختيار مقال حديث من مجلة في رزمة تدريبية أو استخدام شريط فيديو يوضح ممارسات صفية معينة هما مثالان على اختيار وسط الاتصالات. وقد يتمثل نظام تقديم الوسط وتوفيره في الفصل في مكان محدد في المكتبة ليتم تصوير نسخة عنه أو في حفظه على قرص كمبيوتر. وقد يتمثل نظام توفير شريط الفيديو في عرضه من قبل المدرس على الطلبة أو في تقديمه عبر موقع خاص على الانترنت.

ومن الواضح أن نظم الوسائط والتقديم تغيرت مع الوقت. فعلى سبيل المثال، كان الوسط في الدراسة بالمراسلة في الماضي هو المادة المطبوعة وكان نظام توفير الوسط هو البريد. وفي الوقت الحالي، قد يشمل الوسط مواد مطبوعة، وفيديو، وأشرطة مسموعة. وأما نظم توفير الوسط فقد تشمل الإنترنت، والخطوط الهاتفية، أو شبكات الأقمار الصناعية. وغالباً ما يستخدم المدرسون والمدربون الوسائط ونظم تقديمها دون اهتمام كبير بملاءمتها للنظام التدريسي- المستخدم مع

الطلبة. وخلافاً لذلك، عندما يختار المدرس الوسط ونظام تقديمه اعتماداً على معايير تنبثق عن عملية تصميم التدريس، تزيد الاحتمالات بشكل ملحوظ في أن يساعد الناتج التقني الطلبة على تحقيق أهدافهم التعليمية بطريقة أكثر فاعلية وأكثر جدوى (Ragan، 1999). ويشمل توظيف الوسائط تبني الابتكارات. فعلى سبيل المثال، عندما يتفحص المدرس قوائم المصادر بهدف اختيار المواد الملائمة للتصميم التدريسي فهو يكون ذا قابلية لاستخدام أي وسط يلزم لتطوير أكثر المواد فاعلية. وعندما تصبح النواتج والعمليات التقنية متوفرة وفي متناول أيدي المهنيين، فهم بحاجة لأن يكونوا في وضع يسمح لهم بتقييمها وتيسير إمكانية وصول الطلبة إلى أفضل المواد الحديثة (Ragan، 1999). وهكذا، يتصل توظيف الوسائط اتصالاً وثيقاً جداً بتطبيق التصميم.

3- الإدارة (Management)

يشمل المجال الثالث في تعريف تكنولوجيا التعليم الإدارة فاختصاصيو التكنولوجيا التعليمية يتحملون مسؤوليات رئيسية فيما يتصل بعدد من المهمات الإدارية بما فيها: (أ) الحصول على المعدات، وصيانتها، واستبدالها، (ب) تنسيق إدارة البرنامج في الحالات التي يعمل فيها فريق من المهنيين عملاً مشتركاً لتصميم نظام تدريسي، (ج) تقديم الخدمات وأشكال الدعم التي تشجع المعلمين والمتعلمين على

استخدام التكنولوجيا، (د) إدارة المعلومات. ويتم تعيين المدرسين أو الكوادر الأخرى الذين ستوكل إليهم مهام تكنولوجيا التعليم على ضوء المؤسسة التربوية، وتنظيمها، وسياساتها وإجراءاتها، وتمويلها. فعلى سبيل المثال، يحتاج المدربون في مجال التربية الخاصة الذين يستخدمون البريد الالكتروني (e-mail) للتواصل مع المتدربين أو المتعلمين إلى معرفة الطرق التي سيستخدمها الطلبة للوصول إلى الكمبيوتر، وكيف سيفتحون حسابات في البريد الالكتروني، وكيف سيتعلمون استخدام البريد الالكتروني، ومن هم الذين يستطيعون تقديم المساعدة. يعتمد المدربون في مجال التربية

الخاصة في معظم الحالات على كوادر أخرى للمساعدة في هذه المهام التقنية. وتزود الإدارة الجيدة الطلبة بالمعلومات عبر البريد الالكتروني في الوقت المناسب وبطريقة فعالة.

4- التقييم (Evaluation)

يستخدم المتخصصون في تكنولوجيا التعليم طرق التقييم التقليدية، ويشمل تقييم التصميم التدريسي عادة تطوير أدوات قياس محكية المرجع بشكل أكبر من أدوات القياس معيارية المرجع لأن المشاريع التي يتم تصميمها لها نواتج محددة بوضوح يمكن أن تصبح معايير للقياس. فاهتمام المتخصصين في تكنولوجيا التعليم ينصب على تقديم معلومات دقيقة وحديثة. وينجم عن التقييم التكويني تحسن جوهري في نوعية المنتج المنجز، بينما ينجم عن التقييم الجمعي معلومات مهمة عن مدى فاعلية التصميم التدريسي بمفرده بمعزل عن المتخصصين الذين قاموا بتصميمه أصلاً. وبالرغم من أن التقييم هو العنصر الأخير في تعريف تصميم التكنولوجيا، إلا أنه يحظى حالياً باهتمام أكبر في التعليم العالي، فثمة نقاش حيوي يجري في الوقت الراهن ما يشكل تفاعلاً تدريسياً ذا نوعية راقية (Ragan، 1999)، ويستعرض الجزء التالي القضايا المهمة في هذا الحقل.

التعليم عن بعد مقابل التعليم التقليدي

من المثير للاهتمام أن التعليم عن بعد ذو تاريخ طويل، حيث أن عمره يزيد عن مائة عام. ويعتبر التعليم بالمراسلة الجيل الأول من مساقات التعليم عن بعد في المجال الأكاديمي، حيث ظهرت البرامج الأولى في أواخر القرن التاسع عشر (Moore & Kearsley, 1996). إضافة إلى ذلك، فإن الأشرطة التعليمية (التي قدمت لأول مرة من قبل جامعة وسكاونسن في عام 1919)، والتلفزيون التعليمي (الذي استخدمته جامعة أيوا لأول مرة في عقد الثلاثينات من القرن العشرين) قد أدخلت

وسائط جديدة للتعليم العالي، وبالرغم من أن نظام محوسب لعقد الندوات التجارية تم تطويره عام 1971، وأول نظام لوحة إعلانات شخصية محوسبة طور عام 1978، إلا أن نظم عقد الندوات عن طريق الكمبيوتر لم تستخدم في تدريس المساقات وتقديمها قبل بداية عقد الثمانينات من القرن العشرين.

وفي الوقت الراهن، فإن التعليم عن بعد من خلال التكنولوجيا متعددة الوسائط والإنترنت يشكل أحدث حل لتقديم التعليم للدارسين الذين لا يستطيعون السفر إلى الحرم الجامعي. وفي العامين الماضيين، استثمرت القطاعات العامة والخاصة بلايين الدولارات في التعليم عن بعد، وحسبما أفادت دائرة التربية الأمريكية. فقد نمت برامج التعليم عن بعد بنسبة 72% من العام 1995 وحتى 1998 في مؤسسات التعليم العالي لوحدها. ويتعلق الجدل الدائر حالياً بطريقة تقديم مساقات التعليم عن بعد ربما إذا كانت هذه الطريقة أضعف أم أقوى من المساقات التقليدية التي تنفذ وجهاً لوجه في قاعة المحاضرات. ويكمن وراء هذا السؤال انبثاق سوق كوني تحث فيه صناعات الاتصالات والخدمات على تطوير وسائط تواصل عالية الجودة. والنتائج هي إمكانية وصول الجمهور إلى المساقات عبر شبكات الكمبيوتر

مما يترك أثراً على السوق المحلي في مجال التعليم التقليدي. وبناء على ذلك، فإن العوامل السياسية والاقتصادية تقتضي فحص نوعية التعليم.

نتائج البحوث العلمية

لم تجد الدراسات التي قارنت بين التعليم عن بعد والتدريس التقليدي في قاعات المحاضرات فروقاً ذات دلالة إحصائية بين فاعلية هذين المنحيين في التدريس. ففي إحدى الدراسات، تمت مراجعة أكثر من 400 دراسة استهدفت تقييم نوعية التعليم عن بعد (,Russell

2000). وقد أظهرت النتائج أنه بصرف النظر عن آلية تقديم المعلومات (من خلال المادة المقروءة أو من خلال البرامج المعقدة المنفذة بوساطة الكمبيوتر أو الفيديو التفاعلي)، كانت فاعلية التعليم متشابهة. إلا أن نوعية الدراسات الأربعمائة كانت موضع تساؤل ولذلك يتعذر التوصل إلى استنتاجات قاطعة. وتستدعي الفجوات العديدة في البحوث المنفذة إجراء المزيد من الدراسات وتوفير المزيد من المعلومات ذلك أن الحقيقة هي أن البحوث: (أ) تركز على تحصيل الطلبة في مساقات محددة وليس على البرنامج الأكاديمي كله، (ب) لا تقدم تفسيراً كافياً لنسبة التسرب الأعلى في برامج التعليم عن بعد، (ج) لا تناقش فاعلية المكتبات المحوسبة، (د) لا تأخذ بالحسبان الفروق في كيفية تعلم الطلبة (Russell,2000). وتدعم هذه النتائج ما توصل إليه تقرير صادر عن الرابطة الأمريكية للمعلمين ورابطة التربية الوطنية حول أربعين دراسة تتعلق بالتعليم عن بعد.

استجابات مؤسسات التعليم العالي

بينت التقارير التي نشرت مؤخراً من قبل جامعة ولاية بنسلفانيا أن أعضاء الهيئات التدريسية يتفقون على "أن التعليم الجيد هو التعليم الجيد". وبكلمات أخرى، فإن الموجهات العامة والمبادئ الأساسية للتعليم الفعّال والبيئات التعلمية تنطبق على كل من التعليم التقليدي في غرفة الصف والتعليم عن بعد. وقد وجد تقرير جامعة الينوي أن نقل التعليم من المباني إلى الكمبيوتر والفضاء يمكن أن يكون فعالاً إذا تم تنفيذه بشكل سليم. وتؤكد الموجهات التي تقدمها

جامعة ولاية بنسلفانيا ذلك بصرف النظر عن مكان أو زمان التنفيذ، حيث أن التركيز على الأهداف التعلمية العامة والخاصة هي الأساس في تصميم، وتطوير، وتقديم، وتقييم البرنامج أو الحدث التربوي (Ragan, 1999).

وعلى المستوى الوطني، اعتمد معهد سياسات التعليم العالي الأمريكي قائمة مواصفات للتعليم عن بعد ذي النوعية الراقية في التعليم العالي. وقد توصل المعهد إلى تلك المواصفات على ضوء دراسة لست كليات تعتبر الأفضل في أمريكا في مجال التعليم عن بعد (وجميع هذه الكليات تمنح شهادات علمية باستخدام الإنترنت كوسط تعليمي). وتهدف المواصفات إلى مساعدة صانعي السياسات، والهيئات التدريسية، والطلبة، وغيرهم على اتخاذ قرارات حكمية فيما يتعلق بنوعية التعليم عن بعد بوساطة الانترنت. ومعظم تلك المواصفات معروفة وبديهية ولكن الدراسة قدمت أدلة علمية على أهميتها. ويقدم الجزء التالي بعض الأفكار العملية حول طرق توظيف المعلومات عبر تكنولوجيا التعليم لإعداد كوادر التربية الخاصة.

تكنولوجيا التعليم

يمثل تصميم مصادر التعلم وتوظيفها بعدين رئيسيين في تعريف تكنولوجيا التعليم، ويوضح الشكل رقم (7-1) أداة يستطيع المدرسون استخدامها لفحص استراتيجياتهم التدريسية، والوسائط التعليمية، ونظم تقديم المعلومات بهدف دعم تعلم الدارسين. وكانت الأداة قد طوّرت لتستخدمها الهيئات التدريسية في تعليم المساقات، ولكن القائمين على برامج التدريب في أثناء الخدمة وتطوير الكوادر يستطيعون أيضاً استخدام هذه الأداة لفحص برامجهم التدريبية. ويقدم

الشكل تعريفات لاستراتيجيات التدريس المعروفة والمتضمنة في أدبيات التربية الخاصة، وثمة حاجة إلى وصف إضافي لأنواع وسائط التعليم.

الشكل رقم (7-1)
أداة مسح وسائط التعلم

الرجاء قراءة ما يلي وفحص مدى تمثيلها لمساقك أو برنامجك التدريبي ومن ثم تحديد الوسائط المختلفة التي استخدمتها لكل إستراتيجية من الاستراتيجيات التدريسية وذلك بوضع إشارة (×) في المربع المناسب.

تعريف المصطلحات

1- التجريب النشط (Active Experimentation) : قيام الطلبة بإجراء دراسات مسحية أو تجريبية، أو تطبيق اختبارات، أو بزيارة مواقع معينة أو أية أنشطة عملية أخرى.

2- دراسة الحالة (Case Study): قيام الطلبة بحل مشكلات حقيقية أو خيالية مستخدمين أنواعاً مختلفة من مهارات التفكير.

3- الأوراق والنشرات (Class Handouts): مواد للقراءة يطورها المدرسون ليتم توزيعها على الطلبة.

4- التعلم التعاوني (Collaborative Learning): قيام الطلبة بالعمل معاً ليعلم أحدهم الآخر مواد جديدة ولإنتاج مشاريع أو وثائق جماعية.

5- الحوار أو المحادثة (Colloquy): أسلوب يتفاعل فيه خبراء مع جمهور.

6- المناظرات (Debates): قيام الطلبة بالمشاركة في مناقشة مسألة معينة وتأييد قضية ما أو معارضتها.

7- الخبرة الميدانية (Field Experience): قيام الطلبة بزيارة مواقع معينة وملاحظتها والمشاركة في أنشطتها.

8- محاضرات الضيوف (Guest lecture): قيام ضيوف بعرض قضية أو مناقشة

موضوع ما.

9- المحاضرة المتقطعة (Interrupted lecture): قيام المدرس بمقاطعة المحاضرة بشكل متكرر لعرض مشكلات، أو تشجيع الأسئلة، أو طلب التفاعل البيني من جانب الطلبة.

10- المقابلات (Interviews): قيام الطلبة بطلب معلومات من أشخاص ذوي خبرة.

11- المحاضرة (Lecture): قيام المدرسين بتقديم المعلومات، وقد تكون هذه المحاضرات موجزة وهذه تسمى محاضرات مصغرة (Mini Lectures).

12- أوراق العمل أو المشاريع الكتابية (Papers / Written Projects): تعيينات كتابية تتعلق بأحد أبعاد المساق.

13- التدريس بوساطة الرفاق (Peer Teaching): قيام الطلبة بتقديم المعلومات أو بقيادة النقاش في غرفة الصف.

14- سؤال وجواب (Question and Answer): قيام المعلمين أو الطلبة بطرح أسئلة، وقد تكون الأجوبة فردية أو جماعية، شفهية أو كتابية.

15- الاختبارات (Quizzes): قيام المدرسين بطرح أسئلة على الطلبة بهدف تقييمهم وقد تكون الإجابات فردية/ جماعية، شفهية/ كتابية.

16- لعب الدور (Role- Playing) والأداء (Performance): قيام الطلبة بتمثيل المواقف، أو القضايا، أو الأدب، بهدف تبيان فهمهم واستيعابهم مفاهيم مهمة، وقد يشمل هذا أيضاً المقابلات الصورية (Mock Interviews) والممارسة العيادية.

17- المحاكاة وتمثيل المواقف (Simulation): قيام الطلبة بتنفيذ سيناريوهات افتراضية بهدف التدرب على صياغة الفرضيات وفحص النتائج.

18- المناقشة ضمن مجموعة صغيرة (Small Group Discussion): عمل الطلبة معاً في مجموعات من 3-5 أفراد لأهداف متنوعة.

المواد التعليمية المحوسبة

الفئة الأولى من فئات الوسط التعليمي في الشكل رقم (7-1) هي المواد التعليمية المحوسبة وتشمل مواقع المنظمات الرئيسية، ومراكز البحث، والوكالات الحكومية على الإنترنت والتي لها أهمية بالنسبة للموضوعات الدراسية. ويقدم موقع مجلس الأطفال ذوي الحاجات الخاصة (Council for Exceptional Children) قائمة بالمصادر في مجال التربية الخاصة (www. CEC-Sped. Org). إضافة إلى ذلك، تتوفر مواقع على الإنترنت حول أدوات تصميم المساقات ومصادر أخرى ذات علاقة بالتدريس وعقد الندوات يساعد المدرسين على تنظيم أدواتهم التدريسية واتصالاتهم بالإنترنت. وقد اشتملت مقالة حديثة في مجلة البحث والممارسة في الطفولة (http://ecrp.Uiuc/Edu.) التي تنشر على شبكة المعلومات الدولية (الإنترنت)

معلومات عن برامج وأدوات تستخدم في التعليم عن بعد في مجال التربية الخاصة المبكرة.

الحجز الالكتروني (Electronic Reserve)

يقدم الحجز الالكتروني وسطاً تستخدمه المكتبات لتخزين الوثائق في ملفات الكترونية يستطيع الطلبة الوصول إليها عبر شبكة الإنترنت. ومن خلالها يصل الطلبة عن بعد إلى القراءات التي يحجزها المدرسون للطلبة كمتطلبات لمساقاتهم. وعن طريق نظام المكتبة الرقمي هذا، يتمكن

الطلبة من قراءة، أو طباعة، أو نسخ المواد التعليمية للمساقات مثل: الفصلات، والفصول، والاختبارات، والمحاضرات. ولأن حقوق الملكية الفكرية محفوظة على شبكة المعلومات الدولية أيضاً، فثمة قيود تفرض على استخدام المراجع (مثلاً: لفصل دراسي واحد). وتستطيع الكوادر الفنية العاملة في المكتبات الجامعية تقديم المساعدة وتقديم الدعم في هذا الخصوص. ويسمح هذا الوسط للهيئات التدريسية في مجال التربية الخاصة بتوفير القراءات والمراجع اللازمة للطلبة.

البريد الالكتروني (Electronic Mail)

يشتمل البريد الالكتروني على رسائل يبعثها شخص إلى شخص آخر، والبريد الالكتروني يمكن أيضاً أن يرسل مباشرة إلى عدة عناوين. وخلافاً للاتصالات الهاتفية، فرسائل البريد الالكتروني ليست اتصالات محددة بوقت معين بل يمكن إرسالها أو قراءتها في أي وقت.

شبكة مجموعات النقاش (Listservs/Reflectors)

تمكّن هذه المجموعات مستخدمي البريد الالكتروني من توسيع مفهوم المجتمع المحلي ليشمل الأشخاص الذين تتشابه اهتماماتهم وإن كانوا من مناطق جغرافية متباينة ومتباعدة. فغالباً ما يستطيع مستخدمو البريد الالكتروني الانضمام إلى مجموعات النقاش عبر الإنترنت، مما يمكّنهم من إيصال رسالة واحدة لكل أعضاء مجموعة النقاش.

المنتديات عبر الإنترنت (Online Forums)

تسمح هذه المنتديات لمستخدمي الإنترنت بعرض المعلومات وتقديم الاستجابات أو المشاركة في مناقشة موضوع معين، وقد تتاح الفرصة لأي زائر مهتم للمشاركة. وقد تقتصر المشاركة على الطلبة المسجلين في المساق فقط. وفي بعض الأحيان، قد تعقد الندوات عبر الأقمار الصناعية حيث يتم استضافة خبراء في مجال معين ومن ثم توفير معلومات عنها عبر الإنترنت.

تقديم المعلومات إلكترونياً (Electronic Presentations)

يمكن تقديم المعلومات الكترونياً بطرائق متنوعة، وأحد الأمثلة المعروفة على ذلك هو برنامج (Power Point) الذي يساعد في تقديم المعلومات ويحسنها. وتوفر المعلومات المقدمة من خلال المواقع على الإنترنت والمقدمة على الهواء مباشرة أحياناً لكل من المدرسين والدارسين قنوات جديدة للتواجد في أماكن وللتفاعل مع أحداث بعيدة عنهم جغرافياً.

التعليم وجهاً لوجه (Face –to- Face Instruction)

ينفذ التعليم وجهاً لوجه عندما يتواجد كل من المدرس والدارسين في المكان نفسه في الوقت نفسه، ومن الأمثلة على ذلك قاعات المحاضرات في الجامعات وورشات العمل والندوات المنفذة في المجتمع المحلي.

التعلم المستقل (Independent Learning)

تصمم مساقات التعلم المستقل (الذاتي) كمساقات بديلة للتعليم الصفي التقليـدي الـذي ينفذ وجهاً لوجه. وتستخدم هذه الطريقة عندما يرغب الطالب في التعلم الذاتي أو عندما لا تسمح ظروفه بالالتزام بالمحاضرات على مدار فصل دراسي كامل. وتبعاً لهذه الطريقة، قد تستخدم أشرطـة الفيديو والأشرطة الصوتية التدريبية بالإضافة إلى القـراءات المقـررة، وقـد ينفـذ الـتعلم المسـتقل في الحرم الجامعي (حيث يسجل الطالب المادة مع أحد أعضـاء الهيئـة التدريسـية) أو في الـتعلم عـن بعد (الإنترنت). ويختار المدرسون أنواعاً شتى من الاستراتيجيات والوسائل التي تتلاءم والأهداف المرجوّة. فقد وصف سميث وزملاؤه (Smith et al.,1998) عدة استراتيجيات وطرائـق تـم اسـتخدامها لاستخدام كل من الإنترنت وبرامج التدريب قبل الخدمة. وبالمثل، فإن عضو هيئـة التـدريس الـذي يصمم مساقاً عبر الإنترنت لا يشمل التفاعل المباشر سوف يراعي أموراً تختلف عن تلك التي يراعيها زميل له يلتقي بالطلبة وجهاً لوجه. كذلك فإن الشخص الذي يشرف على تنفيذ دورة تدريبيـة عـلى نطاق واسع سوف يستخدم أنواعاً مختلفة من الأنشطة والوسائل بما في ذلك استراتيجيات المتابعة.

مقترحات لتنفيذ البرامج

تتمثل إحدى التحديات التي تواجه القائمين على إعداد الكـوادر وتنفيـذ بـرامج التـدريب أثناء الخدمة في القدرة على تقديم المعلومات في البيئة الالكترونيـة الجديـدة. فالهيئـات التدريسـية في الجامعات والكليات غالباً ما تبادر إلى إنشـاء موقـع خـاص لهـا عـلى شـبكة الإنترنـت، بمسـاعدة الزملاء أو خبير في الإنترنت، أو أي شخص آخر. وباستخدام العمل الفريقي المشترك، يصبح توظيـف

التكنولوجيا في تصميم المساقات أكثر تطوراً. وفي الوقت الراهن، يقوم المهنيون ذوو العلاقة بإعداد كوادر التربية الخاصة، سواء أكانوا يعملون داخل حرم جامعي أم خارجه، بدور الخبراء في المحتوى التعليمي، ويعملون مع خبراء في تصميم التدريس وشركاء آخرين ليتعلموا استخدامات تكنولوجيا التعليم. وتوفر معظم الجامعات الأمريكية حالياً فرصاً كافية لأعضاء الهيئات التدريسية للتطور المهني وذلك بتفريغهم من أعباء التدريس لفصل دراسي كامل وتزويدهم بالدعم التقني الذي يحتاجون إليه.

وفي معظم برامج إعداد معلمي التربية الخاصة، يشارك الطلبة في أنشطة عديدة تكون قد صممت لتزويدهم بفرص كافية لتتطور خبراتهم في العمل مع الأطفال والأسر. وتشمل هذه الأنشطة التدريب العملي والتطبيقات الميدانية حيث يمارس الطلبة المهارات التي اكتسبوها في المواد الدراسية ويتعلمون في الوقت نفسه من المشرفين والمعلمين المتعاونين. وفي كثير من المساقات، يصمم المدرسون مناهجهم لتشمل أنشطة مثل: دعوة ضيوف من المجتمع المحلي إلى الصف لمناقشة موضوع ما، أو عرض شريط فيديو، أو قراءة دراسات حالة حقيقية ومناقشتها، أو ملاحظة أطفال ومعلمين في الصفوف الدراسية. ومع توفر الإنترنت على نطاق أوسع، يتوفر الآن للمدرسين مصادر إضافية يمكنهم استخدامها لربط طلبتهم بالعالم الحقيقي.

إن عدد المواقع على الإنترنت يزداد يومياً ويشمل مواقع ترتبط بكل موضوع يمكن تصوره تقريباً. فقد أنشأت مجموعات غير ربحية عديدة، ومنظمات، ووكالات مواقع خاصة بها لنشر المعلومات لمنتسبيها وزائريها. وبالرغم من أن بعض أعضاء الهيئات التدريسية لا يتوفر لهم الوقت، أو الخبرة، أو الإمكانية لإنشاء مواقع خاصة بمسافاتهم وبالأنشطة المرتبطة بها، فإن معظم الهيئات تستطيع تعزيز ودعم مساقاتها يمكن الوصول إليها من خلال المواقع المتوافرة حالياً على شبكة المعلومات الدولية.

وبالرغم من أن كثيراً من الطلبة يكون لـديهم مهـارات معقـدة في اسـتخدام الكمبيـوتر لحظة التحاقهم بالجامعة في الوقت الراهن، فثمة تباين واسع في مهارات الطلبة في مستوى التعليم العالي. وأحد التمرينات البسيطة لمساعدة الطلبة الجدد على تعلم الإنترنت والإفادة مـن إمكانياتـه هو أن يتم إعداد قائمة بالمواقع المهمة ذات الصلة بدراسة الطالب. فلأن المـدرس هـو الـذي يختار المواقع ويحدّد المعلومات المهمة التي يقترح على الدارسين البحث عنها، فإن هذا التمـرين المـدخلي يضمن النجاح ويخفض القلق لدى الطلبة الذين يستخدمون الإنترنت لأول مرة. ويمكن تنفيـذ هـذا النشاط في أحد مختبرات الكمبيوتر، أو فردياً، أو ضمن مجموعات خارج قاعة المحاضرات.

تعيين آخر مفيد هو البحث في عدة مواقع على شبكة الإنترنت وتقييم تلك المواقع. فعلـى سبيل المثال، قد يطلب من الطلبة البحث عن المواقع التي تقدم معلومات للأسر عن حالات الإعاقة الموجودة لدى أطفالها. ولا يهدف ذلك النشاط إلى تعرف على المواقع فقط، وإنما تقيـيم ملاءمتهـا، وفائـدتها، وصحة المعلومـات التـي تقـدمها. ويقـدم بـاكن وألويـا (Bakken & Aloia, 1998) بعـض الموجهات حول ما ينبغي البحث عنه في الموقع على شبكة الإنترنت. فمع زيادة عـدد المواقع، مـن المهم أن يتعلم الطلبة اختيار المواقع الأفضل والأكثر موثوقية.

المراجع

Bakken, J.P., & Aloia, G.F. (1998).Evaluating the World Wide Web. **Teaching Exceptional Children,** **30 (5).** 48-52.

Council for Exceptional Children (1998). **What every special educator should know** (3rd ed.). Reston, Virginia.

Moore, M.G., & Kearsley, G. (1996). **Distance education: A systems approach.** Boston: Wadsworth Publishing.

One, R., & Wedemeyer, D.J. (1994). **Assessing the validity of the Delphi technique. Futures, 26,** 289-304.

Ragan, L. C. (1999). **Good teaching is good teaching: An emerging set of guiding principles and practices for the design and development of distance education.** Cause/Effect [Online], 22(1). Available:http://www.educause. Edu/ir/library/html/cem 9915.html.

Rowland, C. J., Rule, S., & Decker, D. (1996). The promise and practical application of technology to prepare early intervention personnel. **Infants and Young Children,** 9(1), 63-74.

Rule, S., & Stowitchek, J.j. (1991). Use of telecommunications for in-service support of teachers of students with disabilities. **Journal of Special Education Technology, 11** (2), 57-63.

Russell, T.L. (2000). **The no significant difference phenomenon** [Online]. Available: http:// cuda. teleducation. Nb. Ca/ no significant difference.

Seels, B.B., & Richey, R.C. (1994). **Instructional technology: The definition and domains of the field.** Washington, DC: Association for Educational Communications and Technology.

Smith, P. L., & Dillon, C.L. (1999). Comparing learning classroom learning; Conceptual considerations. **The American Journal of Distance Education,** 13(2), 6-23.

Smith, S.J., Martin, K.F., & Lolyd, J. W. (1998). Preparing prospective teachers on the Web. **Teaching Exceptional Children,** 30(5), 60-64.

الفصل الثامن

قضايا مرتبطة بتقرير المصير ونوعية الحياة للأشخاص المعوقين

تقرير المصير

- أهمية تقرير المصير

نوعية الحياة

- المراجع

المراجع التي اعتمدنا عليها في إعداد هذا الفصل

Scholss, P., Alper, S., & Jayne, D. (1993). Self-determination for persons with disabilities: Choice, risk, and dignity. Exceptional Children, 60, 215-225.

Pain, K., Dunn, M., Anderson, G., Darrah, J., & Kratochivl, M. (1998). Quality of life: What does it mean in rehabilitation? Journal of Rehabilitation, 64 (2), 5-11

Ward, M., & Nalloran, W. (1993). Transition issues. OSERS, 6 (1), 4-5.

مقدمة

كان عقد السبعينات عقد التركيز على قضايا تساوي فرص الوصول للمدرسة والعمل لكل الطلبة المعوقين، والتربية المناسبة في البيئة الأقل تقييداً، والتخطيط التربوي الفردي، والضمانات القانونية لحماية حقوق الطلبة المعوقين وأسرهم. وبينت دراسات المتابعة التي أجريت في بداية عقد الثمانينات أن أعداداً كبيرة من الطلبة ذوي الإعاقات كانوا يدخلون حياة معزولة، وغير منتجة، واعتمادية بعد التخرج من المدارس بالرغم من تأكيد التشريعات على المساواة، والدمج، والاستقلالية. وأدّت وهذه النتائج إلى التركيز على مرحلة ما بعد المدرسة أو ما عرف بخدمات الانتقال (Transition) في عقد الثمانينات من القرن الماضي. وعملت هذه القضايا على توسيع دور المدارس ومسؤولياتها نحو الطلبة المعوقين الأكبر سناً، وأكدت هذه القضايا أيضاً على أهمية تطوير العلاقات بين المدرسة وعناصر المجتمع مثل: الأسر، وأصحاب العمل، ومؤسسات خدمة الراشدين، والخدمات الاجتماعية.

وهكذا، تحول الاهتمام في عقد الثمانينات إلى تقييم النواتج الحياتية الفعلية للتربية الخاصة بعد أن كان التركيز في عقد السبعينات ينصبّ على المساءلة (Accountability) من خلال التوثيق ومرافعات المحاكم. فقد بدأت المؤسسات التربوية بتحديد مستويات التكيف في سنوات الرشد لطلبتها في مجالات التربية ما بعد الثانوية، والتوظيف، والعيش المستقل. وبدأت كذلك بتخطيط البرامج التربوية وخبرات العمل لتحقيق هذه الأهداف، وشرعت في متابعة الخريجين والخريجات للتحقق من فاعلية البرامج المدرسية. وتعكس قضايا الانتقال في الوقت الراهن امتداداً لقضايا العقود الثلاثة المنصرمة.

وكانت هناك جملة من القضايا المستجدة في مجال الانتقال من المدرسة إلى العمل في عقد التسعينات من أهمها: تقرير المصير، ومسؤولية المدرسة بالنسبة للانتقال، واستمرارية الخدمات التربوية للطلبة المعرضين للخطر. وأصبح الانتقال من المدرسة إلى العمل يعامل بوصفه "إجازة مرور" لجميع الشباب المعوقين عند مغادرتهم المدارس الحكومية أو الخاصة بمعنى أنه أصبح يتوقع من برامج التربية الخاصة أن تلعب دوراً نشطاً في توفير أشكال الدعم والخدمة اللازمة للأشخاص المعوقين للعيش والعمل في مجتمعاتهم. ولتحقيق ذلك تحتاج المؤسسات التربوية إلى التعاون مع مؤسسات غير تربوية لتوفير خدمات الانتقال هذه. ومن شأن هذا أن يحوّل دور التربية من جهة تبحث عن الخدمات الانتقالية وتسعى للحصول عليها من المؤسسات الأخرى إلى مدارس تحيلهم مبدئياً إلى الأوضاع المجتمعية المناسبة مع توفير الوقت اللازم للمتابعة وذلك قبل أن يتخرج الطلبة منها.

فقد تبين أن معدلات تسرّب الشباب المعوقين من المدارس أعلى بشكل ملحوظ من معدلات تسرب الطلبة العاديين (Wagner, 1991) حيث أشار أحد التقارير إلى أن معدل تسرب الطلبة المعوقين في الولايات المتحدة الأمريكية في عقد الثمانينات كان 27% (OSEP,1992). وكان 90% من أولئك المتسربين من المدارس ما بين 16-17 سنة من أعمارهم. وأشارت دراسات أخرى إلى أن نسب التسرب تتراوح بين 31-35%. وتبين أيضاً أن الوضع الاقتصادي الاجتماعي المتدني يرتبط بمعدلات التسرب المرتفعة. وبناء على ذلك، ثمة حاجة إلى تقديم برامج تربوية مستمرة لخريجي مدارس التربية الخاصة أو المتسربين منها ليتحقق الانتقال الناجح من المدرسة إلى العمل.

وما زالت الحاجة كبيرة جداً إلى تحسين النواتج ما بعد المدرسية للشباب المعوقين. وتجمع المراجع ذات العلاقة على أن خدمات الانتقال تعني جملة من النشاطات التي يتم تصميمها ضمن عملية تركز على: التعليم ما بعد المدرسي،

والتدريب المهني، والتوظيف، والتربية المستدامة، وخدمات الراشدين، والعيش المستقل، والمشاركة في الحياة المجتمعية. ولتحقيق هذه الأهداف يجب أن تتعاون الجهات ذات العلاقة وتنسق في ما بينها عند التخطيط لخدمات الانتقال في البرنامج التربوي الفردي للطالب. وفي الوقت الراهن، لا يعرف سوى القليل حول مدى مشاركة المؤسسات المختلفة في خدمات الانتقال ومدى تأثير سياساتها وإجراءاتها إيجابياً أو سلبياً على التنسيق والتعاون. ويجب أن تركز الجهود على تحديد العوامل المعيقة للتنفيذ الفعال لخدمات الانتقال، وتطوير نماذج فعالة لتنسيق الخدمات الشاملة، وتقييم أثر التنسيق على أوضاع الطلبة وظروفهم.

ويتناول هذا الفصل أهم القضايا المرتبطة بتقرير المصير ونوعية الحياة للأشخاص ذوي الإعاقة. **ففي الجزء الأول يتم تعريف تقرير المصير وتوضيح أهميته بالنسبة للأشخاص ذوي الإعاقة.** ويناقش هذا الجزء ضرورة تحقيق توازن بين المخاطر والمنافع ومتصل الاختيارات وطرق التقييم التقليدية ذات العلاقة بتقرير المصير وطرق تطوير القدرة على الاختيار. **وفي الجزء الثاني يوضح الفصل معنى نوعية الحياة ويناقش القضايا المرتبطة به ويراجع الأدبيات ذات العلاقة ويبين المضامين التأهيلية لنوعية الحياة.**

تقرير المصير (Self-Determination)

يتعاظم الاهتمام باتخاذ القرار، وبقدرة الشخص المستهلك على الاختيار، وبالدفاع عن الذات في أدبيات التربية الخاصة والتأهيل باعتبارها مواصفات ضرورية لمشاركة الأشخاص المعوقين الناجحة في المجتمع. فالهدف الأسمى للتربية هو زيادة قدرة جميع الطلبة على تحمل مسؤولية إدارة شؤونهم الذاتية. ويتطلب تحقيق هذا الهدف تغييراً رئيسياً في الطرق المستخدمة في تعليم وتنشئة الشباب

المعوقين في كل من المدرسة والبيت. وذلك يعني ضرورة تطوير برامج واستراتيجيات ملائمة لمساعدة الطلبة وتشجيعهم على المشاركة في تنفيذ عملية التخطيط للمرحلة الانتقالية.

وتقرير المصير هو قدرة الشخص على دراسة البدائل واختيار المناسب منها فيما يتعلق بالسكن، والعمل، ووقت الفراغ. ويرجع الاهتمام المتزايد بتعليم مهارات تقرير المصير للأشخاص المعوقين لأسباب متنوعة. أولاً، هناك قاعدة فلسفية متزايدة تدعم توفير فرص الاختيار للأشخاص المعوقين لأسباب متنوعة. فالأدبيات المتخصصة تشير بوضوح إلى أن التطبيع ونوعية الحياة يرتبطان ارتباطاً وثيقاً بقدرة الشخص على الاختيار من بين عدة بدائل. ثانياً، ثمة دراسات علمية تبين أن الأشخاص ذوي الإعاقات يستطيعون تعلم مهارات الاختيار وقد تهيئ مثل هذه الدراسات الفرص لإحداث تغيير مهم في طرائق تدريب الأشخاص الذين ينظم المهنيون حياتهم ويتحكمون بها. إضافة إلى ذلك، فإن من شأن توفير فرص اتخاذ أبسط القرارات (مثل: ماذا نأكل؟) أن يحسّن نوعية الحياة. ثالثاً، توصلت دراسات المتابعة لخريجي التربية الخاصة إلى نتائج مخيبة للآمال حيث أفاد الباحثون أن معظم الشباب المعوقين لم يحققوا انتقالاً ناجحاً إلى مرحلة ما بعد المدرسة. ويعرض الجزء الأول من هذا الفصل مبررات تعليم تقرير المصير، ويقدم إطار عمل لتوسيع قاعدة الاختيار للأشخاص المعوقين استناداً إلى تحليل منتظم للمخاطر والفوائد.

أهمية تقرير المصير

مع تزايد الجهود المبذولة لتمكين الأشخاص المعوقين من العيش، والالتحاق بالمدرسة، والعمل، وقضاء الوقت الترويحي في الأوضاع المجتمعية، تزداد الحاجة للتأكيد على تطوير القدرة على تقرير المصير. فقد كتب ولفنسبيرجر

(Wolfensberger, 1972) يقول: "يجب أن نساعد الشخص ليصبح قادراً على أن يختار لنفسه من البدائل التي تعتبر أخلاقية، وإذا كان الشخص قادراً على الاختيار ذي المعنى، فعليه أيضاً أن يتحمل نتائج اختياره" (ص،238). وفي مقال أصبح كلاسيكياً في الوقت الراهن، أشار بيرسكي (Perske,1972)

إلى وجود علاقة بين الاختيار، والخطر، والكرامة. فقد لاحظ بيرسكي أن الأشخاص غير المعوقين يواجهون قرارات عديدة تتضمن درجة ما من الخطر الجسمي أو العاطفي. وبناء على ذلك فهو يرى أن حرمان الأشخاص المعوقين من حق الاختيار حماية لهم من الخطر يحط من كرامتهم. ودافع بلات (Blatt, 1987) عن حقوق الأشخاص المعوقين، بما في ذلك حقهم في الإختيار والمجازفة. فحرية الاختيار، كما يقول بلات، وحتى الاختيارات التي قد تنتهي بالأذى، هي حرية يتعامل معها معظم الناس بالتقدير والاحترام. فلماذا يتم تبني موقف مختلف عندما يتعلق الأمر بالأشخاص المعوقين؟

لقد قدمت البحوث ذات العلاقة بقدرة الأشخاص المعوقين عقلياً على اتخاذ القرارات وحل المشكلات دعما كبيرا لتعليم تقرير المصير. فقد بيّن زلتن وجاليمور (Zeltin & Gallimore, 1983) أن الأشخاص ذوي الإعاقة العقلية البسيطة إلى المتوسطة يستطيعون تعلم استراتيجيات اتخاذ القرار بمساعدة التلقين اللفظي المنتظم الذي يتم من خلال قيام المعلم بطرح الأسئلة. وقد اقترح هؤلاء الباحثون أن استراتيجيات التدريس المستخدمة تقليدياً في صفوف التربية الخاصة (مثل التركيز على تعليم الاستجابات استظهارياً وتوفير بدائل محدودة للطالب ليختار منها) قد تحول دون توفر الفرص اللازمة لتعلم مهارات اتخاذ القرارات. وركز باحثون آخرون على مساعدة الأشخاص ذوي الإعاقات

الشديدة على الاختيار والتعبير عن الأشياء التي يفضلونها. فقد طوّر جود وجادي (Goode & Gaddy, 1976) أداة ملاحظة لمعرفة اختيارات الأشخاص المتخلفين عقلياً، والصم، والمكفوفين ذوي الإعاقات المتعددة. وبيّن بارسونز وريد (Parsons & Ried, 1990) كيف أن إجراء تقييم يشمل المطابقة بشكل متكرر مكّن الأشخاص ذوي التخلف العقلي الشديد جداً من التعبير عن الطعام والشراب المفضل بالنسبة لهم. ووصف كوجل وداير وبيل (Koegel, Dyer, & Bell, 1987) أسلوباً لتعرّف أنشطة اللعب

المفضلة بالنسبة لأطفال لديهم تخلف عقلي وتوحد. وأفاد هؤلاء الباحثون أيضا بحدوث انخفاض في السلوكيات الاجتماعية التجنبية عندما شارك الأطفال في أنشطة اللعب التي اختاروها وحدث عكس ذلك عندما شاركوا في أنشطة اختارها شخص راشد لهم.

كذلك أشارت دراسات المتابعة إلى حاجة الأشخاص المعوقين إلى مهارات تقرير المصير. فقد بينت هذه الدراسات أن أقل من ثلث الراشدين المتخلفين عقلياً يعملون في حين أن المعدّل الكلي للتوظيف في أمريكا يبلغ حوالي 95%. وتقل نسبة الأشخاص المعوقين في مرحلة ما بعد المدرسة الذين يلتحقون ببرامج تدريب مهني عن 15% مقارنة بما نسبته 56% من خريجي المدارس الثانوية غير المعوقين. وأكثر من 40% من الراشدين المعوقين يحصلون على رواتب تقل عن الحد الأدنى للدخل

(Harris and Associates). ويفيد الباحثون المهتمون بدراسة أسباب الإخفاق المهني في أوساط الراشدين المعوقين بأن عدداً قليلاً منهم يفشلون في الحصول على وظائف أو يفقدون وظائفهم بسبب عدم قدرتهم على تأدية المهمات المطلوبة. ولكن السبب يرتبط بالافتقار إلى مهارات اتخاذ القرارات المناسبة فيما يتعلق بالعمل وبعدم القدرة على التكيف مع ظروف العمل. وأشار هاريس وزملاؤه (Harris and Associates, 1986) إلى أن 8% تقريباً من الناتج القومي الكلي في الولايات المتحدة الأمريكية ينفق سنوياً على الأشخاص المعوقين العاطلين عن العمل أو الذين يعملون دون المستوى المقبول، ومعظم المبالغ التي تنفق تشجّع الاعتمادية وليس الاستقلالية. وقارن شلوس وزملاؤه (Schloss et al., 1987) الدخل الإجمالي للأشخاص المعوقين العاملين بدخل

الأشخاص الذين يحصلون على دعم اجتماعي (مثل: الضمان الاجتماعي، والدعم الغذائي، الخ). وقد وجد هؤلاء الباحثون أنه لا توجد فروق جوهرية في الدخل بصرف النظر عن العمل أو الاعتماد على الرعاية الاجتماعية. ويحتمل أن تكون الرغبة في الحصول على الأمن الجسمي والعاطفي، مقرونة بالتوقعات المتدنية، قد عملت على الحد من الاختيارات المتاحة للأشخاص المعوقين. وقد يكون عجزنا عن عمل ما يجب لتقرير المصير عائقاً رئيساً أمام الدمج الشامل للأشخاص المعوقين في حياة المجتمع.

تحقيق التوازن بين المخاطر والمنافع

بالرغم من المواقف المؤيدة لحق الأشخاص المعوقين في ممارسة الاختيار الحر، يحذر المؤيدون من أن منحهم حرية الاختيار دون حدود وقيود قد لا يكون في صالح صحة الشخص ورفاهه. كذلك قد تنطوي ممارسة الشخص المعوق تقرير المصير على انتهاك لحقوق الآخرين. فعلى سبيل المثال، قد يعتقد أولياء الأمور أن حقهم في اتخاذ القرارات بشأن المخاطرة المعقولة بالنسبة لأطفالهم يغتصب عندما يدافع المهنيون عن حق أطفالهم في المجازفة. وكما يرى كامينر وجدريسك (Kamminer & Jedrysek, 1987) فإن معرفة المهنيين بحالات الإعاقة أفضل من معرفة أولياء الأمور، ولكن أولياء الأمور أكثر معرفة بسلوك أطفالهم وبالمخاطر المحددة في حياتهم اليومية.

وفي مراجعة للأدب المتصل بالمخاطر الجسمية للأطفال والشباب المتخلفين عقلياً، لم يجد كامينر وجدريسك (Kaminer & Jedrysek, 1987) سوى عدد قليل من التقارير حول تقييم المجازفة. وأكد هذان المؤلفان على الحاجة إلى مزيد من التقييم المستند إلى البيانات للمخاطر على ضوء عمر الشخص وقدراته، وطبيعة المخاطر التي يواجهها في الأوضاع المجتمعية بشكل متكرر. وأكد هذان المؤلفان أيضا على الحاجة

إلى الحفاظ على توازن بين حرية الاختيار للشخص المعوق وبين حقوق أسرته وحاجاتها وحاجات الأشخاص الآخرين وحقوقهم. وأضاف هذان المؤلفان أن القرارات المتعلقة بتقرير المصير ومستوى المخاطر المعقولة تصبح أكثر حكمة إذا استندت إلى البيانات وليس إلى القيم فحسب.

ومن المهم أن يتمتع جميع أفراد المجتمع بالحرية، فمجرد وجود الإعاقة يجب أن لا يقود إلى تعليق أو تعطيل الضمانات الدستورية دون تحليل إضافي. فالحرمان من الحقوق يجب أن لا يحدث إلا بعد تحليل قضائي. ولسوء الحظ، غالباً ما يستند هذا التحليل إلى منطق ساذج ومعلومات محدودة. فقد استنتج كوب (Cobb, 1973)، مثلاً، أن الأشخاص المعوقين يتعرضون لمواقف

سلبية من المجتمع، ويعني ذلك أن الأشخاص المعوقين يعـاملون بوصـفهم غـير مـؤهلين للضـمانات الدستورية بسبب إعاقتهم. فمنح الحقوق لا يحصل إلا بعد التأكد من أهلية الشـخص. ومـن جهـة أخرى، فإن مجتمع الدمج يستثمر الافتراضات الايجابية، فحقوق الإنسان لا تعلّق إلا بعـد أن يثبـت عدم أهليته.

ويصـف الجـزء التـالي نموذجـاً لاتخـاذ القـرار يسـتند إلى المواقـف الإيجابيـة للضـمانات الدستورية، وهو يقدم مجموعة من القواعد المتصلة باتخاذ القرار والتـي تضـمن تعليـق الحقـوق فقط عندما يتوقع أن يقود تقرير المصير إلى مخاطر جسمية وعاطفية غير مشروعة.

متصل الاختيارات

يسمح المتصل ثلاثي الأبعاد بتوسيع قاعدة الاختيار للأشخاص المعوقين، ويقوم هذا المتصل على الافتراضات التالية:

1- إن الناس لا يحرمون من الحريات لأسباب اعتباطية أو ازدرائية.

2- للإنسان الحق في التعبير عن رغباته إلى أقصى حد ممكن، وينبغي على الآخرين أن يحترموا كامل رغباته تلك.

3- لا تحجب الخدمات عندما تكون ضرورية للصحة أو الأمن.

4- يجب الحفاظ على توازن بين المنافع والمخاطر.

5- إن قدرة الشخص على اتخاذ القرارات عملية دينامية، ويعني ذلك أن إمكانية الاختيار قـد تصبح أكبر عندما ينتفع الإنسان من تعلم جديد.

ويتم استخدام متصل الاختيارات بناءً على دراية بأن التقييم الشامل للفرد قد يشير إلى الحاجة إلى تعليق الحقوق أو حجبها. فعلى سبيل المثال، قليلون هم الذين سيدافعون عن حق الأشخاص المكفوفين في الحصول على رخصة قيادة سيارة. وفي بعض الحالات الأخرى، تكون القرارات حول الاختيار الحر جدلية ومثيرة للنقاش. فعديدون هم الذين قد يتساءلون عن مبررات تقييد الحقوق الجنسية للأشخاص ذوي الإعاقة العقلية. ولا تستطيع جهة بمفردها أن تحل مثل هذه القضايا. وتمثل العملية التي يقدمها هذا الفصل منحى منتظماً لضمان احترام الحقوق. وتبدأ هذه العملية بدراسة واعية للشخص، وأسرته، والظروف الاجتماعية المحيطة به، والعوامل الأخرى ذات العلاقة. وبناءً على هذه الدراسة، تستطيع مجموعة من الأفراد المهتمين جنباً إلى جنب مع الشخص المعوق إصدار الأحكام المناسبة. وكما أكدنا سابقاً، فالغاية من الأحكام هي تحقيق توازن بين المخاطر والفوائد المتوقعة من المسؤولية الشخصية والحرية.

البعد الأول: مدى مشاركة الشخص المعوق في اتخاذ قرار

يتعلق البعد الأول من أبعاد متصل الاختيار بمدى إسهام الشخص المعوق في اتخاذ قرار معين. ولهذا البعد خمسة مستويات تتراوح بين عدم الإسهام والتحكم الكامل بالقرار، وهذه المستويات هي:

1- يتحمل الشخص مسؤولية كاملة عن اتخاذ القرار بشأن حدث معين في حياته اليومية. وقد يستشار أولياء الأمور والمهنيون ويطلب منهم إبداء آرائهم. فقد يخطط الشخص

المتخلف عقلياً، مثلاً، وجبات الطعام التي سيتناولها على مدى ثلاثة أيام ثم يختار المكان الذي سيشتري الطعام منه.

2- يساهم أولياء الأمور أو المهنيون في اتخاذ القرارات، ولكن الشخص المعوق هو الذي يتخذ القرار النهائي ويكون قراره ملزماً. فقد يساعد المهنيون شخصاً معوقاً في اختيار شقتين مناسبتين ولكن القرار النهائي يتخذ من قبل الشخص المعوق.

3- ينظر إلى عملية اتخاذ القرار بوصفها عملية ثنائية متبادلة يكون الشخص المعوق فيها شريكاً كاملاً. فقد يحضر الطالب الاجتماعات المتعلقة ببرنامجه التربوي الفردي ويسهم في تحديد الأهداف حسب أولوياتها بالتعاون مع ولي الأمر أو المهنيين.

4- تتخذ القرارات من طرف أولياء الأمور والمهنيين ويسهم الشخص المعوق إلى حد ما. فعلى سبيل المثال، قد يطلب من الشخص المعوق أن يعبّر عن رغبته في العيش في شقة بمفرده أو مع زميل، ولكن القرار النهائي يتخذ من قبل الآخرين.

5- لا يشارك الشخص المعوق في اتخاذ القرارات ذات العلاقة بحياته اليومية، فكل القرارات تتخذ من قبل أولياء الأمور أو المهنيين. وهذا هو الحال، غالباً، في مؤسسات الإقامة الداخلية الكبيرة.

البعد الثاني: درجة المجازفة

البعد الثاني من أبعاد متصل الاختيار يتعلق بطبيعة القرار أو الاختيار، وعلى وجه التحديد، يرتبط هذا البعد بدرجة المخاطر الجسمية، أو العاطفية، أو الاقتصادية، أو القانونية

المحتملة.وينصب الاهتمام على وجه الخصوص على النتائج الخطرة للاختيار الخاطئ، ويشمل هذا البعد أربعة مستويات:

1- يتضمن الاختيار بعض الإمكانية لمخاطر فورية ولكن الاحتمالات قليلة جداً في أن ينطوي الاختيار على أذى طويل المدى للشخص أو للآخرين. وتشمل هذه الأنشطة في العادة الأحداث الروتينية (مثل: الطعام الذي سيتم تناوله، أو القميص الذي سيتم ارتداؤه).

2- يتضمن القرار مجازفة بسيطة مع إمكانية محدودة جداً لحدوث مخاطر طويلة المدى للشخص أو للآخرين. وأحد الأمثلة على ذلك أن يختار الشخص إنفاق المال المخصص لوجبة الغداء على لعبة فيديو وعدم تناول الغداء نتيجة لذلك. مثال آخر هو أن يستقل الشخص باصاً خاطئاً وأن يضل طريقه نتيجة لذلك.

3- ينطوي الاختيار على احتمال من المستوى المتوسط أن يتعرض الشخص أو الأشخاص الآخرون لأذى على المدى الطويل. فعلى سبيل المثال، إن زواج

المرأة من رجل مدمن ينطوي على مجازفة من المستوى المتوسط في أن تتعرض لسوء المعاملة والأذى.

4- ينطوي القرار على الأذى الشخصي. فعلى سبيل المثال، من المؤكد أن ينتج عن إساءة استعمال العقاقير يومياً أذى شخصي طويل المدى.

البعد الثالث: مدى إلزامية المشاركة

يؤكد البعد الثالث من أبعاد متصل الاختيـار عـلى درجـة إلـزام الشخص المعـوق بقبـول مشاركة الآخرين في عملية اتخاذ القرار. وتتوافق درجة الالزام مع المستويات الخمسة التي يتضمنها البعد الأول على النحو التالي:

1- الإسهام الخارجي (رأي الأطراف الأخرى) غير ملزم، فالشخص المعوق يقرر مدى حاجته إلى آراء الآخرين إزاء قضية معينة. وبعد الاستماع إلى آرائهـم، فهـو قـد يقبلهـا أو يرفضها. فعلى سبيل المثال، قد يطلب الشخص المعوق نصائح الآخرين فيـما يتعلـق بإعلانـات توظيف، ولكنه يتخذ القرار النهائي بشأن الوظيفة التي سيقدم طلباً لها.

2- الإسهام الخارجي ملزم فيما يخص جزءاً معيناً من القرار. فـوليّ الأمـر أو المهنـي يشـير إلى الملابس الملائمة للطقس المتوقع، والشخص المعوق هو الذي يتخذ القرار النهائي بشـأن الملابس المقترحة.

3- الإسهام الخارجي ملزم عندما يعطي إسهام الشخص المعوق وزنـاً مسـاوياً في تطويـر مـدى من الاختيارات. فعلى سبيل المثال، يتم أخذ اهتمامات وميول الشخص المعوق المهنيـة في الحسبان عند تطوير مواقع التدريب المهني.

4- الإسهام الخارجي ملزم، ويؤخذ رأي الشخص المعوق بالاعتبار إذا اعتقد الآخرون ذلك. فقد يسأل الشخص الذي لديه سكري عـن الطعام الـذي يفضله، ولكـن السـماح أو عـدم السماح له بتناول الطعام الذي يفضله يعتمد على آراء الأطباء.

5- الأشخاص الآخرون هم الذين يتخذون القرارات، ويحدث ذلك إذا كانت قدرات الشخص المعوق لا تسمح له بالإسهام في عملية اتخاذ القرار بشكل آمن، أو إذا كانت الظروف قد حالت دون توفر اختيارات له.

ويجب أن يتقرر مدى المسؤولية التي يتم منحها للشخص المعوق لاتخاذ القرار (البعد الأول)، ومدى الضرر الذي سينجم عن الاختيار السيئ (البعد الثاني)، ومدى إلزامية الآراء الخارجية (البعد الثالث) على مستوى كل اختيار على حدة عند منح الأشخاص المعوقين الحرية الشخصية أو عند الحدّ من هذه الحرية. ويرتبط الحكم على مدى أهلية الشخص للاختيار بقدرته على إصدار أحكام فعالة ضمن كل فئة من فئات المجازفة. ويعتمد الحكم على قدرة الشخص بدوره على معرفة المهارات الأساسية التي يمتلكها الشخص فيما يتعلق بالقرار، وخبراته السابقة المتصلة بالقرارات المماثلة، ومدى معاناته من مشكلات اجتماعية وانفعالية قد تؤثر في قدرته على اتخاذ قرار مناسب. والهدف النهائي لكل اختيار هو أن يمارس الشخص أقصى درجة من الحرية الشخصية وبأدنى درجة من المجازفة الشخصية. فعلى سبيل المثال، قد يمنح الشخص الأقل قدرة درجة عالية من تقرير المصير في المواقف التي تنطوي على مخاطر قليلة. فهو يعطى حرية مطلقة في الاختيار من الأشياء التي لا تنطوي على أية مخاطر، ولكنه يعطى حرية أقل (مع إسهام أشخاص آخرين) في المواقف التي تنطوي على درجة متوسطة من الضرر الدائم. وأما الشخص الأكثر قدرة فقد يعطى مطلق الحرية في الاختيار في كل المواقف ما عدا المواقف التي قد تنطوي على أذى

طويل الأجل. وفي هذه المواقف المتطرفة، فإن مشاركة أولياء الأمور، والمهنيين، والأشخاص المعوقين في عملية اتخاذ القرار مطلوبة. وكما أشرنا آنفاً، يعتبر تقييم الشخص المعوق بعناية وشمولية مركزياً عند تحديد مدى قدرته على اتخاذ القرارات. والتقييم مهم كذلك لتحديد الأهداف ولتطوير الاستراتيجيات لتوفير الفرص الطبيعية للاختيار. ولهذا، يناقش الجزء القادم من هذا الفصل طرق التقييم.

طرق التقييم التقليدية ذات العلاقة بتقرير المصير

يجب أن تكون طرق التقييم ملائمة للأهداف المرجوة وأن تقدم المعلومات اللازمة لاتخاذ القرارات التربوية والتدريبية. وقد لا تكون المتغيرات المهمة بالنسبة للقرارات التربوية مهمة بالضرورة بالنسبة للقرارات المتعلقة بالاختيار. فعلى سبيل المثال، بالرغم من أن نتائج اختيار الذكاء ترتبط بقوة بالنجاح في المدرسة، فإنها تخفق في تحديد السلوكيات اللازمة لاتخاذ القرار بشكل صائب. وقد أكد ساتلر (Sattler,1974) على أن اختبارات الذكاء تخفق في قياس العمليات التي تكمن وراء الاستجابة بطريقة معينة. فهذه الاختبارات قد لا تساعد في التنبؤ بالنواتج الوظيفية (النجاح في العمل، التكيف في المجتمع، الخ). وهي أيضاً لا تتعامل بشفافية مع الحلول الإبداعية أو غير المألوفة للمشكلات اليومية. وبالمثل، قد لا تكون مقاييس السلوك التكيفي فعالة عندما تستخدم بمفردها لقياس قدرة الشخص على تقرير مصيره. فالسلوك التكيفي يشير إلى قدرة الشخص على ممارسة الاستقلالية الشخصية وتدبّر المتطلبات الاجتماعية للبيئة على نحو يشبه الأشخاص الذين هم من عمره ومن ثقافته. وقد تحدد مقاييس السلوك التكيفي الحاجات التدريبية الفورية ولكنها لا تستطيع أن تتنبأ بالأداء طويل المدى. فكما أشار ليلاند (Leland,1978)، يشكل التعامل مع المتطلبات الاجتماعية "البعد القابل للتغيير من أبعاد التخلف

العقلي، وهو يعكس أساساً تلك السلوكيات التي يمكن تغيرها بطرق العلاج أو التدريب المناسبة" (ص،28). ولا تقيس أدوات تقييم السلوك التكيفي سوى عينة من السلوكيات قليلة العدد. وأما تقرير المصير، فهو معقد جداً ويعتمد على التفاعل الدينامي للشخص مع البيئة، وهذا التفاعل قد يتعذر قياسه باستخدام أي مقياس من المقاييس المقننة للسلوك التكيفي.

ويتم تحديد الأهداف طويلة المدى وقصيرة المدى ضمن أبعاد متصل الاختيار اعتماداً على قدرة الشخص على معرفة حدوده الشخصية. فاتخاذ قرار بالسماح لشخص كفيف بالسفر بمفرده يستند إلى مهاراته في التنقل المستقل باستخدام العصا أو أي أسلوب آخر. وقرار استخدام كرسي

متحرك الكتروني يعتمد على قدرة الشخص على تشغيل هذا الكرسي بطريقة آمنة بالنسبة له وللآخرين. وعلى ضوء هذه القيود، يقترح هذا الفصل منحى ايكولوجيا (بيئياً) لتحديد القدرة الراهنة على الاختيار، ويصف الجزء التالي في هذا الفصل تقييم القدرة على الاختيار في ضوء المواقف المحددة. ويأخذ التقييم على ضوء الموقف ثلاثة أشكال. وكما في متصل الاختيار، يعتمد مدى تداخل مجالات التقييم على درجة المجازفة المحتملة وعلى درجة مهارة الشخص المعوق. وتقدم نتائج التقييم الأول (قدرة الشخص على اتخاذ قرار خاطئ) والتقييم الثاني (المخاطر المرتبطة بالاختيار الخاطئ) موجهات للتقييم الثالث (درجة المساعدة الخارجية التي يحتاجها الشخص للتوصل إلى اختيار ملائم). وفيما يلي وصف لكل بعد من أبعاد التقييم هذه.

وكما تم التأكيد سابقاً، تتحدد درجة المخاطرة المرتبطة باختيار ما بمدى الاستجابات المحتملة للشخص. فالشخص الذي كان وقته الحر في الصف في الماضي يقتصر على أنشطة أكاديمية واجتماعية قد يمنح إمكانية الاختيار في المستقبل دون أي قيود. وعلى العكس من ذلك، قد تفرض على الطفل الذي أصبح عدوانياً أثناء الوقت

الحر قيود من قبل المعلم. فالمخاطر المرتبطة بالاستجابات المحتملة في المثال الأول منخفضة جداً، في حين أنها مرتفعة في المثال الثاني.

وبالمثل، فإن الشاب قد يمنح حرية اتخاذ القرار فيما يتعلق بالطعام إذا تبين من متابعة غذائه أنه يحافظ على توازن غذائي مناسب. أما إذا بينت المتابعة أنه يكثر من تناول الدهون والنشويات ولا يتناول كميات كافية من الفيتامينات والأملاح المعدنية فقد يتحكم الآخرون بنظامه الغذائي. وتستخدم ثلاث طرق لتقييم احتمالية اتخاذ الشخص المعوق قراراً خاطئاً. وتشمل الطريقة الأولى إجراء مقابلات مع أولياء الأمور والمهنيين، وتتناول الأسئلة التي يتم طرحها في هذه المقابلات الاستجابات السابقة للشخص للاختيارات المماثلة.

وتجدر الإشارة إلى أن صدق المعلومات التي يتم جمعها بالمقابلة يعتمد على مدى التشابه بين المواقف السابقة والموقف الراهن، كذلك يعتمد صدق المعلومات على حداثة الخبرات، فكلما كانت الخبرات أحدث، قلت احتمالات أن يؤدي النضج والتعليم إلى استجابات مختلفة. وبالمثل، فكلما كان الموقف السابق مشابهاً للموقف الحالي، قلت احتمالات أن تؤدي عوامل بديلة إلى نتائج مختلفة. وتشمل طريقة التقييم الثانية مقابلة الشخص المعوق أو تحليل عينات من استجاباته. وقد يهدف السؤال المبدئي إلى معرفة مدى الاستجابات التي أظهرها الشخص في مواقف الاختيار في السابق. فالمعلم قد يسأل الطلبة عن الأنشطة الترفيهية التي يشاركون فيها إذا أتيحت لهم فرصة الاختيار. وبالمثل، قد يطلب المعلم من الطلبة أن يحددوا ست وجبات طعام مفضلة بالنسبة لهم. ويمكن أن تقود الأسئلة التالية إلى ترتيب الاستجابات حسب الأولوية اعتماداً على احتمالات حدوثها أو على التفضيلات الشخصية. وقد وصف براودر (Browder, 1987) أساليب تقييم الأشياء التي يفضّلها الأشخاص ذوو القدرات اللفظية المحدودة. وتتضمن هذه الطرق استخدام مواقف محاكية لمواقف

الاختيار الطبيعية شريطة أن تخلو المواقف المحاكية من المخاطر. ولكن مدى تمثيل المواقف المحاكية للمواقف الفعلية قد لا يمكن التنبؤ به دائماً. ويفضل أن تشترك مواقف المحاكاة مع المواقف الطبيعية بخصائص بارزة عديدة. ومن المهم أن نلاحظ أن الأشخاص الذين أتيحت لهم فرص محدودة للمشاركة في السابق قد يتصرفون استناداً إلى العادة وليس إلى الاختيار الحر. ولذلك فهم يحتاجون إلى أن يمرّوا بخبرات جديدة بشكل متكرر لكي يتسنى تقييم تفضيلاتهم بشكل حقيقي. وتشمل طريقة التقييم الثالثة الملاحظة المباشرة للطالب في مواقف مماثلة، وهذه الطريقة هي الأكثر صدقاً رغم أنها قد تكون الأكثر صعوبة وخطورة. وتتضمن الملاحظة المباشرة وضع الشخص في الموقف الفعلي الذي يجب أن يؤخذ فيه القرار.

وكما أشرنا سابقاً، فان مدى الحرية التي تمنح للشخص لاتخاذ القرار تمليه جزئياً المخاطر المرتبطة بالنتائج غير المرغوب فيها، وهذه المخاطر تتقرر على ضوء احتمالات تعرض الشخص أو الآخرين للأذى. فإذا كان اختيار الشخص المعوق لا ينطوي على مخاطر تذكر، فإن الحاجة إلى تدخل أشخاص آخرين محدودة جداً. وإذا كانت احتمالات أن يقود الاختيار إلى ضرر طويل المدى من المستوى المتوسط، فثمة حاجة إلى مشاركة أولياء الأمور، والمهنيين بشكل نشط.

وتبيّن طرق التقييم السابقة بمجملها مدى الاستجابات المحتملة في موقف الاختيار والمخاطر المرتبطة بتلك الاستجابات. فالهدف الرئيسي هو تزويد الشخص المعوق بالمشورة والرأي اللازمين لدرء المخاطر المحتملة. وتشبه طرق تقييم متطلبات وظروف الإسهام الخارجي لاختيار الطرق المستخدمة لتقييم الاستجابات المحتملة التي قد يظهر الشخص في مواقف الاختيار، فمقابلة أولياء الأمور، والمهنيين، والطالب نفسه، وكذلك الملاحظة المباشرة تساعد في تحديد مدى التدخل الخارجي (أو (لاسهام الخارجي) اللازم للحدّ من المخاطر المرتبطة باختيار معين. وللتقييم على ضوء الموقف

مضامين ودلالات اجتماعية وثقافية رئيسية. فالاختيارات تعتبر ملائمة أو غير ملائمة على ضوء الخلفية الأسرية للفرد ومجتمعه المحلي. فالتسرب من المدرسة، مثلا، يرتبط بمخاطر كثيرة من وجهة نظر بعض الأسر ولكن التعليم لا يحظى باهتمام أسر أخرى.

لقد ركزت طرق التقييم السابقة على درجة الحرية في الاختيار التي يتم منحها للشخص المعوق على ضوء الموقف. ولكن المواقف التي يتم فيها الاختيار تحدّدها الأوضاع التي يعيش الشخص، أو يعمل، أو يتعلم فيها. وبوجه عام، كلما كان الوضع طبيعياً أكثر، كان عدد مواقف الاختيار أكبر، والعكس صحيح. فالمؤسسات الكبيرة، مثلاً، لا تتوفر فيها مواقف الاختيار التي تتوفر في المجتمع العام. فنظراً لطبيعة الوضع، لا يستطيع المقيمون في مؤسسات الإقامة الضخمة أن يختاروا موعد النوم، أو وجبات الطعام، أو الأنشطة الترفيهية، أو الأعمال التي يعملونها، الخ. ومواقف الاختيار عموماً محدودة (مثل: مشاهدة التلفاز، أو الجلوس بهدوء، تناول وجبة الطعام

التي يتم تقديمها أو الانتظار حتى الوجبة القادمة، الخ). وغالباً ما تقترن الخيارات المحدودة هذه بجملة تعليمات وقواعد محددة (مثل: إذا لم تذهب إلى غرفة الصف، ستحرم من المشاركة في الأنشطة الترفيهية).

وعلى ضوء العلاقة المهمة بين الأوضاع ومواقف الاختيار، ينبغي اختيار الأوضاع بعد تقييم قدرة الشخص على الاختيار بعناية. والمبرر الوحيد لأن يكون الشخص المعوق في وضع معزول هو توفير الأمن له إذا كان تاريخه يرتبط باتخاذ قرارات تنتهي بضرر جسمي أو انفعالي بالنسبة له. والقدرة على الاختيار عملية دينامية، فهي تتحسن بفعل الخبرات التعليمية الجديدة والنضج. والبرامج التربوية تركز على تطوير قدرة الطالب على الاختيار الملائم في ظروف تتزايد المخاطر فيها. ولذلك، يجب تقييم وضع الطالب باستمرار للتأكد من أن مواقف الاختيار التي تتوفر له تعكس التطور في قدرته على الاختيار.

ومن المهم التأكيد على الفرق بين تنمية قدرة الفرد على الاختيار مع إبقاء وضعه كما هو، ونقله إلى وضع أقل تقييداً عندما تتحسن مهاراته في تقرير المصير. وقد أكد والش وماكليون (Walsh & Mccallion, 1987) على أن وضع الشخص المعوق في برامج مجتمعية صغيرة وقريبة من البرامج الطبيعية لا يقدم حلولاً سحرية للمشكلات المرتبطة بالمعاملة الإنسانية، والحقوق، ونوعية الحياة. ويرى هذان المؤلفان أن بالإمكان تطوير برامج متقدمة في المؤسسات الصغيرة من خلال الإدارة المناسبة والتنظيم الفعال.

تطوير القدرة على الاختيار

يجب أن يكون الهدف من كل برنامج تربوي وتأهيلي الحدّ من اعتماد الشخص ذي الإعاقة على الآخرين من جهة وزيادة درجة المجازفة في الموقف التي ينبغي على هذا الشخص الاختيار فيه. وكما أن الطفل الطبيعي لا يمنح إلا درجة محدودة من حرية الاختيار في سنوات العمر المبكرة، فإن حرية الاختيار لمعظم الأفراد المعوقين يتوقع أن تكون محدودة. وعندما تعمل

البرامج والخدمات التربوية على توسيع خبرات الشخص وتطوير قدرته على الاختيار، يتوقع أن تتاح له فرص الاختيار القريبة من الفرص الطبيعية. والهدف النهائي هو أن يبلغ الشخص المعوق أو أن يقترب من المستوى الأول أو المستوى الثاني في متصل الاختيار في المواقف الأكثر صعوبة في الوضع الراهن الذي هو فيه. وعند تحقيق هذا الهدف، يمكن مساعدة الطالب على الانتقال إلى وضع أقل تقييداً يتضمن مواقف اختيار أكثر تعقيداً وبمساعدة خارجية أقل.

والطريقة الرئيسية لتطوير قدرة الشخص المعوق على الاختيار هي إدارة وتنظيم التلقين والتوجيه. وهدف ذلك هو توفير الحد الأدنى من المساعدة اللازمة لضمان استجابة الشخص بطريقة ملائمة في موقف الاختيار. وتتوافق مستويات التلقين والتوجيه مع أبعاد الإسهام (التدخل) الخارجي في متصل الاختيار وهي تشمل: الاستقلالية التامة في الاختيار، والتوجيه الذي لا يقيّد الاستجابة الفعلية للطالب، والتوجيه الذي قد يقيّد جزئياً أفعال الطالب، والتوجيه الذي يقيد تماماً أفعال الطالب، وقيام أولياء الأمور أو المهنيين باتخاذ القرار نيابة عن الطالب. وتستخدم استراتيجيات التلقين والتوجيه السابقة في مواقف الاختيار على النحو الآتي:

1- يتم تحديد الموقف الذي سيتم فيه الاختيار (مثل: أن يقوم الطالب باختيار المقعد الذي سيجلس فيه في الصف، أو اختيار الأنشطة التي سيقوم بها في فترة الاستراحة، الخ).

2- التحديد المسبق للقيود التي ستفرض على الاختيار (مثل: أن يتم تحديد المقاعد التي يستطيع الطالب أن يختار واحداً منها من الصف الأمامي، أو اقتصار الأنشطة الترفيهية على تلك التي لا تشمل الاحتكاك الجسمي، الخ).

3- إعطاء الطالب وقتاً كافياً للاختيـار دون مسـاعدة، وإذا لم يبـادر الطالـب إلى اتخـاذ قـرار، يمكن توجيهه جزئياً.

4- إعطاء الطالب وقتاً كافياً للاختيـار، وإذا لم يسـتجب حتـى عنـد مسـاعدته جزئيـاً، يصـبح ضرورياً مساعدته كاملاً.

5- إعطاء الطالب وقتاً كافياً، وإذا لم يستجب بـالمرة، يسـتطيع المعلـم أو ولي الأمـر أن يتخـذ القرار كاملاً.

6- إذا كان الاختيار في أي وقت من أوقات تنفيذ العملية السابقة اختياراً ينطوي على مخاطر كبيرة، ينبغي حرمان الشخص من الاختيار والعمل على توجيهه.

إن التسلسل المشار إليه سابقاً في التلقين والتوجيه يوظف مواقـف الاختيـار التـي تحـدث بشكل طبيعي. وهذا الأسلوب مفضل لأنه لا يتطلب مـن الطالـب أن يعمـم المهـارات مـن الوضـع التدريبي إلى الأوضاع الطبيعيـة. وهـو أيضـاً يركـز عـلى المحسـوس، ويتضـمن تـوفير كـل الـدلالات والتلميحات الطبيعية. وأخيراً، يتسق هذا الأسلوب ومعظم مواقف الاختيار التـي يمـر بهـا الطالـب. ونتيجة لذلك، لا تتم إضاعة الوقـت في إعـداد الطالـب لمواقـف اختيـار نـادرة الحـدوث، فمعظـم المحاولات التدريبية يتم تخصيصها لمواقف الاختيار التي تحدث بشكل متكرر.

وهكذا قدّم الجزء الأول من هذا الفصل مبررات تعليم مهارات تقرير المصير ووصف إطاراً عاماً لتطوير القدرة على الاختيار يشمل نموذجاً لاتخاذ القرار يتم تبعاً لـه توسـيع أو تضـييق مـدى الاختيارات المتاحة للفرد بناءً على تحليل منتظم للفوائد مقابل المخاطر المتوقعة. وأكـــد المنحى الذي أوصى به الجزء الأول من هذا الفصل التقييم محكّي المرجع والتقييم على ضوء حقـائق الوضع، وليس على استخدام طرق التقييم التقليدية الشائعة. فهـذا المنحـى يشـمل تقيـيم الوضـع،

والاختيارات المتاحة فيه، وقدرة الشخص على الإسهام في عملية الاختيار، والمخاطر والفوائد المتوقعة. وقد تناولت أساليب فهم، وتقييم، وتطوير تقرير المصير السابقة ردود فعل الطالب في مواقف اختيار محدّدة، ولكن قابلية الشخص للإفادة من الاختيارات والفرص ليست أقل أهمية (Gardner, 1977). فالطلاب ذوو القدرات التعلمية والسلوكية المحدودة قد لا يتمتعون بذخيرة حاشدة وثرية من الاستجابات. وتبعاً لذلك، تعتمد تنمية قدرة الشخص على الاختيار بشكل كبير على تطوير مهاراته القابلة للتطبيق في المواقف

التي يتم فيها الاختيار. ولعل كل الاستجابات المقبولة اجتماعياً التي يعمل أولياء الأمور والمهنيون على تطويرها تقود على المدى الطويل إلى تطوير كفايات الطلاب اللازمة للاختيار المستقل في مواقف معقدة وتنطوي على مخاطر محتملة.

نوعية الحياة (Quality of Life)

تعتبر نوعية الحياة أحد النواتج المهمة للرعاية الطبية. وثمة اهتمام متزايد باستخدام أدوات لقياس نوعية الحياة عند تقييم فاعلية العلاج. وهذا الأمر أكثر ما يكون وضوحاً في حقل التأهيل الذي يعد تحسين نوعية الحياة فيه الهدف الرئيسي من العلاج (Day, 1993). ورغم الاتفاق العام على أهمية نوعية الحياة كمحك للحكم على فاعلية العلاج، إلاّ أن تعريف مفهوم نوعية الحياة وقياسه يبقيان أموراً غير واضحة. وبناء على ذلك، يسعى هذا الجزء من الفصل إلى تحديد الأبعاد التي تساعد في تعريف نوعية الحياة في مجال التأهيل من وجهة نظر الأشخاص المعوقين وأسرهم. ويتناول هذا الفصل بعض القضايا المتصلة بتقديم تعريف مناسب لنوعية الحياة، فهو يقدم معلومات حول التوجه الراهن نحو تضييق المفهوم ليقتصر على نوعية الحياة ذات العلاقة بالصحة فقط. وهو كذلك يتضمن جزءاً يتناول الصعوبات في قياس نوعية الحياة.

تعريفات نوعية الحياة

رغم أن هناك اتفاقاً عاماً علـى ضـرورة أخـذ نوعيـة الحيـاة بالحسبان عند تقيـيم بـرامج التأهيل، إلاّ أن قليلين يتفقون على تعريف هذا المصطلح. وفي الواقع، فإن عدد التعريفات المقترحـة يساوي عدد الباحثين. وثمة إجماع ظاهر على أن "نوعيـة الحياة" مفهـوم متعدد الأبعاد، رغم أن الأبعاد التي يشار إليها تختلف بشكل واسع. ومن

التعريفـات الواسـعة، التعريـف الـذي قدمـه باتريـك واريكسـون (Patric & Erickson, 1993) والـذي يشمل مفاهيم أساسية منها: الموت ومدة الحياة، الاعتلال (بما فيها الإعراض ونتائج الفحوصـات المخبرية)، الوضـع الـوظيفي (الاجتماعي، والنفسي، والجسمي)، إدراك الشخص لصحته وللفـرص المتاحة له.   وركز عدد من الباحثين على مدى إحساس الشخص أنه بخير، مشيرين عمومـاً إلى عوامل جسمية، ووظيفية، وانفعالية، واجتماعيـة (Cella, 1992). وفي دراسـة لـه حـول معنى نوعيـة الحياة في البحوث المتصلة بالقلب والأوعية الدموية، أشار فيرانس (Ferrans, 1992) إلى خمسة أبعـاد يعتمدها الباحثون في تعريفاتهم الإجرائية لمصطلح "نوعيـة الحياة". وهذه الأبعـاد هـي: (أ) الفائـدة الاجتماعية ويقصد بها الفرص المتاحة للشخص للقيام بـالأدوار الاجتماعيـة بمـا فيهـا العمـل، (ب) السعادة مقاسة بالحالات الانفعاليـة أو العاطفيـة الداخليـة، (ج) الرضـا عـن الحيـاة، (د) تحقيـق الأهداف الشخصية، (هـ) الحيـاة الطبيعيـة وتقـاس بمقارنـة الوضـع الـراهن بالصحـة المثاليـة أو بالظروف التي كانت سائدة قبل الإصابة بالمرض.

واقترح مكدانييل وبـاش (McDaniel & Bach, 1994) تعريفـاً لنوعيـة الحياة ذا أربـع خصائص: (1) الطبيعة الدينامية لهذا المفهوم بمعنى أنه يتغير من يـوم إلى آخر، تعدد الأبعاد وتنوع القيم الشخصية بالنسبة لهذه الأبعاد، (2) الطبيعة التفاعلية لهذا المفهوم بمعنى أنه يتأثر بالتغيرات التي تحدث في الفرد وفي البيئة، (3) التوافق بين آمال الشخص وتوقعاتـه مـن جهة والظروف الفعليـة للحياة من جهة ثانية.

ومن الطرق المقبولة على نطاق واسع لتضييق مفهوم نوعية الحياة هو تعريفه على نحو يقتصر على الأبعاد المتصلة بالصحة (Wood-Dauphinee & Kuchler, 1992)، وما تحققه هذه الطريقة هو أنها تزيل الأبعاد التي تقع خارج إطار تأثير الرعاية الصحية. وللأسف، ففي حين أن تضييق معنى هذا المفهوم ليقتصر على

الأبعاد ذات العلاقة بالصحة ينتج عنه تركيز إضافي نوعاً ما، إلا أنه لا يساعد إلاّ بشكل محدود جداً في الوصول إلى تعريف موحد له.

وجهات النظر

إن أحد الأسباب التي تكمن وراء صعوبة تعريف مفهوم نوعية الحياة هو أن الباحثين المختلفين يتعاملون مع هذا المفهوم من زوايا مختلفة. فالمنهج الاجتماعي يركز على الأبعاد المرضية التي يدركها العميل وعلى الاستجابات النفسية الاجتماعية للأعراض. وبالنسبة لهذا الفريق، تشمل أبعاد نوعية الحياة قضايا متصلة بالأداء النفسي والاجتماعي (Engel, 1980). وعلى العكس من ذلك، يركز المنحى الطبي على النواتج البيولوجية (الحيوية)، والفسيولوجية، والعيادية. ويتمثل الهدف الأساسي من العلاج وفقاً لهذا المنحى في تخفيف الأعراض. وغالباً ما تتضمن التعريفات التي يقدمها أصحاب هذا المنحى التغيرات الجسمية والوظيفية. وأما أصحاب المنحى الاقتصادي، فهم يتعاملون مع "قيمة" الحياة من زاوية العوائد التي يجنيها الفرد إذا توفرت له جملة معينة من الأعراض (هل تبدّل سنة من الصحة الجيدة بعشر سنوات تكون فيها عاجزاً عن مغادرة السرير؟). إن المؤلفين في هذا المجال يقيّمون العلاج على هيئة سنوات الحياة ذات التكيف النوعي (Torrance, 1987).

قياس نوعية الحياة

يقابل التنوع في تعريفات نوعية الحياة تنوع مساو أو أكبر في أدوات القياس التي يستخدمها المؤلفون المختلفون. وثمة اهتمام متزايد بتطوير أدوات قياس مرتبطة بأمراض معينة.

ويعتقد أن هـذه الأدوات ضرورية لفهم التأثيرات المتنوعة للحالات المرضية المختلفة. فمعظـم تعريفات نوعية الحياة في مجال تأهيل مرضى القلب، على سبيل المثال، تشمل عنصر ـ "الفاعلية الاجتماعية" والتي غالباً ما تركز مباشرة على العودة إلى العمل (Ferrans, 1992). ولعـل هـذا يعكـس التركيز التقليدي الذي توليه هذه

البرامج والذي ينصب على الرجال الذين تشكل العودة للعمل بالنسبة لهم هـدفاً رئيسياً. وبالمثل، يرى فدن وجيرمان (Faden & German,1994) أن معنى نوعية

الحياة يعتمد على العمر، وأن بعض التغيرات (كالاعتمادية المتزايدة) قـد يكون لها قيم مختلفة للمجموعات العمرية المختلفة. وتزداد قضية نوعية الحياة تعقيداً في إطار طب الأطفال. ففي هـذا الإطار، ينصب الاهتمام غالباً على أداء ووضع الأسرة كلها، ومثل هذا الأمر يطرح قضية حول طرق تقييم نوعية الحياة على مستوى الوحدة الأسرية.

خلاصة الأمر أن الأدبيات تشير إلى اتفاق عام على أن تقييم برامج التأهيل يجب أن يشمل قياس نوعية الحياة بشكل أو بأخر. وعلى كل حال، فليس هناك اتفاق على أفضل التعريفات لنوعية الحياة، ويتضح هذا النقص في التعريفات بوضوح تام في المقاييس المختلفة التي تستخدمها الدراسات لتقييم نوعية الحياة، وقد تبين لهيوز ورفاقه (Hughes et., 1995) وجود 1243 أداة مختلفة لقياس أبعاد نوعية الحياة في البحوث التي نشرت في 14 عاماً. وهذا المجموع المدهش تمتد جـذوره في غموض التعريفات وتنوع المقاييس المستخدمة لتقييم بعد واحد من أبعاد هذا المفهوم. واختيار أداة لقياس مفهوم نوعية الحياة أمر صعب بالنسبة للمعالجين الذين يرغبون في مراعاة هـذا المفهوم عند تقييم فاعلية طرقهم العلاجية بسبب الفروق في التعريفات وفي أدوات القياس، فكيف يستطيع الباحث حل إشكالية التعريف هذه؟ فعدم الوضوح هذا يجعل من الأهمية بمكان تقييم انطباعات المستفيدين من الخدمات، وإحدى الطرق للحصول على معلومات عـن أبعاد نوعيـة الحياة ذات الأهمية الخاصة للمنتفعين من خدمات التأهيل هي تشكيل مجموعات لمناقشة الأمر

وإبداء الرأي حوله، فمن خلال استخدام أسئلة عامة ومحددة، تسمح هذه الطريقة بجمع معلومات عن وجهة نظر المنتفعين من الخدمات.

وتنطوي نتائج كثير من الدراسات ذات العلاقة بنوعية الحياة على عدة مضامين عيادية مهمة. فنوعية الحياة تتعدى وضع الشخص لتطال وضع الأسرة كلها. وعند العمل مع الأشخاص المعوقين، ينبغي على المعالجين مراعاة هذا العامل والتركيز على الأسرة. كذلك من المهم الانتباه إلى الأهمية التي يوليها الناس للصحة الانفعالية، ويعني ذلك أن على التأهيل أن لا يقتصر على معالجة الأعراض فيركز على تحسين الأداء الجسمي للتعامل مع القضايا الانفعالية مثل الأمل، وتقدير الذات، وتدبر القلق والضغوط. وأخيراً، على المعالجين أن يبتعدوا عن مساواة نوعية الحياة بالوضع الوظيفي. وقد تمت الإشارة إلى ذلك بوضوح من قبل مكفيرسون (MacPherson, 1996) الذي أكد أن على الاختصاصيين في الحقول الطبية أن يدركوا أن كل إنسان لديه القابلية لنوعية حياة جيدة بغض النظر عن الإعاقة.

والتعامل مع مفهوم نوعية الحياة كمفهوم متعدد الأوجه يتضمن قضايا ذات علاقة بالإعاقة المدركة، له مضامين مهمة بالنسبة للمعالجين الذين يهتمون بتحليل نتائج برامجهم. فإذا رغبت البرامج في تقييم مدى مساهمتها في تحسين نوعية حياة الأشخاص المنتفعين منها، فهي بحاجة إلى تقييم نوعية الحياة كما يعرفها هؤلاء أنفسهم. فالوضع الوظيفي لا يمكن استخدامه كمؤشر دقيق لنوعية الحياة. كذلك لا يكفي الإشارة إلى أن البرنامج يتعامل مع نوعية الحياة المتصلة بالصحة كشيء مختلف عن نوعية الحياة. وأخيراً، فإن الأشياء المهمة للأشخاص المعوقين والمرضى وأفراد أسرهم غالبا ما تشبه الأشياء المهمة لكل الناس، وذلك يقدم إطاراً هاماً للعلاج.

المراجــع

Bach, C.A., & McDaniel, R.W. (1993). Quality of life in quadriplegic adults: A focus group study. **Rehabilitation Nursing, 18** (6), 365-367.

Berg, B.L., (1995). **Qualitative research methods for the social sciences.** (2nd ed). Toronto: Allyn & Bacon.

Cella, D.F. (1992). Quality of life: The concept. **Journal of Palliative Care, 8**(3), 8-13.

Cobb, H. (1973). Citizen advocacy and the rights of the handicapped. In W.Wolfensberger & H. Zauha (Eds) **Advocacy and protective services for the impaired and handicapped** (pp.149-161). Toronto-Canada, MacDonald-Downie.

Dattilo, I. & Rusch, F. (1985). Effects of choice on leisure participation for persons with severe handicaps, **Journal of the Association for Persons with Severe Handicaps. 10**, 194-199.

Day, H. (1993). Quality of life: Counterpoint. **Canadian Journal of Rehabilitation,** 6(3), 135-142.

Engel, G.E. (1980). The clinical application of the biopsychosocial model. **American Journal of Psychiatry,** 13, 535-563.

Endstrom, B., & Nordeson, A. (1995). What neurological patients regard as quality of life. **Journal of Clinical Nursing,** 4(3), 177-183.

Faden, R., & German, P.S. (1994). Quality of life: Considerations in geriatries. **Clinics in Geriatric Medicine,** 10(3), 541-551.

Ferrans, C.E. (1992). Conceptualizations of quality of life in cardiovascular research. **Progress in Cardiovascular Nursing,** 7(2), 2-6.

Gardner, W. I. (1977). **Learning and behavioral characteristics of exceptional children and youth: A humanistic behavioral approach.** Boston: Allyn & Bacce.

Goode, D. A., & Gaddy, M. R. (1976). Ascertaining choice with alingual, deaf-blind and retarded clients. **Mental Retardation,** 14, 10-12.

Hasazi, S. B., Gordon, L.R., & Roe, C.A. (1985). Factors associated with the employment of handicapped youth exiting high school from 1979-1983. **Exceptional Children, 51**, 455-469.

Hughes, C., Hwang, B., Kim, J., Eisenman, L.T., & Killian, D.J. (1995). Quality of life in applied research: A review and analysis of empirical measures. **American Journal on Mental Retardation, 66(6)**, 623-636.

Kaminer, R. K., & Jedrysek, E. (1987). Risk in the lives of children and adolescents who are mentally retarded: Implication for families and professionals. In R. F. Antonak & J. A. Mulic (Eds) **Transitions in mental retaedation: The community imperative revisited** (pp. 72-88). Norwood, NJ: Ables.

Koegel, R. L., Dyer, K., & Bell, L. K. (1987). The influence of child-preferred activities on autistic children's social behavior. **Journal of Applied Behavior Analysis, 20**, 243-252.

McDaniel, R.W., & Bach, C.A. (1994). Quality of life: A concept analysis. **Rehabilitation Nursing Research**, 3(1), 18-22.

Leland, H. W. (1978). Theoretical considerartions of adaptive behavior. In W. A. Coulter & H. W. Morrow (Eds.), **Adaptive behavior: Concepts and measurements** (pp. 1-80), New York: Grune & Stratton.

Parsons, M. B., & Reid, D. H. (1990). Assessing food preferences among persons with profound mental retardation: Providing opportunities to make choices. **Journal of Applied Behavior Analysis**, 23, 183-195.

Perske, R. (1072). The dignity of risk, In W. Wolfensberger (Ed.). **Normalization** (pp. 194-200). Toronto, Canada: Leonard Crinford.

Sattler, J. (1974). **Assessment of children's intelligence**. Philadelphia: W. B. Saunders.

Schloss, P. J., Wood, C. E., & Schloss, C. N. (1987). Financial disincentives to full-time employment for persons with disabilities. **Exceptional Children**, 54, 272-277.

Torrance, G.W. (1987). Utility approach to measuring health-related quality of life. **Journal of Chronic Disease, 40**, 593-600.

Walsk, K. K., & McCallion, P. (1987). The role of the small institution in the community service continuum. In R. F. Antonak & J. A. Mulic (Eds), **Transition in mental retardation: The community imperative revisited** (pp.216-236). Norwood, NJ: Ablex.

Wood-Dauphines, S., & Kucher, T. (1992). Quality of life as rehabilitation outcome: Are we missing the boat? **Canadian Journal of Rehabilitation, 6**(1). 3-12.

World Health Organization (WHO). (1980). **International classification of impairments, disabilities and handicaps: A manual of classification relating to the consequences of disease.** Geneva: World Health Organization.

Zetlin, A. G., & Gallimore, R (1980). A cognitive skills training program for moderately retarded learners. Education and Training of the Mentally Retarded, learners. **Education and Training of the Mentally Retarded,** 15, 121- 123.

الفصل التاسع

قضايا مرتبطة بالبيئة التعليمية في التربية الخاصة

- ❖ المراجع

المرجع الذي اعتمدنا عليه في إعداد هذا الفصل

Russ, S., Chiagn, B., Rylance, B., & Bongers, J. (2001). Caseload in special education: An integration of research findings. Exceptional Children, 67, 161-172.

مقدمة

لقد أجريت دراسات عديدة في العقود الماضية حول العدد المثالي للطلبة في الصف، الأمر الذي قاد إلى تحليل هذه القضية من جوانب متعددة وإلى الادعاء بأن الصفوف الأصغر حجماً هي الدواء للعديد من المشكلات المدرسية. وقد حظي خفض حجم الصف بدعم واسع جداً بحيث أن نصف الولايات في أمريكا حالياً تنفذ أسلوباً ما لتقليل حجم الصف، وبحيث أصبح أحد الأهداف التربوية في أمريكا خفض حجم الصف. ومع أن البحوث المتعلقة بحجم الصف تنطوي على تحديات واستنتاجات متباينة، تركز محاولات علمية جادة على العلاقة بين حجم الصف في التعليم النظامي وتحصيل الطلبة، مقدمة معلومات غنية لصانعي القرارات (Folger & Breda, 1989). ومن جهة ثانية، فإن البحث المتصل بحجم الصف أو المجموعة التدريسية في التربية الخاصة حديث العهد. فلا يعرف إلا القليل عن أثر هذا المتغير في تحصيل الطلبة ذوي الإعاقات حيث أن أولى الدراسات المكثفة حوله في ميدان التربية الخاصة أجريت منذ عقد تقريباً. ولم تنفذ منذ ذلك الوقت سوى مشاريع بحثية محدودة. وركزت معظم تلك البحوث على العلاقة بين حجم المجموعة التدريسية وانشغال الطلبة بالمهمات التدريسية بدلاً من العلاقة المباشرة بين عبء الحالات التدريسية والتحصيل، وذلك يحد أكثر من المعلومات المشتقة من البحث العلمي التي تستند إليها السياسات. وقد تنبأ ألجوزين وزملاؤه (Algozzine et al., 1994) بانخفاض شديد في تحصيل الطلبة عند زيادة عبء الحالات التدريسية في التربية الخاصة. لكن الحاجة ما زالت قائمة لتقديم أدلة علمية حول صحة هذا التنبؤ الافتراضي. وقد وافق أوهيرن (O'Hearn, 1995) على هذا الاستنتاج، إذ كتب يقول: "لن يجد صانعو السياسات في ميدان التربية الخاصة مصادر محددة حول عبء المعلم التدريسي تساعدهم على تعديل متطلبات حجم المجموعة التدريسية أو حجم للصف" (ص، 5).

وبالرغم من ندرة البحوث، أصبح عبء الحالات التدريسية في التربية الخاصة يلعب دوراً تتزايد أهميته في النظام التعليمي. فتكاليف التربية الخاصة ترتفع بشكل مضطرد وأصبحت تهدد ميزانيات التربية العامة في بعض الحالات. وفي الولايات المتحدة الأمريكية، ازدادت أعداد الطلبة الذين تقدم لهم خدمات التربية الخاصة بنسبة 47% بين عام 1977 وعام 1995، وقابل هذه الزيادة انخفاض بنسبة 2% بمعدلات القبول في مدارس التعليم العام. ويفيد معلمو التربية الخاصة بأن الزيادة في عدد الطلبة الذين يدرسونهم يرافقها زيادة في الاجتماعات والعمل الورقي. وقد أفاد 87% من معلمي التربية الخاصة بانه لا يتوفر لهم وقت كاف للعمل مع الطلبة فردياً. وتبين الأدلة أن العبء التدريسي هو أحد العوامل المرتبطة باستنفاد المعلمين وتوقفهم عن العمل في ميدان التربية الخاصة، وهو العبء الذي يزيد عن عبء المعلمين في المدارس النظامية، مما يزيد من حدة النقص في كوادر التربية الخاصة.

ومع الارتفاع الملحوظ والمستمر في تكاليف التربية الخاصة، والزيادة المستمرة في أعداد الطلبة الذين يحتاجون إلى الخدمات، ونقص الوقت المتوفر لمعلمي التربية الخاصة، فإن السياسات التي تحكم حجم الصف والعبء التدريسي ما زالت متباينة. وتتراوح الأدلة المتعلقة بشأن العبء التدريسي بين معادلات معقدة تحسب على ضوء الوضع، وفئة الإعاقة، والعمل الورقي، وشدة الإعاقة. ولعل تنفيذ هذه السياسات عملياً أكثر تبايناً من السياسات ذاتها. فقد اشارت دراسة غطت مختلف الولايات في أمريكا إلى أن العبء التدريسي- لمعلمي الأطفال ذوي الاضطرابات السلوكية والانفعالية الشديدة تراوح ما بين (3) إلى (35) طالباً لكل معلم (Algozzine wt al., 1994). وبينت دراسة مسحية قام بها مجلس الأطفال ذوي الحاجات الخاصة (Council for Exceptional Children) عام 1999 إن العبء التدريسي لمعلمي التربية الخاصة تراوح ما بين (4) إلى (154) طالباً لكل معلم. وعلى كل حال، فقد توصلت الدراستان

إلى نتائج متشابهة فيما يتعلق بمتوسط العبء التدريسي حيث بلغ (12) طالباً في الدراسة الأولى و (14) طالباً في الدراسة الثانية، الأمر الذي يدعم وجهة النظر القائلة بأن حجم الصف الأصغر هو السبب الرئيس لتعليم الطلبة ذوي الإعاقات في أوضاع معزولة وأقل تقييداً من الصفوف العادية.

وتمثل الدراسات المرتبطة بالعبء التدريسي في التربية الخاصة، وحجم المجموعة التدريسية، وتوقف المعلمين عن العمل في ميدان التربية الخاصة الجزء الأكبر في هذه المراجعة للأدب. وتم تحديد المقالات المستهدفة في هذه المراجعة باستخدام الإنترنت وقواعد البيانات التربوية. وقد حالت ندرة البحوث ذات الصلحة بالتجميع لأغراض التدريس أو حجم الصف دون استخدام معايير معلنة لتحديد أي المقالات ستشملها هذه المراجعة. وبدلاً من الاعتماد على التحليل الإحصائي البعدي للنتائج التي توصلت إليها الدراسات حول متغير العبء التدريسي في التربية الخاصة، فقد تم في هذه المراجعة تلخيص وتحليل الدراسات القليلة المتوفرة باعتبارها حالات تقدم دعماً لممارسة شائعة. ومن أجل تحليل العلاقة المحيرة بين حجم المجموعة التدريسية والتحصيل، فقد تم النظر في نتائج الدراسات بطريقة تهدف إلى تحديد العلاقات بين: حجم المجموعة وانشغال الطلبة بالمهمات التعليمية، وحجم المجموعة والتحصيل الأكاديمي، والعبء التدريسي وتوقف المعلمين عن العمل في الميدان.

العلاقات بين حجم المجموعة التدريسية وانشغال الطلبة بالمهمات التعلمية

سعت عدة دراسات منذ عقد السبعينات إلى تحليل العلاقة بين حجم المجموعة التدريسية في التربية الخاصة وانشغال الطلبة بالمهمات التعلمية. وبوجه عام، أشارت الدراسات إلى وجود علاقة عكسية بين تأدية الطلبة ذوي الإعاقات البسيطة للمهمات التعلمية وعدد الطلبة في المجموعة التدريسية (Forness & Kavale, 1085; Keith et (al., 1993; Thurlow et al, 1993) . فقـد بحـث كيـث وزملاؤه (keith et al., 1993) في أثـر حجـم الصـف وتباين المجموعات فيه على النتائج الأكاديمية. وتمثلت المجموعات الضابطة (مجموعات المقارنة) في هذه الدراسة في صفوف تربية خاصة يقدم التعليم فيها لمجموعات كبيرة وصفوف يقدم التعليم فيها لمجموعات صغيرة. وقد أشارت النتائج إلى أن معدلات حدوث السلوك المناسب في الصفوف الأصغر حجماً فاقت وبشكل ملحوظ معدلات حدوثه في الصفوف الأكبر، ولكن لم توجد فروق ذات دلالة عند أخذ متغير تنوع حاجات الطلبة في الحسبان.

وفي دراسة أخرى، قارن فورنيس وكافيل (Forness & Kavale, 1985) سلوك الطلبة علـى ضـوء حجم الصف، فتوصلا إلى أن سلوك الانتباه لـدى الأطفـال ذوي التخلـف العقلـي البسـيط يـزداد في المجموعات الأكبر حجما، وإن التواصل يزداد والسلوك الفوضوي ينخفض في المجموعـات الأصـغر. ومن خلال دراسات مسحية مختلفة، أكد معلمو التربية الخاصة صحة هذه النتيجة، إذ إنهم عبروا عن قناعتهم بأن التفاعلات الاجتماعية والاستجابات السلوكية المناسبة تزداد عنـدما ينخفـض حجـم العبء التدريسي وحجم المجموعة التدريسية (Wheeler, 1993). وعنـدما سئلوا عـن تـدريس طلبـة ذوي إعاقات مختلفة في نفس الصف، اختلفت آراء المعلمين عـن أراء المـديرين حيـث لم يؤيـد المعلمون عموماً هذه الممارسة (61% مـن المعلمين عارضوا هـذه الممارسـة بالمقارنـة مـع 16% مـن المديرين).

ولأسباب عديدة، قد لا تكون نتائج هذه الدراسات قابلـة للتعميم علـى نطـاق واسـع في الوقت الراهن. أولاً، الدراسات أجريت منذ ما يزيد عن عشر سنوات، وقد حدثت تغيرات تشريعية، وتربوية، واجتماعية مهمة في هذه الفترة. ثانياً، لقد بدت الدراسات وكأنها تدعم مـا يمكن اعتبـاره تصوراً منطقياً. فالطلبة في المجموعات الأصغر تتوفر لهم فرص أكثر للمشاركة، الأمـر الـذي يقـود إلى زيادة حتمية في

المشاركة. والقضية الأخيرة وربما الأكثر أهمية هي أن كل دراسة من تلك الدراسات شارك فيها عـدد من المعلمين وتم تعليم عدة موضوعات أكاديمية فيها. وفي حين أن حجم المجموعة التدريسـية ربمـا يكون قد ترك أثراً في اهتمام الطلبة وانشغالهم بـالمهمات الأكاديميـة، فربمـا يكـون لنوعيـة المعلـم، واهتمام الطلبة ودافعيتهم، وطبيعة الموضوع الدراسي أثر أكبر. فالنتيجة التي توصلت إليهـا دراسـة فورنيس وكافيل (Forness & Kavale, 1985)، من أن سلوك الانتباه ازداد في المجموعات الأصغر حجـماً ربمـا يكـون مردهـا ان المجموعـات الأصغر ركـزت عـلى المهـارات الروتينيـة. وبالمثـل، ربمـا تكـون المجموعات التدريسية أكبر عند تدريس الموضوعات المشوقة للطلبة.

إن الحجم المثالي للمجموعة التدريسية بالنسبة لعدد كبير من جوانب انهـماك الطلبـة في المهـمات التعلميـة هـو 1: 1. فعنـدما يعلـم معلـم واحـد طالبـاً واحـداً، ينهمـك الطلبـة في العمـل الأكاديمي لفترة تزيد بشكل ملحوظ عن تعليمهم ضمن مجموعة كبيرة. وفي الوقـت نفسـه، يسـمح انخفاض السلوك غير المناسب للمعلمين بتخصيص وقت أطول للتدريس ويقلل الوقت اللازم لضبط السلوك وتعديله. وقد تم التوصل إلى نتائج مشابهة ولكن أكثر تبايناً عندما كان معلم واحـد يعمـل مع طفلين (1 : 2) أو مع ثلاثة أطفال (1 : 3). ولكن دلالة هذه النتائج أصبحت ضعيفة جداً عندما أجري التحليل على مستوى الوقت الكلي بدلاً من الجلسات التدريسية المحددة. فقـد أشـار رانـيري وزملاؤه (Ranieri et al., 1982) إلى أن معدلات السلوك الموجه نحو المهمة المرتفعة لم تعد ذات دلالـة عندما أخذ الوقت الحر للطلبـة جميعـاً بالحسـبان. وبكلـمات أخـرى، فـإن عـدد الاسـتجابات غـير المناسبة التي صدرت عن الطلبة الآخرين أثناء قيـام المعلم بتـدريب طفـل واحـد كانـت عاليـة إلى درجة كبيرة بحيث عملت على طمس الأثر الإيجابي للانشغال بالمهمات الأكاديمية أثناء التدريس.

وفي حال وجود مساعدي معلمين، فإن تجميع الطلبة لأغراض التدريس كان له أثر في كل من الوقت المخصص للتدريس وانشغال الطلبة وإنهماكهم بالمهمات التعليمية. ففي دراسة كان معلم واحد ومساعدان يعملون فيها مع تسعة طلاب لديهم تخلف عقلي شديد جداً، لاحظ وسلنغ (Westling et al., 1982) أن انتباه المعلم ازداد عند قيام معلم واحد بتعليم طالب واحد وانخفض عند قيامه بتعليم ثلاثة طلاب. ولاحظ سنارت وهليارد (Snart & Hillyard, 1985) أيضاً أن الطلبة ذوي الإعاقات المتعددة الذين كان معلم واحد يدرس اثنين منهم فقط في الوقت نفسه ولفترات قصيرة حصلوا على وقت تعليمي أطول من الطلبة الذين كانوا يدرسون ضمن مجموعات أكبر ولفترات أطول. ومع أن النتائج تقدم دعماً لقيام معلم واحد بتعليم طالب واحد عندما تكون إعاقته شديدة، إلا أن هذا النموذج التدريسي يؤدي إلى اعتماد الطالب على المعلم. ثانياً، يحد هذا النموذج من الفرص المتوفرة للطلبة للتعلم من الزملاء ولتعلم المهارات الاجتماعية اللازمة للنجاح خارج غرفة الصف. ثالثاً، يتطلب قيام المعلم بتدريس طالب واحد فقط انتباه المعلم المستمر ويتطلب وقتاً حراً مطولاً للطلبة الذين لا يعمل معهم المعلم كما أشارت دراسة رانيري وزملائه (Ranieri et al., 1982).

خلاصة القول أن نتائج الدراسات الأولى التي بحثت في العلاقة بين حجم المجموعة التدريسية في التربية الخاصة وانهماك الطلبة بالمهمات التعليمية أشارت إلى أن انهماك الطلبة بالمهمات التعلمية يزداد عندما يقل عدد أفراد المجموعة التعليمية، بصرف النظر عن العمر أو فئة الإعاقة. علاوة على ذلك فإن مثل هذا التحسن في تأدية المهمات التعلمية يحدث رغم الانخفاض في الوقت الفعلي المتوفر للتدريس أحياناً. وأخيراً، فإن بعض فوائد التدريس في مجموعات صغيرة ترجح على التدريس الذي يتم وفقاً للنموذج الفردي (1:1) مما يقلل الحاجة إليه كنموذج تدريسي أساسي.

حجم المجموعة التدريسية والتحصيل الأكاديمي

يشكل قياس التحصيل الأكاديمي للطلبة ذوي الإعاقات تحدياً كبيراً. فالحصول على قياس صادق عن أداء مجموعة غير متجانسة ما يزال محاطاً بصعوبات كبيرة. وخلافاً للطلبة في مدارس التعليم العام، ليس هناك حاجة إلى أن يشارك الطلبة ذوو الإعاقات في الاختبارات التي تطبق على مستوى وطني. وبالنسبة لأولئك الذين يشاركون، فإن نتائج الاختبارات لا تعكس برامجهم التربوية الفردية ولذلك لا تعكس مستوى تقدمهم بشكل دقيق. وعند أخذ حجم المجموعة التدريسية في الحسبان كمتغير، تزداد القضية تعقيداً بسبب التنوع في أنماط التجميع لأغراض التدريس والتنوع في الأوضاع التعليمية وذلك ما لا يحدث في مدارس التعليم العام. وبالرغم من عوائق البحث في العلاقة بين حجم المجموعة التدريسية وتحصيل الطلبة، فإن دراسات عدة تناولت هذا الموضوع. ولقياس التحصيل الأكاديمي للطلبة ذوي الاعاقات البسيطة، يستخدم الباحثون الدرجات على اختبارات مقننة، أو إتمام المهمات، أو معدلات النجاح في إنجاز المهمات. وأما الدراسات ذات العلاقة بالطلبة ذوي الإعاقات الشديدة فهي تعتمد على اختبارات قبلية واختبارات بعدية تتصل بأهداف تعلمية محددة لتحديد مستوى التحصيل الأكاديمي تبعاً لأنماط التجميع المختلفة لأغراض التدريس. وفي كثير من الحالات، تدعم النتائج الأكاديمية بالمقابلات أو الاستبانات. ويناقش الجزء التالي أثر حجم المجموعة التدريسية في: (أ) الطلبة ذوي الإعاقات البسيطة، (ب) الطلبة ذوي الإعاقات الشديدة، (ج) الممارسات التدريسية.

الإعاقات البسيطة

توصلت دراستان رئيسيتان حول أثر حجم المجموعة التدريسية في التحصيل الأكاديمي إلى نتائج متشابهة. فقد ارتبطت المجموعات التدريسية الكبيرة عكسياً بالتحصيل الأكاديمي للطلبة ذوي الإعاقات. واستند جوتليب وألتر (& Gottlieb

(Alter, 1997) في استنتاجاتهما إلى تقييم أثر زيادة عدد الطلبة في غرف المصادر مـن (5) إلى (8). فقد بينت نتائج مسح واسع النطاق أن تحصيل هؤلاء الطلبة في القراءة انخفض بعد زيادة عدد الطلبة حيث أصبحت نسبة من حققوا معايير النجاح منهم 16% بعد أن كانت 29%. كذلك انخفضت درجات طلبة الصف الثالث والصف الثامن ذوي صعوبات التعلم على اختبارات القراءة. وبناء على هذه النتائج، أوصى هذان الباحثان بعدم زيادة عـدد الطلبة الـذين يخدمون في غرفة المصادر في الوقت نفسه عـن 5 طـلاب. ولأن تقييم البرنامج تم بعد زيادة حجم المجموعـة التدريسية، لم تستطع هذه الدراسة مقارنة متغيرات أكاديمية أخرى قبـل الزيادة وبعدها. وبينـت نتائج دراسة كيث وزملائه (Keith et al., 1993) أن التحصيل الأكاديمي في القراءة، والحساب، والعلوم، والدراسات الاجتماعية كان أعلى وبشكل ملحوظ في الصفوف الأصغر حجماً. إضافة إلى ذلك وجدت هذه الدراسة أن الطلبة الذين تلقوا تعليمهم في صفوف تخدم فئة إعاقة واحدة استفادوا أكثر مـن الطلبة الذين كانوا ملتحقين بصفوف تخدم أكثر من فئة إعاقة واحدة. ولكن هذه الدراسة لم تقدم معلومات وافية عن الحجم الفعلي للمجموعات التدريسية أو شدة الإعاقات لدى الطلبة.

وبالرغم من الثقة المعلنة بالتدريس وفقاً لنموذج 1:1، فـلا تتـوافر سـوى دراسـات قليلـة حول الفروق في التحصيل الأكاديمي بين الطلبة ذوي الإعاقات البسيطة الـذين يتلقـون تعليمهم في مجموعات صغيرة. وفي إحدى الدراسات، وجـد ثارلو وزملاؤه (Thurlow et al., 1993) أن معدلات إتمام الطلبة ذوي الإعاقات البسيطة للمهمات كانت متشابهة بصرف النظـر عـن حجم المجموعـة التدريسية. وكما أشارت دراسة تورجسون وزملائه (Torgeson et al., 1997) فإن الطلبة الـذين حصلـوا على تعليم وفقاً للنموذج 1:1 لمدة 80 ساعة حققوا تقدماً أكاديمياً أعـلى، في حين أن الطلبـة الـذين تلقوا تعليمهم في غرفة مصادر ضمن مجموعات بلغ عدد أفرادها أحياناً 15

طالباً لم يحققوا نفس المستوى من التقدم. ودعمت الدراسات المسحية التي أجريت بعد الدراستين المشار إليهما أعلاه النتائج نفسها فأشارت إلى أن المجموعات التدريسية الأصغر حجماً ينتج عنها تحصيل أكاديمي أفضل. فقد اشار 83% من المعلمين الذين قابلهم جوتليب وألتر (Gottlib & Alter, 1997) إلى أن زيادة حجم المجموعة التدريسية "تجعل من الصعب عليهم تقديم تدريس فعال، أو تصحيح مواطن الضعف الأكاديمي لدى أطفالهم، أو وضع خطط تربوية جيدة، أو تقديم تعليم فردي" (ص، 19). وأشار المعلمون والمديرون إلى أن الحد الأقصى لعدد الطلبة المسموح به في غرف المصادر وهو 24 طالباً يشكل عدداً كبيراً في حين أن كلا من المعلمين والمديرين عبّروا عن قبولهم للعبء التدريسي في الصفوف الخاصة والبالغ 8 طلاب. وتبين هذه النتائج أن المجموعات التدريسية الأصغر حجماً تسمح للطلبة ذوي الإعاقات البسيطة بتحقيق مستويات أفضل من التحصيل الأكاديمي. ولا تتوفر سوى أدلة علمية محدودة لدعم أو دحض فاعلية التدريس وفقاً للنموذج 1:1 على مستوى التحصيل الأكاديمي للطلبة ذوي الإعاقات البسيطة، بالرغم من أن التشريعات تنص على ضرورة تطوير برامج تربوية فردية في بيئات تعليمية أقل تقييداً.

الإعاقات الشديدة

لقد وجد أن تعليم الطلبة ذوي الإعاقات الشديدة في مجموعات صغيرة يؤدي إلى تحسين تحصيلهم الأكاديمي. فبالرغم من أن النتائج ما زالت متباينة، وجدت دراسات عديدة أن التحصيل الأكاديمي عند تدريس مجموعة صغيرة يعادل التحصيل عند التدريس تبعاً للنموذج 1:1. فكما هو الحال بالنسبة للطلبة ذوي الإعاقات البسيطة، يشبه التحصيل الأكاديمي للطلبة ذوي الإعاقات الشديدة الذين يتم تعليمهم تبعاً للنموذج 1:1 تحصيل الطلبة الذين يتلقون تعليمهم في مجموعات صغيرة تتراوح من 3:1 إلى 6:1. وفي دراسة أجريت لتدريب أطفال متأخرين نمائياً على مهارات

التذكر اللفظي، وجد فنك وساندال (Fink & Sandall, 1978) أنه لم توجد فـروق ذات دلالـة بين الأطفال الذين تم تعليمهم ضمن مجموعات صغيرة والأطفال الذين تم تعليمهم وفقاً للنموذج 1:1. وفي دراسة ثانية، توصل فنـك وسـاندال (Fink & Sandall, 1978) إلى نتـائج مماثلـة فـيما يتعلـق بتعليم القراءة والحساب. وفي دراسة لثلاثة أطفال لديهم توحد قام بها كـاملس ووالكـر (Kamps & Walker, 1990) لم توجـد فـروق ذات دلالـة بيـنهم سـواء تـم تعلـيمهم وفقـاً للنمـوذج 1:1 أو وفقـاً للنموذج 3:1. وأخيراً، لم يجد وسلنغ وزملاؤه (Westling et al., 1982) في الدراسة التـي قـاموا بإجرائهـا على ثمانية أطفال لديهم تختلف عقلي فروقاً جوهرية على مستوى الأهـداف التـي تـم تعلميهـا أو الاستجابات الصحيحة بين التعليم التعليم في مجموعات صغيرة والتعليم تبعاً للنموذج 1:1.

ومع أن نتائج الدراسات المشار إليها أعلاه متشابهة، فإن كلاً من هذه الدراسات يفترض أن جميع الطلبـة في مجموعـة مـا يحتـاجون إلى أسـاليب تدريسـية متشـابهة وأن أهـدافهم التعلميـة متشابهة أيضاً. وإذا كان هذا هو الحال فعلاً، باعتبارهم جميعاً ذوي إعاقات شديدة متسابهة، فـإن تدريسهم في مجموعات صغيرة لا يقل فاعلية عن تعليمهم وفقـاً للنمـوذج 1:1 بـل هـو أيضـاً أكـثر جدوى على مسـتوى الوقـت. وبنـاء عـلى ذلـك، فـإن التعلـيم وفقـاً للنمـوذج 1:1 لـيس ذا جـدوى اقتصادية، ولا هو ذو جدوى من حيث وقت المعلم، ولا هو أيضاً مبرر على أسس تربوية.

حجم الصف والممارسات التعليمية

تستند النتيجة المرغوب فيها من خفض حجم الصف في مدارس التعليم العـام إلى افـتراض مؤداه أن ذلك سيقود إلى زيادة في التدريس الفردي. وللسبب نفسه، يعتقـد كثـير مـن المعلمـين أن المجموعات التدريسية الصغيرة في التربية الخاصة مفيدة بل وضرورية أيضاً. لكن الباحثين في ميدان التربية الخاصة لم يجدوا فروقاً تذكر في

الممارسات التدريسية حتى عندما يتباين حجم الصف. وفي الواقع، فـإن حجـم المجموعـة غالباً ما يبلغ 1:1 قبل أن يتمكن المعلمـون مـن تقـديم التعلـيم الفـردي (Slavin, 1990). وقـد وجـد

جوتليب وألتر (Gottilb & Alter, 1997) أن معلمي غرف مصادر تبلغ أعباؤهم التدريسية 8 طلاب كانوا يقضون 61% من وقتهم في التعليم الجماعي مقابل 3% فقط في التعليم الفردي. كذلك وجد كيث وزملاؤه (Keith et al., 1993) أن التعليم الجماعي يصبح أكثر شيوعاً عندما يزداد حجم الصفوف في حين أن التعليم الفردي (وهو الأقل شيوعاً في كل الصفوف) يصبح أكثر استخداماً ولكن بشكل طفيف عندما يصبح حجم الصفوف أصغر. وافاد أوهيرن (O'Hearn, 1995) ان تركيز المعلمين ينصب على سلوك الطلبة أكثر من تدريسهم أكاديمياً في الصفوف ذات الحجم الكبير وأن أكبر الفروق تحدث بين الصفوف التي يقل عدد الطلبة فيها عن 9 طلاب وتلك التي يزيد عددهم فيها عن 13 طالباً. ولم توجد سوى فروق طفيفة في التخطيط للتدريس، والممارسة التدريسية في المجموعات التي يتراوح عبء تدريسها من 1:1 إلى 12: 1 على الرغم من أن عدد المرات التي يتحقق فيها المعلمون من فهم الطلبة للمعلومات أكثر في المجموعات الصغيرة منه في المجموعات الكبيرة (Thurlow et al., 1993).

ولم يكن لحجم الصف أثر يذكر على نوع طرق التدريس المستخدمة، ولكن معلمي الصفوف التي يوجد فيها طلبة ذوو إعاقات مختلفة استخدموا أساليب أقل تنوعاً من معلمي الصفوف التي يوجد فيها طلبة لديهم فئة إعاقة واحدة. فقد درس فون وزملاؤه (Vaughn et al., 1998) ستة من معلمي غرف المصادر، فوجدوا أن التعليم الجماعي كان النمط التدريسي الشائع وأنه لم يكن هناك تنوع في أساليب التدريس أو في الوسائل التعليمية المستخدمة مع الطلبة. علاوة على ذلك، فقد عبّر المعلمون عن قناعاتهم بعدم وجود فروق جوهرية بين تعليم الطلبة المعوقين والطلبة غير المعوقين.

ويتضح من نتائج هذه الدراسات أن المعلمين يتخذون القرارات بشأن ممارسات التدريس المثالية بناء على قناعاتهم وليس بناء على حجم الصف فقط. وإذا كان مثل هذا التعليم الفردي مفيد على صعيد تحصيل الطلبة في مدارس التعليم العام فهو شرط لا بد منه للنجاح في التربية

الخاصة. ويدعم البرنامج التربوي الفردي ذاته هذا المبدأ حيث أنه يتضمن تحديد الأهداف طويلة المدى والأهداف قصيرة المدى لكل طالب على حدة. وغياب العلاقة الارتباطية بين التدريس الفردي والعبء التدريسي يشكل قضية تستحق الاهتمام والدراسة، ليس من قبل صانعي السياسة فقط ولكن من قبل القائمين على برامج تدريب المعلمين أيضاً ومعلمي التربية الخاصة أنفسهم.

توقف معلمي التربية الخاصة عن العمل وعلاقته بالعبء التدريسي

بالرغم من تباين الأعداد، إلا أن نسبة كبيرة من المعلمين يتوقفون عن العمل في مهنة التعليم ويبحثون عن فرص عمل في مجالات أخرى. فقد وجد هاريس وزملاؤه (Harris et al., 1988) أن 6 – 8% من المعلمين في مدارس التعليم العام يتركون مهنة التعليم ويعملون في مهن أخرى. وبينت الدراسات أن هذه النسبة أكثر في ميدان التربية الخاصة منها في ميدان التربية العامة. فقد وجد سنجر (Singer, 1993) أن 10% من معلمي التربية الخاصة يتركون العمل وان معلم التربية الخاصة يترك العمل بالمتوسط بعد 6 سنوات من تعيينه. ويعتقد عدد كبير من الباحثين أن الأعباء التدريسية الكبيرة تسهم في زيادة معدلات ترك معلمي التربة الخاصة للعمل. وفي الواقع، فقد أعلن مجلس الأطفال ذوي الحاجات الخاصة (CEC, 1999) عن بذل جهد ضخم لدراسة واقع مهنة التربية الخاصة الصعب. وكان من أهم المتغيرات التي أعلن عن الرغبة في دراستها أعباء التدريس التي لا طاقة للمعلمين على تحملها. ومن أجل دعم خطته البحثية وعلى ضوء نتائج دراسة مسحية حديثة، أفاد هذا المجلس بأن

61% من معلمي التربية الخاصة أجمعوا على أن عبء التدريس وحجم الصف الكبيرين يمثلان مشكلة رئيسية بالنسبة لهم. واشارت دراسة مسحية أخرى إلى أن المعلمين يتركون مهنة التعليم لاعتقادهم بأن ظروف التعليم صعبة وذلك يشمل العبء التدريسي- وبالرغم من أن دراسات عديدة أجريت بهدف تحديد أسباب ترك المعلمين مهنة التعليم، إلا أن القليل منها درس

العبء التدريسي كمتغير مستقل. وفي حين يتوقع الباحثون والمهنيون أن الدور الذي يلعبه العبء التدريسي وحجم الصف دور مهم في هذه القضية إلا أنه لا تتوفر سوى أدلة علمية محدودة في الوقت الراهن. ومع ذلك، فإن أثر العبء التدريسي في ترك المعلمين مهنة التعليم يستحق دراسة جادة لأن المعدلات المرتفعة تؤدي إلى نقص في الكوادر وبالتالي إلى توظيف معلمين يفتقرون إلى الخبرة أو زيادة العبء التدريسي للمعلمين الذين يستمرون بعملهم. وذلك يقود إلى إضعاف نوعية الخدمات المقدمة للأطفال الذين يحتاجون إلى تدريس متناهي الدقة على أيدي معلمين ماهرين ومتخصصين.

استنتاجات

تدعم الأدلة العلمية المتوفرة الاعتقاد بأن المجموعة التدريسية الأصغر حجماً ضرورية لكل من تحصيل الطلبة وانهماكهم في المهمات التعلمية. وتزيد الأعباء التدريسية الكبيرة بطبيعتها حجم المجموعات وتقلل فرص تفريد التعليم والنجاح الأكاديمي. وقد أفاد معلمو التربية الخاصة الذين درسهم مودي وزملاؤه (Moody et al., 2000) بأن أعباءهم التدريسية تجعل من الصعوبة عليهم بمكان تزويد طلبتهم بتعليم فردي. وفي الوقت نفسه، لا يعرف بعد العبء التدريسي ـ المثالي في التربية الخاصة الذي يقود إلى نتائج إيجابية بالنسبة للطلبة المعوقين. وقبل أن يتمكن البحث

العلمي من توجيه جهود صانعي السياسات التربوية، ثمة أسئلة عديدة تحتاج إلى أن تدرس علمياً.

أولاً، كيف يمكن استخدام تحقيق الأهداف طويلة المدى وقصيرة المدى في البرامج التربوية الفردية لتقييم العبء التدريسي وحجم المجموعة التدريسية المناسبين والأكثر فاعلية؟ وبسبب عدم قابلية الاختبارات المقننة للتطبيق الواسع كأدوات للقياس مع الأطفال ذوي الإعاقات المختلفة يجب

استخدام أدوات قابلة للتطبيق فردياً. وفي الوقت نفسه، تتطلب التشريعات في بعض الدول والأعراف التربوية في دول أخرى تصميم برنامجا تربوي فردي لكل طالب تقدم له خدمات التربية الخاصة. ومن شأن الدراسة المعمقة للأهداف في البرامج التربوية الفردية أن تستخدم كأداة تقييم تتناسب ومستوى قدرات الطلاب سواء لأغراض البحث العلمي أو لأغراض تقييم البرامج.

ثانياً، كيف تؤثر النزعة الراهنة نحو الدمج الشامل والتدريس غير التصنيفي في تقرير العبء التدريسي المثالي؟ فمع زيادة اعداد الطلبة ذوي الإعاقات الذين يتم تعلميهم في المدارس العادية يصبح لزاماً على معلمي التربية الخاصة والمعلمين العاديين أن يتعاونوا بشكل فعال مع المهنيين الآخرين في تخصصاتهم وفي التخصصات الأخرى. إضافة إلى ذلك، فإن الاستخدام الأمثل والفعال لوقت كل من المعلم والطالب يصبح تحدياً وهدفاً. ولذلك ثمة حاجة إلى مزيد من المعلومات عن إدارة الوقت وتوزيعه، والتعاون، والاستخدام المشترك للمواد والوسائل التعلمية.

ثالثاً، كيف يستطيع معلمو التربية الخاصة تطوير مهاراتهم في تفريد التعليم ضمن إطار تدريس المجموعات الصغيرة؟ فمع اتضاح فائدة وضرورة التعليم الفردي في التربية الخاصة، يجب استخدام هذا النموذج في التدريس لضمان حصول الطلبة على تعليم فعال. ومع ذلك، فإن الدراسات اشارت إلى أن التعليم الفردي الحقيقي لا

يحدث عموماً إلا إذا اصبحت نسبة الطلبة إلى المعلم 1:1، وذلك غير قابل للتطبيق مع الطلبة ذوي الإعاقات البسيطة. وعليه فثمة حاجة إلى إيجاد طرق لاستخدام التعليم الفردي في أوضاع التعليم الجماعي، ويجب توجيه المعلمين ودعمهم عند تنفيذ هذه الاستراتيجيات.

رابعاً، ما الفروق الناتجة عن عبء التدريس بين طلبة التربية الخاصة في المدن ونظرائهم في القرى؟ فغالباً ما تضطر الإدارات المدرسية في الأماكن الريفية والنائية إلى تقديم تنازلات على

حساب المعلمين أو الطلبة بسبب محدودية أعداد الطلبة ذوي الإعاقـات. وهكـذا، يتطلـب تحديـد الفروق في الأعباء التدريسية تبعاً للموقع الجغرافي مزيدا من الدراسات.

وأخيراً، كيف تؤثر سياسات وإجـراءات التربيـة العامـة عـلى العـبء التدريسي- في التربيـة الخاصة؟ فعديدة هي المبادرات التربوية العامة التـي تـترك اثـراً عـلى العـبء التدريسي- في التربيـة الخاصة وعلى حاجات الطلبة. وعـلى سـبيل المثـال، قـد تـؤدي التخفيضـات في حجـوم الصـفوف في مدارس التعليم العام إلى توفير بيئات تعلمية تمكن المعلمين العاديين من تقديم تعلـيم فـردي عـلى نطاق أوسع. إضافة إلى ذلك، فإن توافر مساعدي المعلمين العاديين والمتطوعين قد يقلل الحاجـة إلى مساعدين لمعلمي التربية الخاصة في صفوف الدمج التي تلتحق فيها اعداد قليلـة مـن الطلبـة ذوي الإعاقات. وهكذا يتضح أن أحجام الصفوف في مدارس التعليم العام والممارسات التعليميـة في هـذه الصفوف ذات تاثير ضخم على الأعباء التدريسية والممارسات التعليمية في التربية الخاصة.

إن نتائج البحوث العلمية التي أجريـت لا تقـدم سـوى القليـل مـن الموجهـات الواضـحة لصـناع السياسـات التربويـة، وللمـديرين، وللمـربين بشـأن صـياغة السياسـات المتعلقـة بالعـبء التدريسي. فثمة عوامل ومتغيرات متعددة تجعل هذا الأمر بالغ

الصعوبة ومنها، على سبيل المثال لا الحصر، ممارسات الـدمج الشـامل، ونمـاذج التـدريس غير التصنيفي للطلبة، والمتطلبات القانونية. وعلى كل حال، تبرز عدة عناصر مهمة تحتاج للمراعـاة عند صياغة السياسات المتعلقة بالعـبء التدريسي: أولاً، إن تقليـل عـدد الطلبـة في الصـف يهيـىء فرصاً أفضل للتحصيل ولتفريد التدريس. ثانياً، إن تقليـل عـدد الطلبـة في الصـف يـرتبط بزيـادة في نسبة استمرارية المعلمين بالعمل في ميـدان التربيـة الخاصـة. ثالثـاً، يجـب أن تراعـى شـدة الإعاقـة وأعمار الطلبة عند تحديد العبء التدريسي للمعلم. وأخيراً، ولعل هذه هي النقطـة الأكثر أهميـة، يقتضي تحديد العبء التدريسي فهم ومراعاة التداخل بين التربية العامة والتربية الخاصة.

المراجع

Algozzine, B., Hendrickson, J.M., Gable, R.A., & White, R. (1993). Caseloads of teachers of students with behavioral disorders. **Behavioral Disorders, 18**, 103 – 109.

The Council for Exceptional Children (1999, June/July). Special educators share their thoughts on special education teaching conditions. **CEC Today, 5** (9), 1.5.

Favell, J.E., Favell, J.E., & McGimsey, J,F, (1978). Relative effectiveness and efficiency of group versus individual training of severely retarded person. **American Journal of mental Deficiency, 93,** 104 – 109.

Fink, W., & Sandall, S. (1978). One-to-one versus group academic instruction with handicapped and nonhandicapped preschool children. **Mental Retardation,** 16, 236 – 240.

Fink, W. T., & Sandall, S.R. (1989). A comparison of one-to-one and small group instructional strategies with developmentally disabled preschoolers. **Mental Retardation, 18,** 35 – 36.

Folger, J., & Breda, C. (1989). Evidence from Project STAR about class size and student achievement. **Peabody Journal of Education, 76** (1), 17 – 33.

Forness, S.R., & Kavale, K.A. (1985). Effects of class size on attention, communication, and disruption of mildly mentally retarded children. **American Education Research Journal, 22,** 403 – 412.

Gottieb, J., & Alter, M. (1997). **An evaluation study of the impact of modifying instructional group sizes in resource rooms and related service groups in New York City.** New York University. (ERIC Document Reproduction Service No. ED 414373).

Kamps, D., & Walker, D. (1990). A comparison of instructional arrangements for children with autism served in a public school setting. **Education and Treatment of Children,** 13, 197 – 216.

Keith, T.Z., Fortune, J.C., & Keith, P.B. (1993). **Special education program standards study, Commonwealth of Virginia** State Department of Education. (ERIC Document Reproduction Service No. ED 369 207).

Longan, K.R., & Keefe, E.B. (1997). A comparison of instructional context. Teacher behavior and engaged behavior for students with severs disabilities in general education and self-contained elementary classrooms. **The Journal of the Association for Persons with Servere Disabilities,** 22, 16 – 27.

Louis, H. & Associates (1988). **The metropolitan life survey of American teachers: Strengthening the relationship between teacher and students.** New York: Metropolitan Life.

Moody, S.W. Vaughn, S., Hughes, M.T., & Fischer, M. (2000). Reading instruction in the resource room: Set up for failure. **Exceptional Children, 66,** 305 – 316.

O'Hearn, E. (1995) **Caseload/class size in special education: A brief analysis of state regulations** (Contract No. HS92015001). Alexandria, VA: National Association of State Directors of Special Education. (ERIC Document Reproduction Service No. ED 390 193).

Ranieri, L., Ford A., Vincent, L., & Brown, L. (1982). **The relative effectiveness of one-to-one versus one-to-three instructional arrangement with severely multibandicapped students.** Madison: University of Wisconsin-Madison and Madison Metropolitan School District. (ERIC Document Reproduction Service No. ED 162 122).

Singer, J. (1993). Are special educators' career paths special? Results from a 13-yeat longitudinal study. **Exceptional Children, 59,** 262 – 279.

Snart, F., & Hillyard, A. (1985). Staff ratios and allocated instructional time form multihandicapped students. **Exceptional Children, 5,** 289 – 296.

Thurlow, M.L., Ysseldyke, J. E., Wotruba. J. W., & Algozzine, B. (1993). Instruction in special education classrooms under varying student-teacher ratios. **The Elementary School Journal, 93,** 305 – 321.

Torgeson, J. K., Wagner, R. K., Rashotte, C.A., Alexander, A. W., & Conway, T. (1997). Preventive and remedial interventions for children with severe reading problems. **Learning Disabilities: A Multidisciplinary Journal, 8** (1), 51 – 61.

Vaughn, S., Moody, S. W., & Schumm, J.S. (1998). Broken promises: Reading instruction in the resource room. **Exceptional Children, 64,** 211 – 225.

Westling, D. L., Ferrell, K., & Swenson, K. (1982). Intraclassroom comparison of two children. **American Journal of mental Deficiency, 86,** 601 – 608.

الفصل العاشر

قضايا مرتبطة بتقييم الحاجات التربوية الخاصة

- ❖ مقدمة
- ❖ ممارسات التقييم الراهنة
- ❖ استنتاجات
- ❖ المراجع

المرجع الذي اعتمدنا عليه في إعداد هذا الفصل

Rouse, M., & Agbenu, r. (1998). Assessment and special educational needs: Teachers' dilemmas. British Journal of Special Education, 25, 81-87.

مقدمة

لقد كان للتقييم وما يزال دور مركزي في تطوير السياسات والممارسات في ميدان التربية الخاصة. فقد كان التقييم موجهاً نحو تصنيف الأطفال المعوقين وعزلهم، من أجل تحديد الأطفال الذين لا يتوقع أن يستفيدوا من التدريس في الصفوف العادية. وتم تطوير عدة إجراءات للكشف والتعرف المبكر بغية تشخيص المشكلات ومن ثم تحديد الأوضاع التعليمية المناسبة وتوفير الخدمات اللازمة. إضافة إلى ذلك، استخدم المهنيون طرقاً متنوعة لتقييم الأطفال بهدف التخطيط للبرامج التربوية، والتدريبية، والعلاجية.

وتعكس طرق التقييم المستخدمة في وقت ما عدداً من العوامل منها وجهات النظر السائدة بشأن طبيعة الحاجات الخاصة وتحديد التدابير الإدارية والقانونية اللازمة. ونتيجة لذلك، انبثق عدد من المناحي الرئيسية في تقييم الحاجات الخاصة وهي: تحليل المتعلم، وتحليل المهمة التعليمية، وتحليل البيئة التعلمية. وفي الآونة الأخيرة، أصبح تحليل نتائج التعلم لأغراض المساءلة عاملاً مهماً يؤثر على السياسة والممارسة.

وقد صف اينسكو (Ainscow, 1988) بطريقة جيدة عدم الرضا واسع النطاق عن كل من منحى تحليل المتعلم ومنحى تحليل المهمة التعلمية في التقييم وعن نتائجهما. وتتوافق مخاوف هذا الكاتب مع الإدراك المتزايد للأثر الكبير على التعلم لعوامل السياق (Contextual Variables) مثل نوعية التعليم والمنهج. وقد أكد هذا الكاتب على أن الصعوبات التعلمية لا يمكن فهمها إلا في السياق الذي حدثت فيه. وأصبحت مثل هذه التفسيرات التفاعلية أو الايكولوجية معلماً بارزاً من معالم مفهوم الحاجات التربوية الخاصة الذي انبثق عن تقرير وارنوك (Warnock Report) في

بريطانيا وأثر بشكل ملحوظ على قانون التربية لعام 1981 في تلك الدولة. ونتيجة لذلك، استبدل التفكير بفئات الاعاقة بمفهوم الحاجات التربوية الخاصة (Special Educational Needs).

وبالمثل، نادى آخرون في دول أخرى بتقييم خصائص الطفل وبيئته الكلية (Ysseldyke & Christenson, 1987). وتدع، مثل هذه الآراء إلى طرق تقييم تسند إلى الخصائص الإيجابية للممارسة الراهنة وتبنى عليها، وفي الوقت نفسه تعي مجالات الضعف (Ainscow, 1988). وتقوم وجهة النظر التفاعلية على افتراض مفاده أن التقييم يجب أن لا يتم بمعزل عن السياق وأثره على الطفل، لأن تعلم الطفل يحدث في سياق محدد. ويتبنى أنصار وجهة النظر هذه منحى ايكولوجيا (Ecological Perspective) يدرك أن متغيرات سياق التعلم، مثل المنهج، والتدريس، وتنظيم غرفة الصف، والمتغيرات المدرسية الأخرى كلها عوامل مهمة تؤثر على التعلم.

ولا يعني تحليل بيئة التعلم كأسلوب لتقييم الحاجات الخاصة استخدام أشكال محددة من التقييم، ولكنه يعني وعي أهمية مشاركة المعلمين في عملية التقييم وقيمة المعلومات التي يمتلكونها حول طلبتهم. ويؤكد أنصار هذا المنحى على ضرورة أن يلعب الطلبة دوراً نشطاً في تقييم أنفسهم من خلال التفاوض والتعاون. كذلك فهم يؤكدون أهمية مشاركة الطلبة ليصبح التخطيط للمناهج فعالاً. وتعني هذه التطورات في نظرية التقييم وتطبيقاتها أن يقوم المعلمون بدور فعال في تقييم طلبتهم وأن يشرعوا باتخاذ قراراتهم على ضوء التقييم.

وسوف تحسن مثل هذه القرارات التعليم والتعلم عموماً وتلبي الحاجات التعلمية للأطفال الذين يواجهون صعوبات في التعلم خصوصاً. وإحدى الطرق التي يستطيع المعلمون من خلالها تلبية حاجات طلبتهم هي أن يستخدموا التقييم للتخطيط لأنشطتهم التعليمية وبذلك يتحول التقييم من كيان معزول في التربية الخاصة كل ما

يهدف إليه التشخيص وتحديد الأهلية للخدمات، إلى التركيز على الدور الرئيسي للمعلمين في تحسين التعليم والتعلم.

وهذه القضية قضية مهمة عندما نأخذ بالحسبان وجهة النظر المعدلة حول الحاجات الخاصة التي تستدعي التعامل مع التقييم التربوي باعتباره عنصراً هدفه توجيه عمليتي التخطيط للتدريس وتنفيذه. وهذا التغير المفهومي في التعامل مع التقييم بوصفه يسعى لتلبية الحاجات وليس لمجرد التشخيص وتحديد الوضع التعليمي المناسب، يفرض على المعلمين متطلبات أكبر لاستخدام التقييم في التخطيط لتلبية الحاجات التعلمية لطلبتهم.

وقد دعم هذا الموقف إلى حد ما من قبل التوجهات الرسمية. فعلى سبيل المثال، كان الهدف المتوخى من معايير تعرف وتقييم الحاجات التربوية الخاصة تقديم إطار عام يوضح إجراءات تقييم الأطفال ذوي الحاجات الخاصة. وتؤكد هذه المعايير أن التقييم الرسمي (Formal Assessment) ضروري فقط للفئة القليلة من الأطفال ذوي الحاجات الخاصة الذين يعانون من مشكلات شديدة ومزمنة. وتوحي هذه المعايير بأن معظم حاجات الأطفال يمكن تلبيتها من خلال التدريس العام في المدارس التي يتم التأكيد فيها على دور المعلمين في تعرف الحاجات الخاصة للطلبة وتلبيتها في الصف العادي.

ممارسات التقييم الراهنة

إن الممارسة التي سنعرضها هنا كانت نتيجة مشروع بحثي على نطاق ضيق نسبياً. وقد اشتمل البحث على إجراء مقابلات فردية وجماعية مع عشرات المعلمين من سبع مدارس. وبوجه عام، خلص هذا البحث إلى أن استخدام المعلمين وفهمهم للتقييم قضية معقدة يؤثر بها جملة من العوامل منها:

(1) عدم وضوح هدف التقييم.

(2) الخلط بين التقييم التكويني والتقييم الجمعي.

(3) طرق تسجيل ورصد نتائج التقييم.

(4) ادراكات المعلمين لأسباب نجاح طلبتهم أو فشلهم.

(5) معنى التقييم للمعلم.

تعريف الحاجات التعلمية

من أجل فهم الأساليب التي يستخدمها المعلمـون في تقيـيم الحاجـات التعلميـة الخاصـة للطلبة، كان ضرورياً أن نفحص كيف يتعامل المعلمون مع المشكلات التعلمية لدى الطلبة، لأن ذلك يؤثر على آلية اتخاذ القرار من قبل المعلم ويؤثر على توقعاته وكذلك على الجهود التي يبذلها لاحقاً لتطوير برنامج عمل معدل بناء عـلى حاجـات الطالـب. وبكلـمات أخـرى، تتـأثر عمليـة التخطـيط بشكل جوهري بمدى تعامل المعلم مع مهمة التقييم بعقلية متفتحة وبمدى اسـتعداده لاستكشـاف أسباب متعددة للمشكلات التعلمية لدى الطالب.

وعلى وجه التحديد، فقد طلب من المعلمين تعريف الحاجات التعلمية وتحديـد العوامـل التي تؤثر فيها. وأشارت النتائج إلى أنهم يربطون المشكلات التعلمية بعوامل داخل الطفـل، وإلى أن كثيرين منهم قدموا تفسيرات طبية غير حقيقية أو تفسـيرات اجتماعيـة للصـعوبات الوجـودة لـدى الطلبة. ومن الأمثلة على ذلك: "إن لدى هذا الطفل نمطاً من متلازمة داون، وهـذا الـنمط معـروف بأن ذكاءه أعلى من ذكـاء الأطفـال الآخـرين الـذين لـديهم هـذه المتلازمـة" و"أن لديـه صـعوبة في التركيز، وبخاصة فيما يتعلق بالقراءة وذلك على ما يعتقد يعود إلى مشكلات في عملية الولادة".

وقدمت أمثلة تعكس أهمية "العوامل السببية الداخلية" بالنسبة للمعلمين مـن خلال مناقشتهم للطلبة الذين يواجهون صعوبات. ففي إحدى الحالات، أدى القلـق الـذي تشعر بـه المعلمة إزاء الأداء الضعيف لأحد الطلبة إلى مناقشة احتمالات أن يكـون لديه حاجات خاصة. وعلقت إحدى المعلمات قائلة: "إن ذلك ليس مفاجئاً، حيث أن أخته لديها حاجات خاصة".

ولعل عدداً كبيراً من التقارير التي تتناقلها وسائل الإعلام حـول البحوث الوراثيـة، تـوحي بأن الأطفال يولدون ولديهم قابليات موروثة للسلوك أو التعلم بشكل محـدد. وتبـين الطرق التـي يتحدث بها المعلمون عن الطلبة أنه رغم إعادة التفكير بالحاجات التربوية الخاصة، ما زال بعضهم يعرف الصعوبات التعلمية بوصفها اعاقات تعود لعوامل داخلية موجودة لدى الأطفال أو أسرهـم، وأنها تشكل جزءاً أساسياً من نموهم. ولعل ذلك لا يدعو للاستغراب على ضوء التفكير المعياري الذي يستند إليه التقييم. وتتعارض وجهات النظر هـذه مع الرؤيـة التفاعليـة للحاجـات الخاصـة التـي تتبناها حالياً نسبة كبيرة من التربويين الذين يؤكدون عدم وجود تعريف مطلق للحاجات التعلميـة يتجاهل البيئة التعليمية (Ysseldyke & Marston, 1990).

التقييم الرسمي مقابل التقييم غير الرسمي

من القضايا الأخرى التي تطرقت لها هذه الدراسـة أنـواع التقييم المختلفـة التـي يـتم تنفيذها في الصفوف والفروق التي يراها المعلمون بين التقييم الرسمي والتقييم غير الرسمي. ويبدو أن المعلمين يجمعون معلومات باستخدام التقييم الرسمي لـدعم الأحكـام التـي يصـدرونها فيما يتعلق بتعلم طلبتهم. وبما أن هذه المعلومات تحفظ في سجلات، ويمكـن تقـديمها للجهات المهتمـة عند الطلب، فإن المعلومات الرسمية تستخدم لأغراض التقييم الختامي (الجمعي).

ويشمل التقييم الرسمي (Formal Assessment) اختبارات أو مهمات كتابية، واختبارات تشخيصية، وملاحظات منتظمة، وسلالم تقدير، وقوائم شطب، واختبارات أخرى. ويسمي بعض المعلمين هذه الاختبارات بالاختبارات المحددة، مما يعني أنها استخدمت بغية تحديد أداء الطلبة لمهارات محددة ولمتابعة تقدم الطلبة على هذه المهارات. وفي معظم المدارس، يطبق المعلمون هذه الاختبارات بشكل دوري، من أجل تقديم تقارير لأولياء الأمور عن تقدم أبنائهم، والالتزام بمعايير المساءلة.

من جهة ثانية، يستخدم المعلمون التقييم غير الرسمي (Informal Assessment) بشكل مرافق للتعليم. ويرى المعلمون أن ذلك يساعدهم على فهم مواطن القوة ومواطن الضعف لدى طلبتهم أثناء تفاعلاتهم اليومية معهم. ولكن معظم المعلمين لم يستطيعوا تعريف هذا النوع من التقييم بوضوح لأنهم اعتبروه جزءاً من عملية التعليم يحدث بشكل روتيني. وعلى أي حال، فإن طرق التقييم غير الرسمي الأكثر استخداماً من قبل المعلمين هي: مناقشة الموضوعات الدراسية، وملاحظة مستوى مشاركة الطلبة في المناقشات الصفية، وطرق حل المشكلات التي يوظفونها.

وأشارت نتائج هذه الدراسة أيضاً إلى أن المعلمين قليلاً ما سجلون المعلومات التي يحصلون عليها من التقييم غير الرسمي، وإن كان بعضهم يدون ملاحظات موجزة حول جملة من الأبعاد البارزة لتعلم الطلبة. وقد أفاد بعضهم بأنه يحتفظ بمعلومات عن السلوكات المهمة للطلبة في "عقولهم". وأفاد المعلمون أيضاً أن هذا التقييم غير مخطط له وأنه يحدث في سياق الحصص وأن الطرق التي يتم استخدامها تتقرر على ضوء نوع النشاط التعليمي.

ويبدو أن حفظ السجلات، وبالتالي عرض المعلومات وتوفيرها، شكلت أهم الفروق بين التقييم الرسمي والتقييم غير الرسمي من وجهة نظر المعلمين. فبما أن نتائج التقييم الرسمي تحفظ في سجلات، ثمة حاجة لدعمه بالأدلة. وبناءً على ذلك،

يخطط المعلمون لهذا النوع من التقييم على نحو يسمح بتقديم أدلة على أداء الطلبة ولإضفاء مصداقية إلى السجلات.

أما نتائج التقييم غير الرسمي فهي نادراً ما تحفظ في سجلات من قبل المعلمين. وربما يكون أحد أسباب هذه الممارسات اعتقاد المعلمين بأن التقييم غير الرسمي هو لاستخدامهم هم فقط كمعلمين وأن الهدف الأساسي منه هو توجيه نشاطهم التدريسي. وتبعاً لذلك فهم يسجلون المعلومات المنبثقة عنه بأي أسلوب يرونه مناسباً ويستطيعون فهمه وتفسيره. ويمكن القول بأن المعلمين لا يعتقدون بضرورة تسجيل نتائج التقييم غير الرسمي بطريقة يمكن توظيفها لأغراض المساءلة.

ويعتقد معظم المعلمين أن الاختبارات التقييمية المقننة (Assesment Tests Standard) لا تقدم معلومات إضافية إلى المعلومات التي توفرها أدوات التقييم غير الرسمي. فبناء على رأي أحد المعلمين: "هذه الاختبارات مجرد مضيعة للوقت، فهي لا تفعل شيئاً أكثر من مجرد تأكيد ما نعرفه أصلاً". ويوافق معلم آخر على هذا الرأي إذ يقول: "يمكن أن تكون هذه الاختبارات مفيدة إذا تم استخدامها للأهداف الصحيحة، ولكنها تستخدم للحكم على جودة المدارس". وقد عبر معظم المعلمين الآخرين عن نفس الموقف. فهم يعتقدون انها تندرج في الإطار السياسي وليس في الإطار التربوي، بالرغم من أن بعض المعلمين اشاروا إلى أن هذه الاختبارات يمكن أن تكون أكثر فائدة إذا استخدمت لتقييم الطلبة وليس لتقييم المدارس.

وقد أفادت إحدى المعلمات بأن نتائج الاختبارات المقننة أعانتها في تحديد المجالات التي تحتاج إلى التركيز عليها في تعليم طلبتها. فعلى سبيل المثال، بينت نتائج تلك الاختبارات أن طلبتها كان لديهم ضعف في العام الدراسي الماضي فيما يتعلق بالرسومات البيانية. وتبعاً لذلك، فقد بذلت جهوداً خاصة هذا العام لتعليم الطلبة

أساليب تصميم الرسومات البيانية وقراءتها. وذلك يعني أن ثمة اختلافات في وجهات نظر المعلمين إزاء الاختبارات المقننة.

التقييم لأغراض تخطيط المنهج

كان أحد أهداف هذه الدراسة معرفة طرق استخدام المعلمين للمعلومات التي يوفرها التقييم لتخطيط التدريس الفردي للطلبة من أجل تحقيق الأهداف المحددة في خططهم التربوية الفردية. فقد سعت الدراسة إلى تحديد أنواع المعلومات التي يعتبرها المعلمون مهمة للتخطيط. وقد وجد المعلمون صعوبة في تقديم وصف دقيق للمعلومات التي يعتبرونها مهمة وللطرق التي يستخدمونها في عملية اتخاذ القرار التدريسي. وقد زعموا أنه يصعب عليهم وصف هذه العملية لأنهم ينفذون إجراءاتهم دون وعي وكجزء من عملية التدريس. وما يثير الاهتمام هو أن المعلمين على ما يبدو لا يرجعون إلى سجلات التقييم عند التخطيط للأنشطة التدريسية.

وتمثل الإستجابة التالية لأحد المعلمين تمثيلا جيداً موقف عدد كبير من زملائه: "بعد أن تعمل مع الطفل لفترة زمنية، فأنت تعرف مستواه دون أن ترجع إلى سجلاته. فعند التخطيط للدروس، أعرف المستوى الذي سيحققه كل طفل. إنني أعرف الأطفال الذين سيواجهون صعوبات والمستويات التي سيبلغها الأطفال".

وتشير القرائن إلى أن المعلمين يخططون الأنشطة التدريسية على مستوى حدسي. ومع ذلك، فهم يعتقدون أن باستطاعتهم، من خلال التقييم غير الرسمي، أن يعرفوا إذا كان الطلبة يحققون الأهداف المرجوة أم لا. إلا أنهم لا يستطيعون أن يحددوا أو أن يوضحوا بدقة وبالاستناد إلى المعلومات كيف يتحقق ذلك. وهكذا، فإن عدداً لا بأس به من المعلمين يخططون ويعلمون على مستوى حدسي. وجدير بالذكر أنه لم توجد فروق بين المعلمين العاملين في مدارس التربية الخاصة والمعلمين الذين ينفذون الدمج في المدارس العادية. وتنسجم هذه النتيجة مع نتائج دراسة بوتر وميركن

(potter & Mirkin, 1982) الذين وجدا أن معظم المعلمين يخططون لتدريس الطلبة ذوي الحاجات الخاصة ويعلمونهم بناء على الانطباعات وليس استناداً إلى نتائج التقييم الرسمي.

كذلك فقد أكد فوكس وزملاؤه (Fuchs, Fuchs, & Warren, 1982) أن المعلومات التي يتم الحصول عليها من خلال التقييم لا تؤثر دائماً على تخطيط معظم المعلمين. ويذكرنا زجموند وميلر (Zigmond & Miller, 1986) بعدم فاعلية سلوك المعلمين هذا، حيث كتبا يقولان: " ثمة أدلة متزايدة على أن استخدام منحى مستند إلى البيانات لمتابعة مستوى تقدم الطلبة وإحداث التغييرات في البرنامج التدريسي أكثر فاعلية في تحسين مستوى تحصيل الطلبة من الملاحظات غير الرسمية البسيطة التي يجريها المعلمون" (ص: 507).   وعندما كان باستطاعة المعلمين أن يصفوا الأدلة والمعلومات التي استندوا لها في إصدار أحكامهم، تبين أن ذلك كان يحدث في المدارس التي بذلت جهوداً مكثفة لتحسين مهارات المعلمين في الملاحظة والتقييم.

التقييم، وتسجيل المعلومات، والتدريس

تعبّر إحدى الأفكار الرئيسية التي طرحها المعلمون عن اعتقادهم بأن التقييم يعيق التعليم عندما يتم إجراؤه بهدف تقديمه للآخرين أو لأغراض المساءلة. ويبدو أن متطلبات التقييم المفروضة على المعلمين من قبل الإدارات التربوية تشكل خاصية رئيسية للقضية التي تشغل المعلمين وتقلقهم. فقد أشار المعلمون إلى أن سياسة الإدارات التربوية القاضية بتسجيل أكبر قدر ممكن من المعلومات حول تعلم الطلبة تشكل عبئاً إضافياً بالنسبة لهم، وذلك ما أشارت إليه دراســـات مشـــــــــــــــــــــــــــــــــابهة أخــــــــــــرى (Tann, 1990).

وهكذا فمن الواضح أن معظم المعلمين لا يرون حاجة للتسجيل الرسمي المفصل للمعلومات. فقد أشار أحد المعلمين إلى أن: "التقييم الجيد ليس العمل

الورقي". وقد أضاف هذا المعلم أن الوقت الذي يستغرقه تسجيل المعلومات وتدوينها يقتطع من الوقت المخصص لتدريس الأنشطة ذات العلاقة. واضاف معلم آخر قائلاً: " نادراً ما تستخدم السجلات وكل ما تحققه هو رزمة من الأوراق". وتدل استجابات معظم المعلمين الآخرين على أنهم يسجلون المعلومات ليس لأنهم يعتقدون انها مفيدة بل لأن الإدارات التربوية تريدها. ومع ذلك فإن المعلمين يحتفظون بملفات شخصية لمتابعة تقدم الطلبة، ويرى البعض ان هذا التسجيل القصصي (Conner, 1995) فعال لأنه يقدم صورة تفصيلية حول ما يحدث. ومع أن هذه الدراسة سمحت باستبصار مثير لممارسات المعلمين في التقييم، فإنها نفذت في مجال شاق بسبب صعوبة الوصول إلى قناعات المعلمين، وأفكارهم وأفعالهم. وقد اتخذ عدد كبير من المعلمين موقفاً دفاعياً إزاء ممارساته التقييمية. وأشار عدد آخر إلى أنهم يشعرون بالتردد إزاء تنفيذ مهمة التقييم لأنهم لم يحصلوا على دعم كافٍ لتطوير المهارات والمعارف اللازمة.

استنتاجات

نظراً لصغر حجم عينة المدارس والمعلمين التي شملتها هذه الدراسة، يجب توخي الحذر عند قراءة وتحليل نتائجها. ومع ذلك فإن نتائجها تدعم وجهة النظر التي يشير إليها الأدب التربوي من أن أولئك الذين يقيمون ويعلمون الأطفال يحسنون التصرف عندما يتعاملون مع الحاجات التعلمية من منظور تفاعلي. فمن خلال هذه النظرة فقط يستطيع المعلمون تطبيق طرق التقييم التي لا تبحث داخل الطفل فقط وإنما في بيئته الكلية.

وقد أشارت نتائج الدراسة إلى أن معظم المعلمين لا يجهلون هذه الطرق، ولكنهم لم يكونوا دائماً قادرين (أو راغبين) في توظيف هذا الفكر في ممارستهم لانهماكهم بتقديم أدلة ذات نوعية جمعية (ختامية) وليس بتوفير معلومات ذات أهداف تكوينية. ونعتقد أن السياسات الراهنة في مجال التقييم ونقص برامج التطوير المهني

طويل المدى أدت إلى إرباك نسبة كبيرة من المعلمين وأعاقت قدرتهم على التفكير والعمل بهذه الطريقة.

ويرجع الارتباك في أوساط المعلمين إزاء هدف التقييم في المدارس جزئياً إلى طبيعة متطلبات الإدارات التربوية التي تركز أساساً على التقييم الختامي والذي يتعارض من وجهة نظر المعلمين مع حاجاتهم إلى استخدام التقييم لدعم عملية التدريس وتوجيهها. علاوة على ذلك، فإن الإطار الضيق للتقييم الختامي لا يوفر المؤشرات اللازمة لتقييم نواتج التدريس. وفي الحقيقة، يمكن القول بأن التركيز على النواتج الأكاديمية يشكل عائقاً رئيسياً لتعلم بعض الطلبة ولتطوير مدارس الدمج الشامل (مدارس الجميع).

وفي الختام، فإن محاولات استخدام معلومات عن كل طالب على مستوى المدرسة بهدف تحديد الأهداف ستعمل على إطالة أحد المشكلات التي تمت الإشارة إليها أعلاه ما لم يتم تطوير واعتماد معايير وإجراءات واضحة للتقييم تحظى بدعم المعلمين. ويجب أن تكون الطرق الجديدة جزءاً من نظام وطني ولكن يجب اضفاء المرونة عليها لتمكين المعلمين من توضيح تعلم الطلبة جميعاً. ويجب الحد من التفكير المعياري الذي يفرض قيوداً عديدة. وقد اشار بلاك ووليام (Black & William, 1998) إثر مراجعة لهما للبحوث المتعلقة بالتقييم إلى أن أفضل اسلوب لتطوير المعايير هو استخدام نظم تكوينية توفر تغذية راجعة للطلبة وللمعلمين حول النجاحات والاخفاقات التعلمية. فالتغذية الراجعة المحددة أكثر فاعلية من اعطاء الطلبة درجة أو موقعاً مقارنة بزملائه. ومن شأن تبني مثل هذه الطرق يعطي المعلمين موقعهم الصحيح في عملية التقييم.

المراجـع

Ainscow, M. (1988). "Beyond the eyes of the monster: An analysis of recent trends in assessment and recording". **Support for Learning. 3**, 149 – 153.

Black, P. & Wiliam, D. (1998). **Inside the black box: Raising standards through classroom assessment.** London Kings College.

Fuchs, L. S. Fuchs, D. & Warren L. M. (1982). **Special education practice in evaluating student progress towards goals** (Research report no. 81). Minneapolis: University of Minnesota, Institute for Research on Leaning Disabilities.

Potter, M. & Mirkin, P. (1982). **Instructional planning and implementation practices of elementary and secondary resource room teachers: Is there a difference?** (Research report No. 65) Minneapolis: University of Minnesota, Institute for Research on Learning Disabilities.

Ysseldyke, J. E. & Marston, D. (1990). "The use of assessment information to plan instructional interventions'. In C. Reynolds & T. Gutkin (eds.) **the handbook of school psychology.** New York: John Wiley.

Zigmond, n. & Miller, S. E. (1986). "Assessment for instructional planning'.**Exceptional Children. 52**, 6, 501 – 509.

الفصل الحادي عشر

قضايا مرتبطة بتدريب أولياء أمور الأطفال المعوقين

- الحاجة إلى تجديد الاهتمام بتدريب أولياء الأمور
- تحديات برامج تدريب أولياء الأمور وتعليمهم
- المراجع

المرجع الذي اعتمدنا عليه في إعداد هذا الفصل

Monhoey, G., Kaiser, A., Girolametto, L., MacDonald, J., Robinson, C., Safford, P., & Spiker, D. (1999). Parent education: A call for renewed focus. Topics in Early Childhood Special Education, 19, 131-140.

مقدمة

تعليم أولياء الأمور هو عملية تزويد الآباء والأمهات وغيرهم من القائمين على رعاية الأطفال بمعرفة ومهارات تنشئة محددة بهدف تيسير نمو الأطفال وكفاياتهم. وبالرغم من أن أي نشاط به أولياء الأمور تقريباً في التدخل المبكر يمكن اعتباره نشاطاً تربوياً، فإن مصطلح "تعليم أولياء الأمور" يشير تقليدياً إلى الأنشطة المنتظمة التي ينفذها المهنيون لمساعدة الوالدين على تحقيق أهداف أو نواتج محددة مع أطفالهم. ويشمل تعريفنا لهذا المصطلح التوقع بأن يكتسب أولياء الأمور المعرفة والمهارات التي تسمح لهم بالقيام بدور توسطي في البرنامج العلاجي لطفلهم أو بالمساهمة في توسيعه. وتتضمن الأهداف التقليدية لتعليم أولياء الأمور تعريفهم باستراتيجيات مساعدة الأطفال على اكتساب المهارات التطورية، ومساعدتهم على تعديل سلوك أطفالهم في إطار الأنشطة المنزلية الروتينية، وتطوير مهاراتهم لتشجيع أطفالهم على اللعب والتفاعل الاجتماعي.

وقد يأخذ تدريب أولياء الأمور عدة أشكال تتراوح بين التدريب الفردي من قبل اختصاصي العلاج النطقي أثناء مواقف اللعب في المنزل، وبين مشاهدة أشرطة فيديو عن تفاعلات الأطفال المعقدة ومناقشتها مع أولياء الأمور في اجتماع لمجموعة من أولياء الأمور يقوده المعلم، وبين قراءة كتاب ذائع الصيت حول تدريب الأطفال مهارات استخدام التواليت. ويختلف تعليم أولياء الأمور عن دعمهم من حيث إن هدفه الرئيسي تثقيف أولياء الأمور وتزويدهم بالمعلومات وليس تشجيعهم أو دعمهم اجتماعياً. وقد توفر برامج تعليم أولياء الأمور الدعم والتشجيع لكن ذلك ليس الهدف الأساسي المتوخى منها.

إن التحول نحو تقديم الخدمات بالتعاون مع أولياء الأمور والأسر يشكل احدى أهم التطورات في التدخل المبكر في السنوات الثلاثين الماضية. ويتجسد هذا

التأكيد في المناحي المتمركزة حول الأسرة في الرعاية، والدعم الأسري المباشر، وتنفيذ التدخل المبكر استناداً إلى خطة خدمات أسرية فردية. وإذا نظر المهنيون إلى تعليم أولياء الأمور وتثقيفهم على أنه يركز على تطور الطفل فتلك رؤية ضيقة تؤدي الى أن يصبح دور ولي الأمر مقتصراً على التعليم، ورؤية لا تنسجم مع وجهة النظر القائلة بضرورة تفهم واحترام الطرق الثقافية المتباينة في تنشئة الأطفال وتربيتهم.

ولا تناقش أدبيات التدخل المبكر الحديثة موضوع تعليم أولياء الأمور وتدريبهم بما فيه الكفاية. فقد اتضح من مراجعة بعض كتب التدخل المبكر التي نشرت في الأعوام الخمسة الأخيرة أن أياً منها لم يخصص فصلاً لموضوع تعليم أولياء الأمور وتدريبهم. وفي فترة الخمس سنوات الماضية نفسها لم يناقش هذا الموضوع إلا في أقل من 10% من المقالات المنشورة في مجلات التدخل المبكر الثلاث الرئيسية.

ولكن معظم اختصاصي التدخل المبكر يشيرون إلى أن تعليم أولياء الأمور وتدريبهم يشكل جزءاً رئيسياً من مسؤوليتهم المهنية. ومع ذلك فقد ألقت دراسة حديثة ظلالاً من الشك حول مدى المعرفة التي يتم تقديمها والمهارات التي يتم توضيحها بشكل مباشر. فقد قام مكبرايد وبيترسون (McBride & Peterson, 1997) بملاحظة (160) جلسة من جلسات التدخل المبكر التي تنفذ في المنزل. وأشارت النتائج إلى أن العاملين في مجال التدخل المبكر يعملون مع الأطفال بشكل مباشر. وبناءً على ذلك، خلص هذان الباحثان إلى أن ما يحدث هو تدخل موجه نحو الطفل وليس نحو الأسرة، حيث أن العاملين هم عوامل التغيير الأساسية ولا يولون إلا قدراً قليلاً من الاهتمام للعمل التعاوني مع أولياء الأمور ليقوموا بتنفيذ أنشطة لتطوير مظاهر النمو لدى أطفالهم.

وينبغي على العاملين في مجال التدخل المبكر أن يقرروا إذا كان لديهم معرفة ومهارات يقدمونها لأولياء الأمور فيما يتعلق بما ينبغي عليهم أن

يفعلوه وما عليهم أن يجتنبوه. وإذا كان لديهم حقاً معلومات ومهارات مفيدة يقدمونها، عليهم عندئذ أن يقرروا إذا كان هذا الدور أهم من التدخل العلاجي الموجه نحو الأطفال أنفسهم. فالحوار ضروري لتطوير طرق تراعي الحاجات والأنماط التعلمية الفردية للأسر. علاوة على ذلك، ثمة حاجة إلى مناقشة ممارسات تعليم أولياء الأمور وتدريبهم لتطوير أدلة واضحة لبرامج تدريب أولياء الأمور ولضمان اكتساب المهنيين المهارات اللازمة لتكييف استراتيجياتهم وفقاً للظروف المختلفة. وأخيراً، يجب التصدي للأزمة التي يواجهها المهنيون عند محاولة الاستجابة للمطالب المتعددة لأولياء المور، بما في ذلك حاجات الأسر للدعم، والمعلومات، والتدريب على ضوء شح المصادر ومحدودية الوقت.

نبذة تاريخية

تاريخياً، كان دور أولياء الأمور يعتبر ثانوياً في تربية الطفل ومعالجته في أحسن الأحوال، ومعيقاً بل مناقضاً في اسوأ الأحوال. وعندما تم الاعتراف أخيراً بدور أولياء الأمور في تربية أطفالهم، كانت العلاقة بين المهنيين وأولياء الأمور علاقة ذات اتجاه واحد تستند لافتراض مفاده أن المهنيين يمتلكون معرفة خارقة. لكن بعض برامج التدخل المبكر منذ بداية عقد السبعينات (وهو العقد الذي انبثقت فيه مشاريع للتدخل المبكر لأول مرة) تبنت مبادىء ما زالت مقبولة الى هذا اليوم. فعلى سبيل المثال، حدد شيرر (Shearer & Shearer, 1977) المبادىء التالية:

1- إن التعليم يحدث في بيئة الطفل والأسرة الطبيعية.

2- هناك إمكانية للوصول مباشرة وباستمرار إلى السلوك وهو يحدث بشكل طبيعي.

3- تزيد احتمالات تعميم السلوك الذي تم تعلمه واحتمالات استمراريته إذا كان السلوك قد تم تعلمه في بيئة الطفل الطبيعية وعلى أيدي الأشخاص الطبيعيين الذي يقومون على رعايته.

4- إذا حدث التعليم في المنزل، ثمة فرصة لأن تشارك الأسرة كاملاً في العملية التعليمية.

5- هناك إمكانية للتعامل مع كل السلوكيات، والتي يتعذر التعامل مع عدد كبير منها في غرفة الصف.

6- إن تدريب أولياء الأمور، الذين هم عوامل تعزيز طبيعية، سيزودهم بالمهارات الضرورية للتعامل مع السلوكيات الجديدة في حال حدوثها.

7- وأخيراً، فبما أن المعلم الأسري يتعامل مع الطفل ووالديه فقط، تصبح إمكانية تفريد الأهداف التعليمية واقعاً عملياً.

وبالرغم من هذه الدعوات المبكرة لاستخدام منحى تقدمي، يتضمن النمط الشائع في التدخل المبكر بذل المهنيين جهوداً تركز على الأطفال وأولياء الأمور بشكل منفصل. فالمعلمون والمعالجون يعملون مع الطفل، واختصاصي الإرشاد أو العمل الاجتماعي يعمل مع الوالدين ليساعدهما على قبول طفلهما المعوق والتغلب على ردود الفعل والصعوبات. وبكلمة أخرى، فقد كان ينظر الى أولياء الأمور بوصفهم عملاء لا شركاء. وقد استندت برامج تدريب أولياء الأمور وتعليمهم إلى أطر نظرية متباينة، تراوحت بين المنحى التحليلي النفسي- في "معالجة الطفل من خلال والديه" الى المنحى السلوكي ومنحى التعلم الاجتماعي.

وأياً كان الأمر، فإن التحول في عقد السبعينات نحو زيادة استخدام البرامج العلاجية بمشاركة أولياء الأمور عكس أثر نموذج التربية التعويضية وإدراك حقيقة أن

العـلاج الفعـال يجـب أن يمتـد إلى الأنشـطة اليوميـة الروتينيـة. واسـتند نمـوذج التربيـة التعويضيـة إلى افـتراض مـؤداه أن اخفـاق أطفـال الأسر الفقـيرة انمـا هـو مـرآة تعكـس الحرمـان الاجتماعي - الثقـافي وأن تحسـين مهـارات التنشـئة الوالديـة يمكـن أن يعـوض عـن بعـض أشـكال الحرمان. وقد كان تـدريب أوليـاء الأمـور ليصـبحوا معلمـين فعـالين لأطفـالهم اسـتراتيجية علاجيـة رئيسية.

وكان لهذا النموذج أثر واضح على المعايير التي تم اعتمادها لدعم بـرامج التـدخل المبكـر للأطفال المعوقين. وذلك ما أشـار إليـه شـيرر وشـيرر (Shearer & Shearer, 1997) بوضـوح حيـث كتبـا يقولان إن أحد الشروط الأساسية أن تطور المشاريع برامج لتدريب أولياء الأمـور ليصـبحوا قـادرين على العمل مع أطفالهم وقادرين على تعليمهم بشـكل فعـال. وهكـذا، فقـد انبثـق مفهـوم أوليـاء الأمور كمعلمين عن الحاجـة المدركـة لتـدريب أوليـاء الأمـور وتعليمهم حـول نمـو الطفـل وحـول الكفايات والاستراتيجيات اللازمـة لمسـاعدته عـلى التطـور. وفي البدايـة، كـان دور أوليـاء الأمـور في التدخل المبكـر يتضـمن مسـؤوليات تعليميـة متباينـة. فقـد كـان يقـترح تـدريب أوليـاء الأمـور في تخطيط، وتنفيذ، وتقييم جلسات التدريس الفردي للطفل، ومتابعة التقدم الذي يحرزه مـن خـلال بيانات تحفظ في سجلات، ومشـاركة المهنيـين في الاجتماعـات الدوريـة المخصصـة لمناقشـة وضعه. ويمثل البعد الثاني لتبرير تدريب أولياء الأمور في الجانب الاقتصادي. فحتـى نهايـة عقـد السـتينات، كانت خدمات التدخل المبكر للأطفال الذين تقل أعمارهم عـن ثـلاث سـنوات نـادرة، ولـذلك كـان البديل المنطقي (الأقل تكلفة والأكثر توفراً) الأمهات وفي بعض الأحيان الجدات.

الانتقادات الموجهة إلى تعليم أولياء الأمور وتدريبهم

لقد وجهت عدة انتقادات في العقدين الماضيين لبرامج تدريب أولياء الأمور وتعليمهم بدعوى أنها تفرض عبئاً ثقيلاً على أولياء الأمور، وبسبب طبيعة العلاقة بين المهنيين وأولياء الأمور عند تنفيذ هذه البرامج، واللوم الضمني لأولياء الأمور، وصراع الدور بالنسبة للوالدين، واحتمالية التحيز الثقافي في تدريب أولياء الأمور. وبالرغم من تكرار هذه الانتقادات في أدبيات التدخل المبكر، إلا أن دراسات قليلة جداً بحثت في مدى حدوثها فعلياً. كذلك فإنه لا تتوفر سوى أدلة علمية محدودة حول طرق تنفيذ برامج تعليم أولياء الأمور وتدريبهم، والعلاقة بين المهنيين وأولياء الأمور، ووجهات نظر أولياء الأمور في الفوائد التي يجنونها من البرامج التدريبية. وبدون تقييم منتظم لبرامج التدريب ودون معالجة مناسبة للانتقادات التي يزخر بها الأدب، لا يضطر المهنيون لاتخاذ القرارات بشأن تدريب أولياء الأمور بناء على خبراتهم الشخصية لا بناء على الأدلة العلمية.

الأساليب البديلة في العمل مع أولياء الأمور

مما يثير السخرية أن انبثاق الرعاية المتمركزة على الأسرة والدعم الأسري كصفة محورية للتدخل البكر ربما يكون أحد العوامل التي اسهمت في تراجع الاهتمام بتدريب أولياء الأمور وتعليمهم. ويمكن تعريف الرعاية المتمركزة على الأسرة بأنها علاقة تشاركية مع الأسر تقوم على الألفة والاحترام وتتضمن الدعم العاطفي والتربوي وتوفير الفرص للوالدين للمشاركة في تقديم الخدمات وفي اتخاذ القرارات بشأن أفضل الخدمات لتلبية حاجاتهما. وكان مصطلح التركيز على الأسرة قد أخذ بصورة معدلة من مجال الرعاية الصحية. وقد عرفت رابطة الرعاية الصحية للأطفال

المبادىء التي ينبغي اتباعها لتلبية الحاجات الكلية للأسرة، وليس حاجات الطفل فقط، كأسلوب لتوفير الرعاية وتفعليها للأسر والأطفال.

وأهداف الرعاية المتركزة على الأسرة هي حث أولياء الأمور على المشاركة كأعضاء نشطين، وإدراك الأهمية المركزية وطويلة المدى للدور الذي يقومون به، والاعتراف بأن خدمات التدخل وجدت لمساعدة أولياء الأمور في تحقيق أحلامهم وتحمل مسؤولياتهم المتعلقة بأطفالهم. ولذلك فالنظر لتدريب أولياء الأمور باعتباره شيئاً يقرره المهنيون، ويربك الحياة الأسرية، ويبني على عجز الوالدين واتهامهما، ويتعارض والقيم الثقافية غير التقليدية، إنما هو موقف يتناقض فلسفياً وفلسفة الرعاية المتمركزة على الأسرة.

والدعم الأسري هو منحى في التدخل المبكر يؤكد على الخدمات والإمكانيات الأسرية المصممة تحديداً لمساعدة الأسرة على تدبر المطالب المرتبطة برعاية الطفل. ويفترض هذا المنحى أن أولياء الأمور الذين تتوفر لهم نظم دعم اجتماعي كافية كماً ونوعاً، سيتعرضون لتوتر أقل، وسيكونون بوضع أفضل، وستكون اتجاهاتهم نحو أطفالهم أفضل أيضاً. ويعتقد أن تمتع أولياء الأمور بهذه الخصائص يوفر فرصا أكثر للتفاعل مع الطفل واللعب معه والاهتمام بالبرامج المقدمة له مما يقود إلى تحسن نمو الطفل وتطوره.

وينطوي منحى الدعم السري ضمنياً على افتراض مفاده أن فاعلية أولياء الأمور في تلبية الحاجات النمائية لأطفالهم تتأثر أساساً بأوضاعهم الاجتماعية / الاقتصادية والنفسية، وأما معرفتهم ومهاراتهم فهي تحتل المرتبة الثانية. وتتناقض هذه الافتراضات تناقضاً شديداً مع منحى تدريب أولياء الأمور وتعليمهم الذي يؤكد أهمية معرفة أولياء الأمور المتعلقة بالتنشئة ومهاراتهم المحددة ذات الصلة بتحسين نمو الطفل. وفي الآونة الأخيرة، أصبحت نشاطات الدعم الأسري تحل محل برامج

تدريب أولياء الأمور. وقد حدث هذا التغير جزئياً، نتيجة الاعتقاد بأن دعم الأسرة يحقق نفس الهدف الذي يسعى تدريب الأسرة إلى تحقيقه وهو تحسين نمو الطفل ووضعه العام.

الحاجة إلى تجديد الاهتمام بتدريب أولياء الأمور

لا بد من الاعتراف بأن ثمة مشكلات تتعلق بطرق التعامل مع الأسر، وبأن أبرز الأمثلة على اساءة المعاملة قد حدثت في سياق تدريب أولياء الأمور وتعليمهم. ولا بد من الاعتراف أيضاً بأن مفاهيم الرعاية المتمركزة على الأسرة والدعم الأسري قد أسهمت إسهاماً كبيراً جداً في تعاملنا مع الأسر بشفافية وفي توسيع إطار التدخل المبكر ليشمل مصادر الدعم الأسرية والمجتمعية ذات الأهمية بالنسبة لنمو الأطفال. ومع ذلك، تنطوي الاتجاهات الراهنة نحو تدريب الاباء على مشكلات فهي تحد من قدرة التدخل المبكر على تحقيق قابليات الأطفال في سياق أنشطة الأسرة والمجتمع. وثمة مبررات مشروعة لقيام ميدان التدخل المبكر بتفحص الاتجاهات الحالية المتصلة بتدريب أولياء الأمور. ويقدم الجزء التالي وصفاً لهذه المبررات.

أ- نتائج دراسات فاعلية التدخل المبكر

يقوم تدريب أولياء الأمور على افتراض مفاده أن الأطفال يتطورون بشكل أفضل عند تحسين مهارات أولياء أمورهم في التواصل معهم. ويمكن مقارنة وجهة النظر هذه بنماذج التدخل المعتمدة على دعم الأسرة التي تفترض أن أولياء الأمور لا يحتاجون إلى تغيير أنماط التنشئة التي يستخدمونها ولكنهم يحتاجون إلى أن تتوفر لهم فرص أكبر ليستمروا بانماط التنشئة الطبيعية، والتدخل المتمركز على الطفل الذي قد يفترض عدم وجود علاقة مباشرة بين أنماط التنشئة التي يوظفها أولياء الأمور ونتائج التدخل المبكر. وفي إحدى الدراسات، تمت إعادة فحص النتائج النمائية التي حققها أكثر من 500 طفل شاركوا في ثلاث من دراسات التدخل المبكر على ضوء التفاعلات بين أولياء الأمور

والأطفال، والدعم الأسري، ومدة التدخل. واشتملت تلك الدراسات على برنامج نمو الطفل وصحته (IHDP, 1990)، والدراسات الطولية لأثر وتكلفة نماذج بديلة للتدخل المبكر (Casto & White, 1993)، وبرنامج استراتيجيات اللعب والتعلم (Fewell & Wheeden, 1998). وأشارت نتائج مقارنة هذه المشاريع إلى أن فاعلية التدخل في تطوير نمو الطفل لم تكن مرتبطة بمقدار الدعم الذي وفرته

البرامج، أو بكمية أو مدة تقديم الخدمات الموجهة نحو الأطفال. لكن فاعلية التدخل ارتبطت بالتغيرات في أسلوب تعامل الأمهات مع أطفالهن وفي نمط رعايتهن لهم. وبينت النتائج أن الأطفال في برامج التدخل هذه حققوا مستويات افضل من التطور النمائي فقط عندما اصبحت الأمهات يستجبن بشكل أكبر لأطفالهن أثناء تفاعلهن معهم. وحدثت تلك التغيرات في العلاقات بين الأمهات والأطفال في برامج التدخل التي كانت تركز على تعليم مهارات التفاعل للأمهات بشكل مباشر أو التي كانت تشجع الأمهات على الاستجابة أثناء تنفيذ أنشطة محددة في برامج التدخل. لكن التفاعلات بين الأمهات والأطفال لم تتغير في البرامج التي كانت تركز اساساً على دعم الأسرة أو تلك التي كان المهنيون ينفذونها لتدريب الأطفال بشكل مباشر.

دراسة أخرى قدمت دعماً قوياً لوجهة النظر القائلة بأن مشاركة أولياء الأمور هي المفتاح للتدخل الفعال هي دراسة كيسر، وهانكوك، وهستر (Kaiser, Hancock, & Hester, 1998) الذين قارنوا بين برنامجين لتطوير مهارات التواصل لدى الأطفال قام أولياء الأمور بتنفيذهما وبرنامج قام المهنيون بتنفيذه. فقد تم تعيين 73 طفلاً لديهم تأخر لغوي بشكل عشوائي في ثلاث مجموعات تجريبية (في اثنتين منها قام أولياء الأمور بتنفيذ البرنامج التدريبي، وفي الثالثة قام الاختصاصيون بتنفيذ البرنامج)

ومجموعة ضابطة. وقد تم تقييم تطور الأطفال قبل البدء بتنفيذ البرنامج، وبعد الانتهاء من تنفيذه، وبعد ستة أشهر من التوقف عنه (مرحلة متابعة). وقد أظهر الأطفال في المجموعات التجريبية الثلاث تحسناً ملحوظاً في مهارات التواصل على الاختبار البعدي مقارنة بأطفال المجموعة الضابطة، بالرغم من عدم وجود فروق بين طرق التدخل الثلاث. وعلى أي حال، فقد تبين من اختبار المتابعة (بعد ست شهور من التوقف عن البرنامج التدريبي) إن الأطفال الذين تم

تدريبهم من قبل أولياء أمورهم أظهروا استخداماً أكبر لمهارات التواصل بالمقارنة مع الأطفال الـذيـن تم تدريبهم من قبل الاختصاصيين.

ففي مرحلة المتابعة التي امتدت لستة أشهر بعد العلاج، تحسن الأطفال الذين قام أولياء أمورهم بتنفيـذ البرنامج بمعـدل (8.5) شهراً، في حين كـان معـدل تحسـن الأطفال الـذيـن قـام الاختصاصيون بتدريبهم ستة إشهر فقط. وقد دعمت هذه النتائج بالملاحظة في المنزل والتي أشارت إلى أن أولياء الأمور الذين نفذوا العلاج عمموا المهارات التي تم تـدريبهم عليها في الدراسة. وقد أشارت دراسة جيرولاميتـو وزمـلاؤه (Girolametto, Weitzman, & Clements-Baartman, 1998) هي الأخرى إلى الأثر الإيجابي لتدريب أولياء الأمور في استخدام الاستراتيجيات المناسبة في تفاعلاتهم اليومية مع أطفالهم.

ب- ما يريده أولياء الأمور من برامج التدخل المبكر

أجرى ماهوني وزملاؤه دراستين مسحيتين موسعتين لمعرفة انواع الخدمات التي يريدها أولياء الأمور من برامج التدخل المبكر (Mahoney & Filer, 1996; Mahoney, O'Sullivan, & Dennebaum, 1990). وفي كلتا الدراستين، شاركت أكثر من (250) من أمهات الأطفال الذين كانوا يتلقون خدمات التدخل المبكر، وقمن بالإجابة على فقرات أداة لقياس التدخل المتمركـز عـلى الأسرة لوصف أنواع الخدمات

الأسرية التي يرغبن في الحصول عليها مـن الـبـرامـج. واشـارت النتـائج إلى أن الحاجـة ذات الأولويـة للأمهات كانت الحصول على أنشطة تدريبية وتعليمية لهن. ولم تتغير إدراكات الأمهـات حـول هـذا الموضوع في فترة الأربع سنوات التي فصلت بين تنفيذ الدراستين. وتشير هذه النتائج إلى أنه بالرغم من أن اولياء الأمور اعتبروا الـدعم الأسري ضرورياً، إلا أنهـم لم يـروا أنه يلغي أو يقلل حاجاتهم ورغبتهم في تلقي برامج تدريبية وتعليمية.

تحديات برامج تدريب أولياء الأمور وتعليمهم

يتطلب تجديد التركيز على تدريب أولياء الأمور وتعلمـيهم كجـزء لا يتجـزأ مـن التـدخل المبكر: (أ) إعادة النظر في الافتراضات حول التدخل بمشاركة أولياء الأمور، (ب) تطوير قاعدة بحثية للتدخل بمشاركة أولياء الأمور، (ج) تطوير خبرة مهنيـة في مجـال تعلـيم أولياء الأمور. وينبغـي أن توجه الافتراضات الأربعة التالية تصوراتنا حول برامج تدريب أولياء الأمور:

(1) يتوافق التدخل الذي ينفذه أولياء الأمور فلسفياً مع طرائق التدخل المبكر المتمركزة علـى الأسرة.

(2) التدخل الذي ينفـذه أوليـاء الأمـور متعـدد الأوجـه ويتضمن مـدى واسعاً مـن الطرق والمحتويات.

(3) مشاركة أولياء الأمور في البرامج التدريبية هي قضية اختيارية.

(4) يتطلب تدريب أولياء الأمور لتنفيذ برامج تعليمية مع اطفالهم خبرة تخصصية محددة.

أولاً، إن تعليم أولياء الأمور لا يتناقض وطرائق التدخل المبكر التي تركز علـى الأسرة. فقـد أكد برونفنبرينر (Bronfenbrenner, 1979) في نموذج النظم الإيكولوجية

الذي اقترحه وجود علاقة تكاملية بين فاعلية أولياء الأمور في تنشـئة أطفالهم مـن جهـة والمتطلبات، والضغوط، وأشكال الدعم من الأوضاع الأخرى من جهة ثانية. وقد لاحظ هـذا المؤلـف (Bronfenbrenner, 1975) في كتاباته الأولى "ان برامج التدخل التي تهتم بمشاركة أولياء الأمور بشـكل مباشر في الأنشطة الهادفة إلى تطوير قـدرات أطفـالهم هـي بـرامج ذات تـأثير بنـاء في أيـة مرحلـة عمرية" (ص، 464). وتزود برامج التدخل المبكر الفعالة الأطفـال بفـرص للتعلم لهـا انعكاسـات إيجابية على تطورهم، وتزود أولياء الأمور بالدعم بحيث يصبح لديهم المعرفة، والمهارات، والوقت،

والطاقة لتطوير مهارات أطفالهم. وبالإمكان تقديم برامج تدريب أولياء الأمور في سياق منحى متمركز على الأسرة وتوفير كل من الدعم والتدريب لأولياء الأمور وطريقة تنفيذ البرانج التدريبية لأولياء الأمور، واتخاذ القرارات حول الأهداف والمحتوى، والعلاقة بين المهنيين وأولياء الأمور، كلها من أبعاد هذه العملية التي تعرف التوافق الوظيفي بين تدريب أولياء الأمور والنماذج الراهنة في الخدمات المتمركزة على الأسرة. والتعليم الذي يقدم بشفافية لأولياء الأمور هو عملية تحترم وتفعل دورهم. فعلى سبيل المثال، تركز النماذج الحالية في برامج تطوير مهارات التواصل لدى الأطفال بمشاركة أولياء أمورهم على تعليم مهارات لغوية جديدة في سياق التفاعلات اليومية في المنزل.

ثانياً، من الأهمية بمكان أن ندرك أن تدريب أولياء الأمور مفهوم متعدد الأوجه. فهذا التدريب يغطي مدى واسعاً من المحتوى، يتراوح بين تقديم معلومات لأولياء الأمور حول مستوى التطور الحالي لأطفالهم وبين تعليم أولياء الأمور كيفية تنفيذ برنامج لتطوير مهارات معقدة لدى اطفالهم على المدى الطويل. علاوة على ذلك، فالنتائج المرجوة من تدريب أولياء الأمور تتراوح بين زيادة المعرفة المتعلقة بالنمو واكتساب الأطفال مهارات محددة في أوضاع مختلفة. وقد يكون تدريب أولياء الأمور قصير المدى (مثل: توضيح طريقة إطعام الطفل) أو طويل المدى (مثل: تعاون أولياء

الأمور في برنامج علاجي لتطوير لغة الطفل على مدى عدة سنوات). وقد يسعى البرنامج التدريبي إلى تعليم أولياء الأمور مهارات محددة أو استراتيجيات عامة في التفاعل مع الأطفال لإحداث تغييرات في نموهم على المدى الطويل. وقد تركز برامج التدريب على أنشطة تنفذ في أوقات محددة أو على مساعدة أولياء الأمور لتشجيع ودعم أداء أطفالهم في سياق التفاعلات في الحياة اليومية (Girolametto, Pierce, & Weitzman, 1997). وفي بعض الحالات، قد يتم تدريب أولياء الأمور في استخدام استراتيجيات تعديل السلوك بشكل منتظم لأن سلوك الطفل يعيق أداءه أو أداء

الأسرة. وقد تكون الاجراءات الأقل رسمية والهادفة إلى دعم السلوك الإيجابي للطفل كافية بالنسبة لبعض الأطفال والأسر (Hemmeter & Kaiser, 1990). والتحدي الذي يواجهه ميدان التدخل المبكر هو توفير مدى واسع من الطرائق، والأهداف، والأوضاع التدريبية، بحيث تتاح للأسر إمكانية اختيار البرنامج الذي يلبي حاجاتها الخاصة.

ثالثاً، يجب أن تكون مشاركة أولياء الأمور في البرامج التدريبية اختيارية غير إلزامية. فقد لا تكون هذه المشاركة الخيار الصحيح بالنسبة لأسرة ما، أو طفل ما، في بعض الأوقات. ولا يصبح تدريب أولياء الأمور أولوية بل يتراجع للمقعد الخلفي إذا كانت الأسرة تتعرض لضغوط شديدة أو إذا كانت محرومة من الموارد الأساسية. وعندما يكون لدى الأطفال حاجات ملحة ومهمة لتعلم مهارة معينة، فقد يكون من الأولى أن يتعامل المهني مع تلك الحاجات إذا اختاروا هم ذلك. وعندما يتعذر على المهني تدريب أولياء الأمور بفاعلية، يجب إيجاد حلول بديلة. وقد تشمل تلك البدائل تحديد مهني آخر يستطيع تدريب أولياء الأمور على المهارات المطلوبة، أو إحالة أولياء الأمور إلى جهات متخصصة في تحقيق الأهداف المرجوة، أو الحصول على المواد التدريبية والمعلومات اللازمة لأولياء الأمور. وغالباً ما يشار إلى أن تنفيذ برامج التدريب يكون أكثر سهولة لأولياء الأمور المتعلمين والمثقفين نسبياً والذين يتعرضون

لمستويات أقل من الضغوط الاجتماعية والاقتصادية (Kaiser & Fox, 1986). ولا يعني ذلك أن الأسر التي تنتمي لمستويات اقتصادية واجتماعية متوسطة هي وحدها التي تنجح في تعلم استراتيجيات جديدة لدعم تطور أطفالهم.

رابعاً، يتطلب تدريب أولياء الأمور خبرة محددة. فمعظم الممارسين في التربية الخاصة تم تدريبهم للعمل مع الأطفال وليس الراشدين. ويقتضى ـ تدريب أولياء الأمور من المهنيين فهم المبادىء الأساسية لتعلم الراشدين وأساليب تعليم أولياء الأمور مهارات محددة. فقد بينت البحوث خمسة من مجالات المهارات اللازمة لتأهيل متخصصين في تدريب أولياء الأمور وهي: (1)

المعرفة الجيدة باستراتيجيات التدخل العلاجي، (2) المهارة في تنفيذ التدخل العلاجي مع الطفل، (3) القدرة على تقديم معلومات واضحة مع أمثلة واقعية، (4) التدريب الفردي، (5) تقديم تغذية راجعة محددة وواضحة. ولكي يكون لديهم الاستعداد الجيد لتدريب أولياء الأمور يحتاج المهنيون إلى معرفة جيدة بمفاهيم الخدمات المتمركزة على الأسرة، ومهارات محددة للتفاعل مع أولياء الأمور، ومعرفة واسعة بمجالات النمو المختلفة، ومهارات لتعليم أولياء الأمور.

الحاجات البحثية

تتكون الأسس التجريبية لتدريب أولياء الأمور من دراسات توضح أثر تعليم الوالدين مهارات جديدة ودراسات ارتباطية تبين دور تدريب الوالدين في النمو الكلي للأطفال. ولكن دراسات قليلة تناولت أفضل الطرق لتنفيذ برامج التدريب والبدائل المختلفة الممكنة لهذا التدريب. وإذا كان تدريب أولياء الأمور لبصبح جزءاً من التدخل المبكر، فثمة حاجة لتوسيع قاعدة الأدلة العلمية التي تدعم استخدامه، وإلى استخدام البحث كوسيلة لتطوير طرائق أكثر فاعلية لتدريب أولياء الأمور. وينبغي على خطة البحث المستقبلية المتعلقة بتدريب أولياء الأمور أن تشمل: (أ) الاستراتيجيات المناسبة

ثقافياً، (ب) دراسات الفاعلية التي تتضمن التغير في أداء كل من الطفل والأسرة، (ج) البحث في استراتيجيات تدريب أولياء الأمور التي تتناول طرق التدريب ومحتواه، (د) تطوير استراتيجيات لتحقيق مدى واسع من البدائل بالنسبة للمحتوى والنتائج، (هـ) تكامل الدعم الأسري والتدريب الأسري. فمجتمع الأطفال والأسر في التدخل المبكر ذو ثقافات متعددة. وثمة حاجة إلى البحث لفهم انماط التنشئة في السياقات الثقافية المتنوعة ولتطوير استراتيجيات ومحتويات تدريبية تتلاءم والقيم الثقافية للأسر.

ويجب أن يعمل المهنيون وأولياء الأمور من خلفيات ثقافية مختلفة كشركاء في هذا الجهد البحثي، وكذلك يجب الافادة من الأدبيات غير الثقافية والاجتماعية حول أنماط التنشئة الأسرية .

وقد بدأ ميدان التدخل المبكر حديثاً بالاهتمام بمراعاة حاجات الأسر ذات الثقافات المتباينة، وما تزال الحاجة كبيرة في مجال تدريب أولياء الأمور لتطوير استراتيجيات فعالة وملائمة حقاً للثقافات المتنوعة.

كذلك هناك حاجة إلى إجراء دراسات حول فاعلية وجدوى التدخل العلاجي بمشاركة أولياء الأمور. وينبغي على الدراسات أن توضح النتائج المرجوة بالنسبة لكل من الأطفال والأسر. وإضافة إلى قياس التغيرات في نمو الأطفال، يجب قياس مستوى رضا أولياء الأمور ومستوى ثقتهم بقدراتهم على تلبية حاجات أطفالهم. وكحد أدنى، يجب أن تهتم الدراسات المتعلقة بتدريب أولياء الأمور بتحديد الخدمات الأخرى المقدمة للطفل واسرته لتقييم نتائج التدريب بشكل ملائم.

وينبغي أن تصف الدراسات أيضاً تنفيذ اجراءات تدريب أولياء الأمور وصفاً كافياً لكي يتسنى تحليل النتائج على ضوء الإجراءات المحددة المستخدمة. فالمعلومات التفصيلية حول التنفيذ ضرورية للتكرار المنتظم ولتطوير الممارسة بالاستناد إلى الأدلة العلمية. ويجب أن تشمل هذه المعلومات طرق تدريب أولياء الأمور، وأنواع المواد

والاستراتيجيات التدريبية المستخدمة، والطرق المستخدمة لتعميم النتائج، وتقييم أولياء الأمور للتقدم الذي تم إحرازه. علاوة على ذلك، يجب أن توثق الدراسات اكتساب أولياء الأمور المهارة واستمراريتهم بتنفيذها بعد توقف البرامج التدريبية. وعلى البحث أن يركز على تطوير طرق تدريب أولياء الأمور التي تحقق التعميم وتشجعهم على استخدام المهارات الجديدة بما يتلائم وأنماط التنشئة التي يستخدمونها.

وهناك حاجة أيضاً إلى دراسات تقارن فاعلية الاستراتيجيات المختلفة في تدريب أولياء الأمور. وينبغي أن لا تقتصر هذه الدراسات على تحليل أثر استراتيجيات التدريب المختلفة، بل أن تحلل أيضاً الاستراتيجيات التي تشمل تعاون المهنيين وأولياء الأمور، وتدريب أولياء الأمور لتدريب أولياء الأمور الآخرين، وتحليل النتائج قصيرة المدى وطويلة المدى للأطفال وأسرهم.

وثمة حاجة إلى تحليل منتظم للأثر الناجم عن تقديم الدعم قبل التدريب وفي أثنائه. إضافة إلى ذلك، ينبغي أن تهتم البحوث العلمية بدراسة خبرات أولياء الأمور في برامج التدريب والسعي نحو تطوير طرائق تدريبية تقوم بدور ثانوي في الدعم. ويجب أن لا نتوقف عن طرح الأسئلة عن حاجات أولياء الأمور، وعن خبراتهم، وأن نستمر في بذل الجهود الكافية لضمان كل من الصدق الداخلي والصدق الخارجي لبحوثنا العلمية.

وأخيراً، يجب أن تهتم البحوث في مجال تدريب أولياء الأمور بتحديد أفضل الطرق لتقديم التدريب بأسلوب طبيعي وليس بأسلوب يؤكد الوصمة الاجتماعية. وينبغي علينا أن نحدد الظروف التي يكون فيها التدريب المقدم لأولياء أمور الأطفال العاديين مناسباً لأولياء أمور الأطفال المعوقين. كذلك ينبغي الاهتمام بإجراء البحوث حول التدريب البيني واستخدام مجموعات الدعم الأسرية لتعليم أولياء الأمور مهارات جديدة بغية توسيع مدى الخيارات المتوفرة لتدريب أولياء الأمور.

ويجب أن نركز على تطوير طرائق التدخل المبكر المعتمدة على البحث العلمي. والحاجة إلى البحوث المتعلقة بأولياء الأمور حاجة ملحة. وفي الوقت نفسه، للبحث في هذا المجال مضامين مهمة على صعيد النظرية والتطبيق. وسيسهم تطوير طرق تدريب أولياء الأمور المستندة إلى الأدلة العلمية التجريبية في تحسين مستقبل التدخل المبكر.

خاتمة

لقد أكدنا في هذا الفصل أهمية تدريب أولياء الأمور وتعليمهم لتنفيذ استراتيجيات محددة مع أطفالهم باعتبار ذلك صفة مركزية من صفات التدخل المبكر. واقترحنا جملة من الافتراضات حول تدريب أولياء الأمور وتعليمهم بهدف تشجيع مناقشة متجددة حول أشكال

واستراتيجيات جديـدة للتـدريب. وفي صياغتنا لخطـة البحـث المسـتقبلية، اقترحنـا أهميـة تطـوير ممارسات مستندة إلى الأدلة العلمية في تدريب أولياء الأمور وفي التدخل المبكر.

المراجع

Bronfenbrenner, U. (1975). Reality and research in the ecology of human development. **Proceedings of the American Philosophical Society, 119**, 434 – 469.

Bronfenbrenner, U. (1979). Contexts of child rearing: Problems and prospects. **American Psychologist, 34**, 844 – 850.

Casto, G., & White, K. R. (1994). Longitudinal studies of alternative types of early intervention: Rationale and design. **Early Education and Development, 4**, 224 – 237.

Fewell, R., Wheeden, C. A. (1998). A pilot study of intervention with adolescent mothers and their children: A preliminary examination of child outcomes. **Topics in Early Childhood Special Education, 17**, 18 – 25.

Girolametto, L., Greenberg, J., & Manolson, A. (1986). Developing dialogue skills: The Hanen Early Language Parent Program. **Seminars in Speech and Language, 7,** 367 - 382.

Girolametto, L., Pearce, P. S., & Weitzman, E. (1997). Vocabulary intervention on the phonology of late talkers. **Journal of Speech-Language-Hearing Research, 40,** 338 - 348.

Girolametto, L., Weitzman, E., & Clements-Baartman, J. (1998). Vocabulary intervention for children with Down syndrome: Parent training using focused stimulation. **Infant-Toddler Intervention: The Transdisciplinary Journal, 8,** 109 - 126.

Greenspan, S. I. & Weider, S. (1988). **The child with special needs.** Reading, MA: Addison Wesley.

Hemmeter, M. L., & Kaiser A. P. (1990). Environment influences on children's language: A model and case study. **Education and treatment of Children, 13,** 331 - 346.

Infant Health and Development Program. (1990). Enhancing the outcomes of low-birthweight, premature infants: A multisite randomized trial. **Journal of American Medical Association, 263,** 3035 - 3042.

Kaiser, A. P. & Fox, J, J. (1986). Behavioral parent training research: Contributions to an ecological analysis of families of handicapped children. In J. J. Gallagher & P. M. Vietze (eds.), **Families of hanbdicapped persons: Research, programs, and policy issues.** Baltimore: Brookes.

Kaiser, A. P. Hancock, T. B., & Hester, P. P. (1998). Parents as coinerventionists to an ecological analysis of families of handicapped children. In J. J. Gallagher & P. M. Vietze (eds.), **Families of hanbdicapped persons: Research, programs, and policy issues.** Baltimore: Brookes.

Mahoney, G., & Filer, J. (1996). How responsive is early intervention to the priorities and needs of families? **Topics in Early Childhood Special Education 16,** 437 - 457.

Mahoney, G., O'Sullivan, P., & Dennebaum, J. (1990). A national study of mothers' perceptions of family-focused intervention. **Journal of Early Intervention, 14,** 133 - 146.

Shearer, M. S., Shearer, D. E. (1977). Parent involvement. In J/ Jordan, A, Hayden, M. Karnes, & M. Ward (Eds.), **Early childhood education for exceptional children** (pp. 85 - 106). Reston, VA: Council for Exceptional Children.

الفصل الثاني عشر
قضايا مرتبطة ببرامج التدخل المبكر

❖ مقدمة

❖ تعاون المؤسسات والتخصصات

❖ مبادرات واعدة

❖ مشاركة الأسر في التطوير المهني

❖ المراجع

المرجع الذي اعتمدنا عليه في إعداد هذا الفصل

Winton, P. J. (2000). Early Childhood intervention personnel preparation: Backward mapping for future Planning. Topics in Early Childhood Special Education, 20 (2), 87-94.

مقدمة

يقدم هذا الفصل بعض الرؤى التطويرية لبرامج إعداد كوادر التدخل المبكر. ويتمثل جوهر هذه الرؤى في تدخل مبكر تعمل فيه كوادر تتقاضى رواتب جيدة، وتحمل مؤهلات علمية متقدمة، وتعمل في "مجتمعات تعلمية" يتقاسم فيها أولياء الأمور، والعاملون، والإداريون، والمستشارون، وأعضاء الهيئات التدريسية في الجامعات والكليات مسؤولية تطوير برامج تعليمية مبكرة ذات نوعية جيدة لجميع الأطفال. فإعداد الكوادر جزء مستمر من أنشطة العمل اليومي. والسؤال الذي يعمل بمثابة محرك ودافع لتحديد المحتويات والأنشطة التدريسية هو: "ما الذي يجب علينا معرفته وعمله لتحسين وتطوير قدرات كل الأطفال الصغار في السن؟". وتشمل هذه الرؤى لإعداد الكوادر خصائص محددة يمكن إيجازها كما يلي:

1- يتم توجيه برامج إعداد الكوادر على مستوى المجتمع المحلي، والبرنامج، والأفراد بطريقة تكاملية تقوم على التعاون في تطوير خطط التدريب. وتتحمل التخصصات والمؤسسات والجمعيات المختلفة مسؤولية التخطيط والتنفيذ والتقييم.

2- تتوفر نماذج واستراتيجيات عديدة لتدريب الكوادر وتلبية حاجات المتعلمين بما في ذلك: التدريس على مستوى فردي، والملاحظة والتقييم، والبحث الإجرائي، ودعم الرفاق، والتعليم المباشر، والنمذجة، والإيضاح، والمحاضرات، والقراءات، وورش العمل. وتنفذ أنشطة التطوير المهني أساساً في مواقع التدخل المبكر الفعلية.

3- يتم التركيز على التعليم ضمن فريق.

4- هناك نظم ترقية وترفيع وحوافز مالية ومادية عديدة يمكن أن تدعم الكوادر التي تشترك في برامج التطوير المهني.

5- يتم تقييم أثر برنامج إعداد الكوادر في تنفيذ ممارسات جديدة وفي التقدم الذي يحرزه الأطفال.

6- تتوفر للأسر إمكانية اختيار المشاركة النشطة والفاعلة في كل جوانب برنامج إعداد الكوادر بما في ذلك المتابعة والتقييم.

وتحتوي أدلة إعداد الكوادر على معظم الصفات المشار إليها أعلاه (Collins, 1999; Winton, 1994; Winton, McCollum, & Catlett, 1997) لكن بعض هذه الصفات، وبخاصة المتعلقة بالسياسات والمصادر لا يمكن تحقيقها على ما يبدو. ويجب أن يكون أمام الرؤية المستقبلية فرصة للتحقيق. فأي عناصر تطلعاتنا المستقبلية قابل للتحقيق؟ وهل يمكن تحقيق بعض الصفات دون تحقيق البعض الآخر منها؟ وهل "الثورة في رعاية الأطفال" مطلب مسبق لضمان المصادر اللازمة لدعم برامج التدخل المبكر وبرامج إعداد الكوادر في المستقبل؟ إن بالإمكان إحراز تقدم نحو رؤية مستقبلية خطوة فخطوة. وينبغي علينا جميعاً أن ندافع عن حقوق الأطفال. ومثل هذا العمل الذي يتطلب جهداً تعاونياً من جانب الأسر، والعاملين في الميدان، والمديرين، وأعضاء الهيئات التدريسية في الجامعات، والباحثين، والمجتمع المحلي يجب أن يكون جزءاً من الجهد المبذول لإعداد الكوادر وتدريبها. ويركز هذا الفصل على المجالات التي يمكن إحداث تغييرات مهمة فيها وهي: العمل التعاوني بين المؤسسات والتخصصات والمشاركة الأسرية. وهذه المجالات ليست جديدة بل هي الشعارات التي رفعت في عقد التسعينات. والتحدي هو كيف نتحول من القول إلى الفعل. وبهذه الرؤية وبالتأمل في الماضي نستطيع تحديد أسس ما يعتقد حالياً أنه خيال. ويركز

الجزء المتبقي من هذا الفصل على المجالات التي تم تحديدها أعلاه من حيث التحديات الراهنة والمبادرات الواعدة.

تعاون المؤسسات والتخصصات

يتبنى هذا الفصل التعاون في إعداد الكوادر الذي يحدث عبر التخصصات، وبين شركاء متعددين، ومؤسسات مختلفة. وثمة حادثتان حديثتان تبينان التحديات التي ينطوي عليها التعاون وبطء التقدم الذي تم إحرازه في العقد الماضي. تمثلت الحادثة الأولى في اجتماع حول تأهيل الكوادر. فقد قال أستاذ جامعي أثناء أحد اللقاءات "ما أحتاجه ولا أجده هو مراكز تدخل مبكر ذات نوعية جيدة يمارس فيها الدمج الشامل". وفي وقت لاحق من ذلك اللقاء قال مدير أحد المراكز "ما أحتاجه ولا أجده هم المعالجين الذين يستطيعون ان يعملوا كمستشارين لبرامج التدخل المبكر". ولذلك فلا عجب في أننا لا نحقق أهداف الدمج الشامل، فالبحوث العلمية الحديثة بينت أن أسر الأطفال المعوقين تواجه نفس التحديات التي كانت الأسر تواجهها قبل عشرين سنة عندما كانت تبحث عن برامج مبكرة تعمل وفقاً لمبدأ الدمج. فإيجاد أمثلة على الدمج الفعال أمر صعب، ولذلك فالطلبة لا يستطيعون رؤية نماذج دمج فعالة. ولذلك فهم يلتحقون بالقوى العاملة وهم غير مستعدين لتنفيذ الدمج، مما يؤدي إلى استمرارية النقص في المواقع الميدانية الجيدة. وهذا الوضع يستمر جزئياً لأنه لا مدراء البرامج والمراكز ولا أساتذة الجامعات ينظرون إلى المشكلة من زاوية تشعرهم بانهم يتحملون بعض المسؤولية في إيجاد الحلول. وينبغي علينا أن نكسر مثل هذه القيود والحلقات المفرغة وأن نقوي دعائم التعاون بين مؤسسات التعليم العالي والبرامج في المجتمع المحلي والممارسين في الميدان. فالمشكلة ليست أننا نفتقر الى المعلومات والمعرفة حول الممارسات الصفية الفعالة التي تشجع الدمج. فقد عرف البحث العلمي بيئات التدخل المبكر والتربية المبكرة الجيدة وحدد العناصر الحاسمة اللازمة لتنفيذ

الدمج في برامج الطفولة المبكرة. فالهيئات التدريسية والكوادر في الميدان تتحمل مسؤوليات متبادلة في استخدام هذه المعرفة والمعلومات لإحداث تغييرات في البرامج. ولتحقيق هذا النوع من

العلاقات التشاركية بين الجامعات والمجتمع، ينبغي علينا إزالة الحواجز التقليدية بين التدريب قبل الخدمة والتدريب أثناء الخدمة.

والحادثة الثانية التي أكدت التحديات التي ينطوي عليها التعاون كانت لقاء مجموعة من خبراء التدخل المبكر تم في أحد مساقات الدراسات العليا في التربية الخاصة. وكان جميع الأعضاء المشاركين في اللقاء رائعين فيما قدموه ومركزين على التعاون مع الأسر وفيما بين الاختصاصيين. وكان الطلبة مندهشين بخبرات هؤلاء الأشخاص وبقدرتهم على تناول القضايا المعقدة التي طرحت. لكن الطلبة، على أي حال، شعروا بدهشة كبيرة جداً عندما علموا أن هؤلاء الخبراء لم يلتقوا شخصياً من قبل بالرغم من أنهم يعملون في نفس المنطقة وبالرغم من أن بعضهم كانوا يتابعون نفس الأطفال. وأدرك الطلبة أيضاً أن الأسر التي تحتاج إلى خدماتهم ينبغي عليها أن تنتقل مسافات طويلة لتصل إلى المواقع المختلفة للاستفادة من خبرات هؤلاء الاختصاصيين. والأهم من ذلك كله أن الطلبة أدركوا أنه لا يوجد ما يضمن تركيز القوة المشتركة لهؤلاء الاختصاصيين على طفل حقيقي. وبذلك فإن تحديات العمل التعاوني بين المؤسسات قد تم توضيحها بطريقة رائعة وتراجيدية في الوقت نفسه من قبل مجموعة الخبراء هذه.

وفي الوقت الحاضر، فإن من كانوا طلاباً في الماضي أصبحوا "عوامل التغيير" تستضيفهم الجامعة في الندوات متعددة التخصصات، ومع ذلك فإن بعض التحديات التي كانت موجودة قبل 15 سنة ما زالت قائمة اليوم. ومقابل كل مشكلة من مشاكل التعاون بين الاختصاصيين يوضع لها حل، تظهر مشكلتان جديدتان. وإذا كان الخريجون المتعلمون جيداً غير قادرين على تغيير النظام، فمن الذي يستطيع؟

مبادرات واعدة

من الممكن تنفيذ مبادرات تشجيع برامج تأهيل الكوادر الفاعلة والتعاونية على المستوى الوطني وعلى المستوى المحلي أيضاً. والجهود التي تبذل من القمة إلى القاعدة ومن القاعدة إلى القمة ضرورية ولا غنى عنها إذا كنا نأمل في تحقيق تقدم نحو "المجتمعات التعلمية" (,Fullan) 1993. وثمة اشكال متنوعة لمشاركة أولياء الأمور في برامج أطفالهم في ما يخص إعداد الكوادر. فالأسر تتوفر لها بعض الفرص للمشاركة في البرامج التدريبية المتوفرة للمعلمين. وأولياء الأمور يقدم لهم الدعم من خلال حوافز مختلفة مثل التعويضات المالية واحتساب ساعات معتمدة لهم. وينظر إليهم بوصفهم اعضاء في الفريق ويعاملون على قدم المساواة. ويتم تبادل المعلومات والخبرات في عملية ذات اتجاهين. وقد يأخذ أولياء الأمور أدواراً قيادية فيما يتعلق بتقييم البرامج. وإحدى الاستراتيجيات التي يمكن تنفيذها هي تشجيع كل برنامج من برامج التدخل المبكر على تطوير تعريفه الخاص للمشاركة الأسرية وحث الأسر على الإسهام في تحديد عناصر ذلك التعريف. وبكلمات أخرى، فإن إتاحة الفرص للأسر للمشاركة النشطة في اتخاذ القرارات المتعلقة بسياسات البرنامج وممارساته سوف تقود إلى استراتيجيات ذات معنى للمشاركة الأسرية. وتنبثق استراتيجيات تشجيع المشاركة الأسرية استجابة للتغيرات في المجتمع المحلي وفي السياسات وفي الحاجات المستجدة لأسر الأطفال المنتفعين من خدمات البرنامج. وإحدى فوائد هذا النوع من العمل هي أنه يوفر نمطاً مختلفاً من جهود الدفاع عن حقوق أولياء الأمور. فمن ناحية تاريخية، تم الاعتماد على أولياء الأمور في القيام بهذا العمل. والسبب وراء ذلك هو أن أولياء الأمور أكبر أثراً من الاختصاصيين في تغيير مواقف واتجاهات صناع القرارات والسياسات. فعندما يروي أولياء الأمور قصصهم وعندما يتحدثون عن معاناتهم فهم يتركون أثراً عاطفياً مباشراً وكبيراً. أما عندما يتحدث الاختصاصيون

عن الحاجة إلى خدمات أفضل فقد تعامل مواقفهم ودعواتهم بوصفها محاولات لحماية أنفسهم وتحسين ظروف عملهم. ولكن ثمة سيئات بالنسبة لأولياء الأمور جراء هذه الممارسة. فهم يشعرون

بالاستنزاف مع الأيام ولا يجدون الدعم والتقدير من النظم التي يحاولون تغييرها. وذلك قد يقود إلى ضغوط نفسية شديدة، وتوتر، وخوف من أن يعاني أطفالهم نتيجة جهودهم للدفاع عنهم. ولذلك، ثمة حاجة إلى ابتكار طرق جديدة وفاعلة لتضمين معرفة أولياء الأمور ورغباتهم في جهود تقييم البرامج المستمرة.

لقد استهل هذا الفصل بالإشارة إلى الحاجة إلى ثورة لتغيير السياسات وتوفير المصادر اللازمة لدعم الرؤى الجديدة في برامج إعداد الكوادر. وتمت الإشارة أيضاً إلى أن تحسين هذه البرامج تدريجياً من حيث التعاون والمشاركة الأسرية سينجم عنه تحول بطيء ولكن مستمر سيقود في نهاية المطاف إلى تحقيق الرؤى المستقبلية في مجال إعداد الكوادر. فثمة حاجة إلى "مجتمع تعلمي" من الأسر، والباحثين، والممارسين، والمديرين، وأساتذة الجامعات لتطوير الالتزام بتغيير الأولويات الوطنية فيما يتعلق بالطفولة المبكرة. وبدون ذلك النوع من الالتزام والرؤى على مستوى المجتمع المحلي، ستبقى الممارسات الميدانية بمنأى عما تقدمه البحوث العلمية من معرفة. ونحن نعرف حالياً ما يشكل برنامجاً فاعلاً لإعداد كوادر التدخل المبكر تماماً كما نعرف ما يشكل برنامجاً فاعلاً للتدخل المبكر. ولكن السؤال الذي ما زال مطروحاً هو: هل ستعامل المعرفة المتوفرة حالياً بطريقة تجعل الحاجة إلى تغيير السياسات والممارسات غير قابلة للتجاهل؟

المراجع

Collins, D. (1999). **Achieving your vision of professional development: How to assess your needs and get what you want** (2nd ed.). Tallahassee, FL: SERVE.

Fullan, M. (1993). **Change forces: Probing the depths of education reform**. New York: Falmer Press.

Winton, P. (1994). A model for supporting higher education faculty in their early intervention personnel preparation roles. **Infants and Young Children, 8** (3), 56 – 67.

Winton, P., McCollum, L., & Catlett, C. (1997). **Reforming Personnel Preparation in early intervention: Issues, models, and practical strategies.** Baltimore: Brookes.

Printed in the United States
By Bookmasters